KB121895

미래교육으로 가는 비상구
블렌디드 수업 노하우 대방출

교실
생존
비법

교실생존비법

초판 1쇄 발행 2021년 10월 4일
초판 2쇄 발행 2022년 10월 20일

지은이 미래교실네트워크

발행인 김병주
COO 이기택 **CMO** 임종훈 **뉴비즈팀** 백헌탁, 이문주, 백설
행복한연수원 이종균, 이보름 **에듀니티교육연구소** 조지연
경영지원 박란희 **편집부** 조정빈

주간 이하영 **디자인** 정혜미

펴낸 곳 (주)에듀니티
도서문의 070-4342-6110
일원화 구입처 031-407-6368 (주)태양서적
등록 2009년 1월 6일 제300-2011-51호
주소 서울특별시 금천구 가산디지털1로 168 우림라이온스밸리 12층
편집부 이메일 book@eduniety.net
홈페이지 www.eduniety.net
페이스북 www.facebook.com/eduniety
인스타그램 www.instagram.com/eduniety/
　　　　　 www.instagram.com/eduniety_books/
포스트 post.naver.com/eduniety

문의하기

투고안내

ISBN 979-11-6425-096-7 (13370)
값은 뒤표지에 있습니다.

미래교육으로 가는 비상구
블렌디드 수업 노하우 대방출

교실 생존 비법

미래교실네트워크 지음

 에듀니티

차례

코로나 시대의 교실 생존기,
위기에서 기회 만들기

정찬필

2020년, 해가 바뀌자 코로나의 급격한 확산으로 인해 예정되었던 교사 연수가 모두 중단되었다. 패닉에 빠진 건 미래교실네트워크도 마찬가지였다. 본래 교육혁신의 구체적인 방법을 선생님들에게 전파하는 것을 존재 목적으로 하는 조직으로서 한 치 앞을 알 수 없었다. 그리고 급기야 터진 개학 연기 선언! 위기임에는 분명했으나 묘한 느낌이 들었다.

'모두가 교육의 위기를 걱정할 때, 우린 그냥 희망을 만들기로 했습니다.'

미래교실네트워크는 설립 때부터 '위기 속에 희망 열기'가 슬로건이었으니 처음 겪는 큰 위기라면 우리가 마땅히 해야 할 역할이 있지 않을까 하는 묘한 기대와 오기가 발동했다. 미크 선생님들이라면 해낼 수 있을 것 같았다.

당시 업무용으로 사용하던 다양한 화상회의와 온라인 협력 도구를 뜯어보며, 온라인 수업을 기존 교실 수업만큼 혹은 그 이상으로 활성화시킬 만한 흥미로운 기능들을 발견할 수 있었다.

긴급 회의를 열고 제안했다. 우리가 축적한 수업과 연수의 노하우를 온라인 쌍방향 워크숍을 통해 제공함으로써 대한민국 교사들의 코로나 대응 역량을 높이는 데 기여해보자고. 허나 분위기가 좋진 않았다. 연수 운영진에게 온라인 쌍방향 연수 운영의 노하우가 있을 리 없었고, 더 큰 문제는 연수를 이끌 미크 선생님들 대부분이 온라인 수업 경험이 전혀 없었다. 내가 할 수 있는 얘기는 망해도 좋으니 일단 시작하고 빨리 경험을 쌓아보자는 것뿐이었다. 기존의 온라인 도구의 기능들만 적절히 응용해도 우리가 교실에서 해온 학생 중심 활동형 수업이 가능해 보인다고 말이다.

여전히 미심쩍은 반응 속에서 시작이 되었다. 불과 2주 동안 모두들 놀랍게 적응하기 시작했으며, 경험이 쌓이며 수업 방법의 진화와 다양화가 빠르게 이루어졌다. 때맞춰 교육부와 서울시교육청 등으로부터 코로나에 대응한 교사 수업 역량 강화 프로그램 개설이 가능한지 문의가 들어왔고, 사상 초유의 상황이니만큼 가능한 최대 규모의 대응을 최단 기간에 해보기로 했다. 2020년 3, 4월에 4천여 명의 교사에 대한 연수가 진행되었고, 2021년 9월 현재까지 23,000여 명의 교사들이 참여했다. 그 결과는 연수생들이 남긴 피드백에서 확연히 드러난다.

"이제 두렵지 않아요, 기대되는 온라인 수업."

"원격수업에 대한 두려움이 해보고 싶은 자신감으로 바뀌었네요."

"아이들이 다양한 방법으로 소통할 수 있다는 것을 알게 되어 기쁩니다."

"원격연수의 신세계를 경험했습니다."

"온라인 수업도 결국 학생들의 배움과 성장을 위한 도구일 뿐이네요."

"앞으로 어떤 새로운 상황이 생기더라도 배우고 익히며 적응하기로!"

온라인 수업에 대한 선생님들의 불안감은 사라지고, 오히려 자신감과 능동적 혁신의 의지가 살아났다. 연수 후 즉시 수업에 적용해보고 진짜 된다며 신나게 경험담을 전해주는 목소리가 계속 이어졌다.

이제는 말할 수 있다. 내 믿음이 승리했다고. 나는 종종 국제적인 자리에서 미래교실네트워크를 이렇게 소개해왔다. "세계에서 가장 모험적이고 혁신적이며 창의적 실행력이 강한 선생님들의 모임입니다." 실제로 그랬다. '거꾸로교실'이라는, 강의 없는, 완전한 동료학습 기반의 실험적 수업을 해보겠다고 달려들어 진짜 변화를 실현시킨 선생님들, 이들은 어떤 상황이 벌어져도 문제를 회피하거나 타인을 비난하기보다 스스로 해결방안을 찾아 능동적으로 길을 찾아내었다. 어쩌면 당연한 결과이기도 하다. 과감한 시도로 다른 단계의 성공을 경험해본 이들은 두려움에 움츠러드는 것보다 극복하며 얻는 쾌감이 얼마나 큰지 몸으로 알기 때문이다.

이 책에는 바로 그 용감한 선생님들이 절체절명의 코로나 시대를 어떻게 정면으로 돌파하며 살아남았는지, 이로부터 얻은 경험이 어떻게 더 좋은 교육을 실현하는 자산이 될 수 있는지 생생한 노하우를 모아놓았다. 위기의 교육을 걱정하는 모든 이들과 공유하며 함께 살아나가기 위해서이다. 그래서 제목이 '교실생존비법'이다.

제1장

블렌디드

수업 디자인

미래교육
전환의 비상구,
블렌디드 러닝

정찬필

돈키호테스러운 교육혁신 인플루언서. 2013년, KBS의 PD로서 교육 위기를 진단하는 다큐멘터리를 기획해 미래교육에 대한 개념과 그 구체적인 실행 전략을 찾고자 했다. 이 과정에서 완전한 학생 주도적 수업 방법인 '거꾸로교실'을 시도하고, 이를 통해 학생들의 종합적인 역량이 성장하는 효과를 검증함으로써 교육계에 큰 파장을 일으켰다. 그 경험을 살려 교사의 참여를 극대화하는 연수 프로그램을 기획하여 확산시켰다. 또한, 두려움 없이 혁신을 추구하는 교사들과 함께 '미래교실네트워크'를 설립해 새로운 교육의 길을 찾아 계속 진화, 확산시키며 교육혁신의 생태계를 만들고 있다.

어쩌면 돌멩이 맞을 소리일 수도 있겠다. 학교 폐쇄, 원격수업에 대한 비상대응으로 정신없는 코로나 상황에서 미래교육으로의 전환이라니 너무 한가한 소리가 아닌가? 학습 결손과 학력격차에 대한 우려가 넘쳐나는 시점에 말이다.

그래도 먼저 본 사람으로서 말해야겠다. 내가 비록 갈릴레오는 아니지만, 교육은 다음 세대의 삶을 위해 존재하는 것이니, 현재의 위기 상황에서 미래교육으로 도약할 수 있는 비상구를 보았다면 그냥 조용히 있을 수는 없는 노릇 아닌가? 그러니 미심쩍더라도 조금 더 들어본 후에 결론을 내려주길 바라는 마음이다. 나름 긴 고민, 탐구 끝에 드리는 말씀이니 말이다.

OECD의 코로나 시대 교육 위기 진단

비상구는 본래 위험 상황으로부터의 탈출을 위한 것이다. 코로나로 인한 학교 교육의 위기는 분명 큰 위험이다. 학교에 오지 못하는 아이들, 학교에 오더라도 정상적인 수업 활동이 불가능한 상황, 이는 모두 교육의 명백한 위기 상황이며 전 세계적인 위기다.

그런데 한 국제기구에서는 이 같은 걱정과는 사뭇 다른 맥락의 위기 진단을 내렸다. OECD 교육역량국은 흔히 국제학업성취도 비교 연구, 즉 PISA 테스트를 운영하는 곳으로 알려진 기구이다. 교육역량국은 코로나 발생 직전까지 이 시대에 필요한 교육을 다시 정의하고 방향을 잡는 '학습 나침반 2030'이라는 개념틀의 개발에 전념해왔다. 2030년에 세상에 나갈 아이들을 위해서 교육의 목적을 재해석하고, 실현 전략을 세우기 위한 지도와 나침반을 만든 것이다. OECD가 선진국들의 모임인 점을 감안하면, 이 개념틀은 비교적 소득 수준이 높은 회원 국가들의 미래교육 방향을 잡아주기 위한 것으로 볼 수 있겠다. 공식적으로 학습 나침반을 발표한 해인 2019년 10월에는 한국에 직접 와서 이 개념을 주제로 세미나를 크게 열기도 했다.

그런데 2020년, 코로나가 세계적 팬데믹으로 확산되자 OECD 교육역량국도 대혼란에 빠진다. 미래교육으로의 전환 방향을 내

**OECD 교육역량국 국장
안드레아스 슐라이어**

놓았는데, 전 세계 학교가 문을 다 닫아버려 정상 운영되지 못하는 상황이 되었으니 미래교육은 고사하고 당장 위기에 대응해야 하는 시급한 상황이었다. 이에 2020년 5월 19일, 코로나에 대응하는 국제 워크샵을 온라인으로 개최했다. 전 세계의 학교가 처한 심각한 마비 상황을 생생하게 전해 듣는 자리였다.

그런데 바로 그날 개회사에서 OECD 교육역량국의 수장 안드레아스 슐라이어(Andreas Schleicher) 국장은 일반적으로 생각하는 학교의 위기와 사뭇 다른 맥락의 위기 진단을 내놓는다. "코로나로 인한 학교 폐쇄보다도 이로 인해서 교육이 과거로 회귀하는 현상이 더 문제"라는 것이다. 풀어 말하자면, 그나마 변화를 시도하던 선생님들마저 낯선 원격교육 상황으로 접어들면서 다시 교사 중심의 과거 교육 방식으로 되돌아가고 있다는 우려였다. 그리고 덧붙이길, 이렇게 되면 프로젝트 수업, 혹은 상호작용이 강한 교육을 하기가 더욱 어려워질 것이라고 걱정했다.

대체 그는 지금 시점에 왜 이런 한가해 보이는 걱정을 했을까? 그 비밀은 바로 OECD의 '학습 나침반 2030' 개념틀 안에 있다.

미래교육의 길라잡이 – OECD 학습 나침반 2030

OECD 학습 나침반은 학교의 존재 이유부터 먼저 다시 짚고 시작한다. 학교 교육의 목적에 대해 OECD가 내린 키워드는 웰빙이다. 학생들을 잘 살게 해주는 것, 어쩌면 당연한 존재 이유다. 성장 과정에서의 웰빙도 중요하지만, 학교에서 길러낸 능력으로 온전한 성인으로 잘 살 수 있게 해주는 것이 궁극적인 목적일 것이다. 그런데 여기서 웰빙은 개인적 차원뿐만 아니라 사회적 웰빙을 포함한다. 교육의 결과가 개인의 삶의 질 향상과 더불어 더 나은 세상을 만드는 데 기여하도록 해야 한다는 의미일 것이다.

이제 그 목적을 이루기 위한 교육적 방법을 되짚어 생각해볼 차례다. 그간의 일반적인 통념이라면 잘 살기 위한 교육의 길은 선명했다. 열심히 수업 듣고, 공부해서 시험을 잘 보고 높은 성적으로 좋은 대학에 입학하기, 그래야 좋은 직장에 취업해 안정적인 고소득의 삶을 누리게 될 것이라는 기대가 그것이다. 그러나 학습 나침반 2030은 지금은 그러한 기대가 허무하게 무너지는 위기 상황이라고 말한다. 그리고 이제 학교가 더 나은 삶을 위해 아이들에게 궁극적으로 길

● 출처: OECD, 2018, The Future We Want. The Future of Education and Skills: Education 2030

교실생존비법

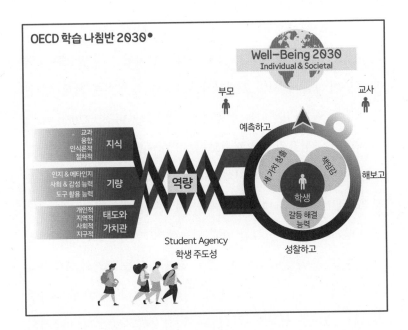

러줘야 하는 것은 교과 지식과 성적이 아니라 역량(Competencies)이라고 표현한다. 교육에 관심 있는 이들이라면 너무도 익숙한 표현인 역량, 이건 또 어떤 의미이며 왜 이토록 강조하는 것일까?

역량의 정의는 다양할 수 있겠지만 학습 나침반에서는 역량을 '진짜 세상의 복잡다단한 문제를 실제로 해결할 수 있는 능력'이라고 쉽게 설명한다. 이 같은 교육 목적의 변화를 말하는 배경에는 'VUCA 세계'라는 표현이 존재한다. 지금처럼 변동성(Volatility), 불확실성(Uncertainty), 복잡도(Complexity), 모호성(Ambiguity)이 급격히 커져가는 세상에서는 그간 학교가 주로 해온, 정답을 가르쳐주는 교육으로는 다음 세대가 진짜 세상을 살아가는 데 필요한 능력을 갖추게 해줄 수 없다고 생각하는 것이다. 그렇다면 대체 "역량"은 어떻게 길러내면 되는 것일까? 우선 '학습 나침반 2030'에 담긴 역량의 구성요소부터 짚어보자. 이 개념틀에서는 우선 역량을 구성하는 기본 요소로서 지식(Knowledge), 기량(Skills), 그리고 태도 및 가치관(Attitude and Values)의 세 가지 영역을 말한다.

이 중 특히 지식은 그간 학교 교육에서 가장 중요한 영역이었다. 하지만 그 개념이 많이 다르다. 교과 지식을 당연히 포함하고 기본 지식으로의 역할을 인정하지만, 그 중요도는 크게 낮아진다. 대신 교과들 사이를 넘나드는 융합 지식의 중요성이 부각되며, 특히 배운다는 게 그냥 아는 것으로 끝나는 것이 아니라 생각하는 방법을 길러내어야 한다는 의미에서 인식론적 지식(Epistemic Knowledge)이 중요한 개념으로 등장한다. 예컨대 수학 문제를 잘 푸는 걸 넘어서 수학자처럼 생각할 수 있는 힘을 길러주는 수학 교육, 과학자처럼 생각하는 힘을 기르는 과학 교육, 이렇게 목표를 재설정하는 것이다.

절차적 지식(Procedural Knowledge)이라는 표현도 등장한다. 기존의 지식이 '무엇'을 아는 것이면, 절차적 지식이란 무언가를 해결하고 실행하는 '방법'에 대한 지식, 흔히 노하우라고 말하는 지식을 의미한다. 이처럼 OECD의 미래교육 개념틀은 머릿속에 무언가를 담는 교육이 아니라 쓸모를 만드는 지식, 문제 해결을 위한 자원으로서의 지식에 의미를 부여하고 있다.

그러므로 또 다른 범주로서 지식을 사용해서 무엇인가를 해낼 수 있는 능력인 기량(Skills)의 중요성이 부각된다. 흔히 사회·감성적 능력이라 불리는 공감 능력, 소통 능력, 협력 능력과 비판적 사고, 창의력, 도구 활용 능력 등이 모두 이 영역에 해당된다. 한편, 태도 및 가치관은 자신이 공동체, 세계 속에서 어떤 위치에 있는지, 그 관계 속에서 가치 있는 행위와 삶이란 무엇인지를 이해하고 체화하는 것을 말한다. 즉, 배우고 익힌 것을 가치 있게 사용하는 법을 아는 능력이라고 볼 수 있겠다.

배움 아닌 해봄을 통한 역량의 성장

학습 나침반에서는 지식, 기량, 태도 및 가치관, 이 세 요소를 묶어 코어 파운데이션(core foundation)이라고 표현한다. 세 가지 요소가 갖춰졌다고 해서 곧바로 의미 있는 역량이 되진 않으며, 이를 기반으로 역량 성장을 위한 길에 본격적으로 들어선다는 것이다. 이때 필요한 과정을 'AAR 싸이클'이라고 제시하고 있는데, 이는 다음을 의미한다.

우선, 문제를 포착해 그것을 어떻게 해결할지 예측해보고 (Anticipation), 실제로 해결하기 위한 시도를 해보며(Action), 나타난 결과로부터 성공과 실패 요소를 성찰하고(Reflection), 다시 다음 문제의 해결이라는 사이클에 들어가는, 나선형의 성장이다. 이 과정에서 학생들은 문제 해결을 위해 지식 자원을 적극적으로 동원, 활용하게 되어 교과 학습이 잘 이루어질 뿐만 아니라 다양한 기량의 가파른 성장도 나타난다.

문제 해결 경험을 통해 세 가지의 또 다른 중요한 역량이 성장하는데, 이를 '변혁적 역량(Transformative Competencies)'이라 부른다. 그중 '책임감'은 문제에 부딪혔을 때 회피, 비난하거나 남에게 책임을 전가하지 않고, 스스로 문제를 찾아 해결하고자 하는 적극성을 의미한다. 또한, 진짜 세상의 문제에는 이해관계들이 항상 얽혀 있고, 심지어 같은 팀 내에서도 다양한 이견이 있을 수 있다는 점을 경험하며, 복잡한 상황에 대응하고 조정해나가는 '갈등 조절 및 해결 능력'을 갖게 된다. 문제 해결 경험에서 '새로운 가치를 창출하는 능력' 역시 길러진다. 새로운 가치를 창출한다는 건 결국 문제를 해결함으로써 다른 사람들에게 쓸모를 만들어내는 것을 의미한다. 이건 또 어떤 의미일까? 진짜 세상의 문제란 누군가의 불편, 혹은 욕구 충족이 안 되는 결핍 상황과 연결된다. 그러므로 문제를 해결했다는 건, 누군가를 위한 쓸모를 만들어냈음을 의미하며, 이는 곧 더 나은 사회, 즉 사회적 웰빙에 기여했다는 것을 의미한다.

쓸모란 가치와 같은 말이다. 그러니 쓸모를 만든다는 건 곧 가치 창출을 의미하고, 문제를 해결한 사람은 가치를 창출할 수 있는, 가치 있는 사람이 된다. 다시 말해 문제 해결 능력이 고도화되면 사회적인 역할이 커지고 인정을 받으며, 어떤 경우에는 그 능력의 크기에 상응하는 급여를 받거나 스스로 가치를 창출하여 부를 축적할 수 있는 기본 동력이 된다.

결론적으로 'OECD 학습 나침반 2030'을 풀어보자면, '역량'은 본인의 가치를 올리며 사회적 웰빙을 만드는 핵심 능력이 되는 것이다.

학생 주도성, 그리고 학교의 한계

그런데 이 개념의 전체 과정에서 누군가가 가르쳐서 키울 수 있는 요소가 그리 많아 보이지 않는다. 그러므로 이 개념틀에서는 학생 주도성(Student Agency)을 역량 교육의 핵심 조건으로 제시한다. 학생들이 스스로 판단, 결정, 실행해나가는 과정에서 경험을 통해 성장하는 것을 기본적인 조건으로 만들어줘야 한다는 것이다.

이제 한번 생각을 해보자. 이런 교육이 지금의 학교 환경과 시스템에서 가능할까? 여기서 큰 딜레마가 발생한다. 학생 주도의 미래역량 교육이란 기존의 학교에서 일반적으로 이루어지는 교사 주도, 교과 지식, 혹은 성적 중심의 교육으로는 원천적으로 실현 불가능해 보이는 것이다. OECD 교육역량국장 안드레아스 슐라이허가 코로나 대응 회의에서 말한 걱정은 바로 이 맥락에서 나온 것이었다. 역량 교육 개념이 전파되며 많은 학교 혹은 선생님들이 학생 주도성 기반의 역량 교육으로 전환하는 사례가 만들어지고 있었는데, 코로나로 인해 불가피하게 진행되는 원격교육으로 인해 선생님들이 이전의 교육 방식, 즉, 교사가 직접 지식을 전달하고 학생들은 수동적인 상태인 교육으로 다시 회귀했다고 보는 것이다.

그런데 한 가지 더 생각해볼 지점이 있다. 생각해보면 역량 중심 교육이라고 하는 개념은 이미 20세기 초반부터 알려져 있었고, 그 실행 방법과 단계도 사실상 익히 알려진 것들이다. 주요 개념들만 보자면 학생 주도적 학습, 교과를 넘나드는 융합 교육, 교과 프로젝트 혹은 더 나아가 실제 문제 해결 프로젝트 등이 있고, 궁극적으로는 교육과정 전체가 역량 중심으로 디자인된 학교를 상상할 수 있을 것이다.

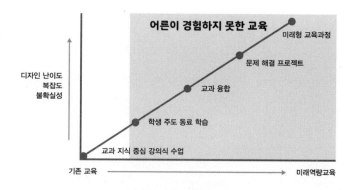

미래교육의 딜레마

한편, 미래형 교육이 고도화될수록 교사의 입장에서는 난이도가 높은 수업이 된다. 학생들이 주도적인 상황을 유도하는 수업 디자인은 번거로우며 복잡도와 불확실성이 증가하기 때문이다. 기존에 교사의 의도대로 정해진 커리큘럼에 따라 순차적으로 지식을 전달하는 방식과 달리 개별 학생들이 능동적으로 학습하는 방향과 속도에 대응해야 하니 순발력과 숙련도의 중요성이 훨씬 커지게 된다.

그리고 또 하나의 함정이 있다. 교과 지식 중심의 강의식 교육을 제외하고, 소위 역량 교육의 방법들은 일반적으로 어른들이 경험하지 못한 교육의 영역이다. 아마 많은 선생님이 이런 교육을 받지 못했을 것이며 교육 방법에 대해 능숙할 정도의 훈련을 받기는 어려웠을 것이다. 바로 여기에 결정적인 장애물이 존재한다. 경험

해보지 못한 영역인 미래교육 영역으로 들어오는 시작 지점에 참
으로 주저앉기 쉬운 걸림돌이 있었던 것이다.

그런데 절망 끝에 반전이 있다. 어찌 됐건 첫 관문을 돌파해본
이들에게는 놀라운 나비효과가 기다리고 있었다.

미래교실네트워크,
씩씩하고 용감한 선생님들의 연합 작전

미래교실네트워크의 의미는 무엇보다 그 허들을 먼저 돌파해본
집단적인 경험에 있다. 실상 미크의 핵심 교사들 대부분은 본래 지
극히 평범하게 관습적 교육 방법에 의존해온 분들이었다. 그런 이
들이 각자의 계기로 새로운 교육 개념과 방법을 접하고, 놀라운 속
도로 전환하고 효과를 만들어내게 된 것이다. 그 시작이 바로 '거
꾸로교실', 완전한 학생 주도 동료학습으로의 전환이었다.

이들이라고 경험해보지 못한 영역에 대한 두려움이 없었던 것
은 아니다. 그러나 극소수이지만 누군가의 과감한 시도로 얻어낸
성공 경험은 다른 이들이 용기를 얻는 바탕이 되었고, 의미 있는
사례들이 계속 누적됨으로써 더 많은 이들이 보다 과감한 시도를
할 수 있는 베이스캠프가 만들어진 것이다.

교실생존비법

더 놀라운 일들이 연쇄적으로 일어났다. 일단 완전한 학생 주도 수업으로의 전환이 성공하고, 학생들의 능동적인 학습 태도가 길러지자 교사의 수업 설계는 자연스럽게 프로젝트 형태로 진화되었고, 교과 융합적 요소가 녹아들기 시작했다. 아이들의 입체적인 성장이 가시적으로 드러나기 시작하면서 교사는 아이들이 보여주는 변화와 성장에 대한 기록 욕구가 커졌고, 평가 방법을 지필 선다형의 표준화 시험에서 정성적 평가 혹은 종합적 수행 평가 쪽으로 전환하려는 경향이 명확하게 드러났다. 더불어 OECD 학습 나침반의 AAR 사이클에 해당하는 본격적인 역량 교육인 문제 해결 프로젝트 수업('사상최대수업프로젝트')을 시도하는 교사들도 계속 늘어나고 있다. 이 과정에서 학생들이 어떻게 변화하고 역량을 성장시켰는지에 관한 생생한 사례와 경험담이 끊임없이 이어지고 있다.

학생 중심 프로젝트 수업 사례

이런 경험이 시사하고 있는 바는 의미심장하다. 소위 미래교육 혹은 역량 교육의 필요성과 실현 가능성에 대해 탁상토론이 곳곳에서 벌어지고 있으나, 실제로 그러한 교육이 빠른 속도로 실현 가능하다는 사실을 현장의 교사들이 실증적으로 증명해낸 것이다. 교육의 변화를 만드는 열쇠가 그 많은 담론과 정책이 아니라, 교사 개개인이 교육에 대한 개념과 방향 전환을 시도하는 데 있음을 확인했다고도 말할 수 있겠다. 2021년 9월 현재까지 미래교실네트워크 교사들의 교육혁신 경험을 나누는 다양한 연수 프로그램이 기획되었고, 여기에 참여한 교사들 수가 3만 명이 넘었다. 하지만 여전히 안타까운 점이 있다. 연수를 통해 많은 선생님들이 의미있는 전환 사례를 만들었지만, 여전히 소수일 뿐, 대부분의 교사들에게 새로운 영역으로의 진입 자체가 두렵고 꺼려지는 건 어쩔 수 없는 현실이었다.

어찌 보면 당연한 일이었다. 가장 익숙하고 숙련되어 있는 설명식 강의를 버리고, 아이들에게 수업 시간을 온전히 내맡긴다는 점도 낯설지만, 온라인 도구 활용에 대한 진입장벽도 결정적인 걸림돌이 되었다. 그런데 코로나로 인한 학교 교육 위기 상황이 이 난감한 장애물을 돌파할 결정적인 계기를 만들어주었다.

위기에서 기회로, 코로나 악몽의 역설

코로나 위기의 초반부터 그랬지만 현재까지도 온라인 수업으로 인해 교육의 질이 나빠지고, 결과적으로 심각한 교육 격차가 발생한다는 우려가 만연하며, 이는 이미 사회적 문제로 의제화되었다.

하지만 미래교실네트워크 선생님들의 수업 경험에서는 완전히 다른 결과가 나타났다. 분명 온라인 교육에는 교실 수업과 다른, 어려운 면이 있지만, 한편으로는 장점도 있다는 것이다. 이런 적응을 가능하게 만든 최초의 동력은 기존 교실 수업에서의 강렬한 경험에 있다. 교실에서 학생 중심의 수업을 계속 유지해오던 선생님들은 온라인 상황이 오더라도 일방적인 강의식 수업으로 진행하기가 너무도 힘들어진다. 분명 비슷한 조건의 학생들이 활발하게 참여하는 수업을 했던 짜릿한 경험이 있는데 아무리 코로나로 인한 비상 상황이라해도 학생들의 무반응과 무기력은 이미 견딜 수 없는 게 되어버린 것이다. 온라인 수업의 특성상 학생들이 아예 화면을 꺼놓고 나타나지 않는 상황도 많은 선생님들이 경험했을 것이다.

2020년 1학기 개학을 앞두고 코로나 상황이 심각해지자 미래교실네트워크 선생님들도 당황한 기색이 역력했다. 급기야 개학 연기 조치가 내려졌지만, 우왕좌왕할 뿐이었다. 일부 선생님들은 이런저런 온라인 커뮤니티 도구를 사용해 한 번도 만나보지 못한 학급 아이들과 소통해보려 했다. 제법 효과는 있었지만, 너무도 품이 많이 드는 비효율적인 일이었다. 온라인 수업을 위해 사용할 수 있다는 실시간 화상회의 도구가 알려져 있어도 대체 이걸로 무엇을 할 수 있을지 막막할 뿐이었다. 특히나 이미 교실에서 학생들이 능동적으로 활동하는 수업을 계속 해왔던 이들에게는 단순히 강의 영상을 전달하기가, 또 온라인 쌍방향 수업에서도 무기력하고 수동적인 학생들의 반응을 견디기가 힘들었을 것이었다.

바로 그 막다른 골목에서 집단적인 지혜가 나왔다. 어느덧 온라인에서도 화상회의 도구의 기능을 활용해서 학생들의 적극적인 활동과 동료학습을 유도할 수 있음이 알려졌고, 학생 중심의 협력적인 수업 상황을 만들려는 시도가 계속되며 다양한 수업 방법이 꼬리에 꼬리를 물고 등장해 공유되었다.

그렇게 아이러니한 상황이 진행되었다. 교실 수업이 불가능한 상황에서 불가피하게 사용하기 시작한 온라인 도구들이 새로운 길을 열어주고 있었다. 온라인 도구의 특성을 활용하자 기존의 교실 수업 못지않게 학생들의 열띤 참여를 이끌어낼 수 있는 조건이 만들어졌다. 어떤 경우에는 ICT 도구를 효율적으로 활용하여 오프라인에서보다 더 나은 협력 효과를 만들어낼 수도 있었다. 다시 말해서 온라인 수업에서 더 고도화된 동료, 협력학습을 통해 교과

학습의 효과를 높일 수 있었을 뿐 아니라, 역량 교육의 핵심 조건인 학생 주도성도 키우며, 소통, 협력을 위한 역량과 다양한 사회정서적 역량까지 함께 성장시킬 수 있는 상황이 가능해진 것이다.

사례가 축적되고 확신이 들자 새로운 발상으로 이어졌다. 온라인의 특성을 활용해 완전히 다른 차원의 교사 연수 프로그램도 가능하겠다는 생각을 하게 된 것이다. 그것이 바로 온라인 '교실생존비법' 프로그램이었다.

세상에 없던 교사 워크샵, '교실생존비법'의 시작

온라인 수업에서 학생들이 적극적으로 참여할 수 있는 환경을 만들었던 것처럼 선생님들과의 연수 환경을 이와 동일하게 만들었다. 그럼으로써 선생님들이 학생의 입장에서 연수를 체험하면서 효과적인 온라인 수업의 방법과 의미를 이해할 수 있도록 도운 것이다.

2020년 3월, 교육부, 과학창의재단 그리고 서울시교육청과의 협력으로 4천여 명 교사에 대한 온라인 쌍방향 연수를 처음 시도할 수 있었다. 첫 연수의 피드백부터 예상을 뛰어넘었다. 불과 두 시간짜리 1차시의 연수만으로도 선생님들은 자신감 회복을 보였고, 첫날 배운 수업 방법을 이미 적용해서 분위기 전환에 성공했다는 무용담을 신나게 전하기도 했다.

특히 참여 교사들의 피드백에서 계속 반복해 등장하는 표현은 '두려움의 극복'이었다. 대체 무엇을 어떻게 해야 할지 모르는 공포 상태로부터의 탈출은 의외로 쉽고 빠르게 이루어졌다. 교사가 온라인 상황에서의 협력 및 참여 학습을 학생의 입장에서 직접 겪어본다는 건 "경험하지 못한 영역"에 들어선 것을 의미한다. 그 경험을 통해 활발한 상호작용이 이루어지는 가운데 이전보다 더 신나고 즐거운 교육이 가능함을 알게 된 것이다. 그러니 두려움이 사

온라인 수업에 대한 막연한 두려움을 조금이나마 없애고 새로운 수업 방식과 평가 방법을 알게 되어 보람 있었습니다.

2020년 나의 온라인 수업에 대해서 반성하였고 우리 반 아이들에게 미안하다는 생각이 들었다. 아이들이 얼마나 힘들었을지… 이번 연수가 너무 고맙다.

정말 유익하고 스스로 부족한 부분이 많이 느껴진 연수였습니다. 지금부터라도 많이 준비해야겠네요. 감사합니다.

참여 교사들의 피드백

교실생존비법

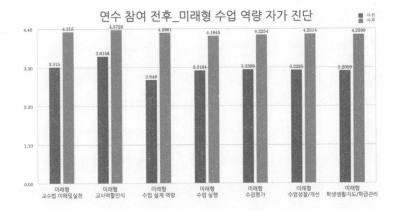

연수 참여 전후_미래형 수업 역량 자가 진단

연수 참여 전후 미래형 수업 역량 자가 진단 도표

라지는 건 어찌 보면 당연한 결과였다.

하지만 선생님들의 변화는 거기서 그치지 않았다. 4차시 이상의 연수를 마무리하고 받아본 피드백에는 더 이상 두려움이라는 표현이 없었다. 대신, 코로나가 극복되더라도 온라인 교육의 장점을 활용하며 수업의 변화를 만들겠다는 적극적인 의지가 담긴 소감, 소통과 협력이 살아있는 미래교육이 무엇인지 이해했으며 아이들의 미래역량 성장을 위해 교사 스스로 더 배우고 힘써야 함을 알게 되었다는 소감 등이 있었다.

미래 교실로 가는 비상구를 열다

큰 변화였다. 처음엔 깜짝 놀랐다. 짧은 경험만으로도 선생님들에게 이렇게 큰 변화가 나타날 줄은 전혀 기대하지 못했다. 하지만 다시 생각해보니 이 현상은 데자뷰였다. 미래교실네트워크 선생님들이 단 한 차례의 거꾸로교실 연수를 통해 완전히 다른 차원의 수업으로 진화해나가기 시작했듯이, 선생님들이 '경험하지 못한 영역'으로 들어서기 위한 첫 번째 장애물을 돌파함으로써 시작된 나비효과였다.

미래역량 교육은 굳이 OECD의 학습 나침반을 들지 않더라도 다음 세대를 위한 교육이 나아갈 방향으로 제시된 지 이미 오래다. 2015 개정 교육과정의 지향점도 이와 대단히 유사하며, 거슬러 올라가 2004년도에 미국에서 발표된 후 핵심역량, 4C 등의 유행어를 탄생시킨 P21의 21세기 교육 프레임워크도 사실상 동일한 개념을 말하고 있다. 하지만 그렇게 공들여 만든 새로운 교육의 개념들이 온전하게 공교육에 반영되어 패러다임 전환에 성공한 사례는 전 세계 어디에도 존재하지 않는다. 이 전환 과정에는 정말 넘기 힘든 장벽이 존재했던 것이다. 그런데 지금 한국에서 벌어지고 있는 경험에서 새로운 돌파구가 보인다. 누구도 원하지 않았던, 코로나로 인한 위기, 기존의 학교 시스템과 수업 방식이 붕괴되어 강

교실생존비법

제로 변화가 요구되는 이 상황으로 인해 가장 버거웠던 첫 번째 허들을 돌파할 계기와 동력이 강력하게 만들어진 것이다. '코로나가 미래교실로 가는 비상구를 열었다'는 역설적인 표현은 이런 배경에서 나왔다. 하지만, 주어진 것은 계기일 뿐 이를 어떻게 활용할 것인지는 전적으로 다른 문제다. 다만, 온라인 '교실생존비법'의 워크샵 과정에서 교사들에게 어떤 경험과 생각의 변화가 나타났는지 되짚어본다면 힌트를 얻을 수 있을 것이다.

발달된 온라인 협력 도구를 효과적으로 활용하니 학생들이 주도성을 회복하였고, 수업이 협력적 학습으로 전환되었으며, 수업 중에 ICT 도구를 능숙하게 다루게 됨으로써 선생님과 학생들이 함께, 진짜 세상에서 필요로 하는 다양한 리터러시를 길러내게 되었다. 학생 주도의 협력학습이 가능해진 상황은 다양한 역량 요소를 길러낼 환경이 만들어졌음을 의미한다. 그렇게 선생님과 학생 모두에게 새로운 교육을 본격적으로 시작할 수 있는 준비 상태가 마련된 것이다. 그럼 이제 남은 것은 그 환경에 무엇을 더 담아내어 보다 고도화된, 학생들의 미래역량 성장을 이끌어낼 것인가의 문제다.

다음 장부터 펼쳐질 미크 선생님들의 다양하고 생생한 좌충우돌 수업 경험과 생존의 노하우가 독자들께 미래교육으로 전환하는 비상구의 열쇠와 탈출 안내서가 될 것이다.

블렌디드
수업
시작하기

김준형

학습의 개별화와 메타인지 활성화를 목표로 2014년도부터 거꾸로수업을 해오고 있다. 수업 중에 학생들이 스스로 생각하고 성장할 수 있도록 돕고 있다. 온·오프라인 거꾸로수업 방법 정착, 수학 과제 탐구, 수학과 진로를 연계한 평가 방법 연구, 공학도구 수업 연구, 수포자를 위한 무료 유튜브 채널 운영, 강원도형 수학나눔학교 운영 등의 공적을 인정받아 2020 대한민국 수학교육상을 수상했다. 교육부 주관 원격수업 교원 역량 강화 연수 (2020), KOICA 아제르바이잔 원격수업 교원 역량 강화 연수(2021) 등 거꾸로수업, 블렌디드 러닝 관련 연수 강사로 꾸준히 활동하고 있다.

온·오프라인 수업을 결합한 블렌디드 러닝 수업은 코로나19 사태를 맞이하여 갑작스럽게 등장한 것이 아니다. 거꾸로수업 등의 형태로 현장 교사들을 중심으로 이전부터 실천되어왔다. 8년 전부터 거꾸로수업을 해온 나는 사실 온라인 수업에 큰 부담은 없었다. 그러나 2020년에 처음 시작한 교사들은 꽤 힘든 1년을 보냈을 것이다. 온라인 수업에 대단한 기술이 필요하다고 생각하여 심리적 진입 장벽이 굉장히 높은데, 이는 오해이다. 성공적인 블렌디드 수업은 뛰어난 온라인 기술에 의해 완성되는 것이 아니기 때문이다. 나의 경험이 블렌디드 러닝에 대한 이해에 도움이 되었으면 한다.

블렌디드 수업 시뮬레이션

블렌디드 러닝은 온·오프라인 수업이 가지고 있는 각각의 장점을 극대화하고, 단점은 보완한 학습 방식이다. 시간적, 공간적 제한이라는 오프라인 수업의 단점을 온라인 수업으로 보완하고, 온라인 수업으로 인해 발생하는 관계의 단절을 오프라인 수업으로 보완한다. 더 나아가 각각의 장점은 그대로 살린다.

핵심은 온·오프라인 수업을 연결하는 것이다. 두 가지 형태의 수업을 물리적으로 결합하는 것을 넘어 유기적으로 연결해야 한다. 온라인 수업 내용을 오프라인에서 복습해주는 형태의 수업을 반복하지 않도록 유의해야 한다. 등교 시 선생님이 해당 내용을 복습해주면 학생들은 온라인 수업을 가볍게 여길 수밖에 없다. 온·오프라인 수업은 각각 그 자체가 완결성을 가져야 한다. 온라인 수업을 오프라인 수업의 보조 수단 정도로 여기면 곤란하다. 둘 다 소중한 수업 시간이라는 인식이 학생과 교사 모두에게 필요하다.

먼저 온·오프라인 수업에서 공통으로 사용할 수 있는 수업의 틀을 갖추어야 한다. 블렌디드 러닝을 위한 수업 설계가 그래서 중요하다. 온라인과 오프라인에서 수업 운영 방식이 다르다면 학생과 교사 모두 혼란스러울 수밖에 없기 때문에 블렌디드 수업의 준비 단계에서는 본인에게 맞는 안정된 수업의 틀을 고안하는 것이 중요하다.

내가 온라인 수업에서 사용한 도구는 줌(Zoom)과 패들렛(Padlet)이다. 줌은 우리가 오프라인상에서 진행하던 모든 수업의 형태를 온라인에서도 실현시켜주는 도구이다. 수업 자료에 판서하기는 물론이고, 소회의실을 통한 모둠 수업도 할 수 있다. 또한, 온라인상에서는 교사가 기능적으로 권한을 설정할 수 있어 오프라인에서보다 좀 더 정제된 분위기 속에서 토의·토론 활동이 가능해진다. 온라인 수업 운영은 줌만 잘 다룰 수 있어도 충분하다. 전체 학생의 의견을 반영하여 수업을 진행해야 하는 경우에는 패들렛이 좋다.

안정적으로 수업할 수 있는 틀만 가지고 있다면 온라인 도구는 배워서 익히면 된다. 마음만 먹으면 20분 정도 이내에 모든 기능을 다 배울 수 있다. 블렌디드 수업을 위해 집중하고 시간을 투자해야 하는 건 수업 설계다.

나는 거꾸로수업을 기반으로 블렌디드 러닝을 실현해왔다. 거꾸로수업은 사전에 디딤영상을 통해 교과의 핵심 내용을 학생들에게 전달하고, 이후 수업 시간에는 배움 중심 학생 활동을 통해 해당 개념을 명확히 이해하도록 하는 수업 방식이다. 메타인지를 활용하여 학생들이 자신이 아는 것과 모르는 것을 구별해보는 경험을 할 수 있도록 시간을 할애한다. 오프라인 수업은 기존의 수업과 마찬가지로 배움 중심 학생 활동으로 설계한다. 학생들이 토의·토론을 통해 배움을 실천과 연결 지을 수 있도록 조직화한다. 한편, 활동 결과물 발표나 자료 저장, 전체 학생의 의견 파악 등이 필요한 수업에서는 온라인 수업이 좀 더 효율적이었다. 교실에서 모둠별 발표 수업을 하는 경우, 학생들은 발표 자료를 이메일로 제출하거나 파일을 USB에 담아 제출한 후 교실 PC에 다운로드를 받는다. 이 과정을 경험해본 선생님들께서는 공감하시겠지만, 이것을 준비시키는 데에 필요한 시간과 에너지가 상당하다. 이러한 수업을 온라인에서 화면 공유 등을 활용해 진행한다면 그 절차가 굉장히 간소화된다.

코로나19 사태로 다소 급하게 블렌디드 수업을 시작하게 되었지만, 덕분에 훨씬 더 효과적인 수업 방식이 단기간에 확산되었다고 생각한다. 많은 현장 교사와 교육 전문가가 블렌디드 러닝이 앞으로의 수업 방식이 될 것이라고 말한다. 그간의 경험을 토대로 우리는 좀 더 효과적인 방식으로 블렌디드 수업을 준비할 수 있게 되었다. 블렌디드 러닝을 위한 좀 더 명확한 이해를 위해 Q&A 방식으로 내용을 정리해보았다.

블렌디드 수업 Q&A

1) 블렌디드 수업은 온라인 수업과 비슷한 개념인가?

온라인 수업과 오프라인 수업이 유기적으로 연결된 형태의 수업을 블렌디드 수업이라고 한다. 온라인 수업은 블렌디드 수업의 한 요소이다. 온라인으로만 모든 수업이 운영될 경우, 관계의 단절 문제가 발생할 수 있다. 온·오프라인 수업이 유기적으로 연결되어 각각의 단점을 보완해줄 수 있어야 한다.

2) 오프라인 수업은 왜 블렌디드 러닝의 필수 요소인가?

온라인 수업이 갖는 한계를 극복하기 위해서는 오프라인 수업이 반드시 필요하다. 온라인 수업을 통해 학생이 지식을 습득했을지라도 오프라인상에서 학생 간 또는 학생-교사 간 메타인지를 활용한 학습 활동을 통해 그 지식을 통합하고 확장해야만 학습이 깊어지기 때문이다. 물론 온라인 수업에서도 협업 도구를 이용하면 이러한 활동이 가능하지만, 학생마다 인터넷 환경 조건이 다르고, 제한적인 상황이 발생할 수 있으므로 오프라인 수업이 꼭 필요하다. 줌과 같은 쌍방향 수업 도구를 사용하더라도 실제로 만나 대화를 나누는 것과 줌에서 대화를 나누는 것은 느낌이 현저히 다르다. 오프라인에서는 두 사람이 동시에 말을 하더라도 의사소통이 가능하지만, 줌에서는 그렇지 않다. 한 사람이 말하는 동안 나머지 사람은 듣는 줌 소통방식은 장점이 크지만, 단점도 있다. 만나서 소통할 때의 시너지를 생각하면 오프라인 수업은 필수적이다.

3) 블렌디드 러닝을 위해 온라인 수업이 필요한 이유는 무엇인가?

온라인 수업에서 디딤영상을 제공하면 학습 속도의 개별화가 가능하다. 학생들이 저마다 배우는 속도가 다르므로 교사가 일방적으로 전달하는 강의에서는 그 속도를 개별화하기가 어렵다. 그러나 영상을 통해 핵심 개념을 전달하게 되면 학생은 자신의 학습 속도에 맞게 영상의 재생 속도를 조절할 수 있으며 필기가 필요한 경우에는 멈춰서 볼 수 있고, 본인이 정확하게 알고 있다고 생각하는 부분은 넘겨가며 볼 수도 있다. 디딤영상을 제공한다는 것에는 학생에게 배움의 주도권을 넘겨준다는 의미도 있다.

온라인 수업에서는 역량 기반 학습 또한 가능하다. 이와 대비되는 개념은 시간 기반 학습인데, 일정한 시간이 지나면 학습이 종료되는, 일종의 강의식 수업을 말한다. 학생들이 수업 시간에 가만히 앉아만 있어도 시간이 흐르면 곧 수업이 종료된다. 반면 역량 기반 학습을 목표로 하는 수업에서는 학생이 해당 개념을 이해하지 못했다고 판단할 경우, 관련된 콘텐츠를 이어서 제공할 수 있으므로

교실생존비법

학생이 개념을 정확히 이해할 때까지 완전학습을 도울 수 있다. 디딤영상의 장점이다. 시간적, 물리적 한계를 넘은 유비쿼터스 학습 환경을 학생들에게 제공할 수 있다는 측면에서도 온라인 수업은 꼭 필요한 요소이다.

4) 현 상황에서 블렌디드 러닝을 실현할 수 있는 가장 쉬운 방법은 무엇일까?

전통적인 교실의 모습을 그대로 활용한다는 점에서 거꾸로수업 모델은 블렌디드 러닝을 실현할 수 있는 가장 현실적인 방안이다. 거꾸로수업은 수업 전에 학생들에게 디딤영상을 제공하여 핵심 개념을 미리 파악하도록 한 뒤 오프라인의 본 수업에서 학생 배움 중심 활동으로 해당 개념을 보다 깊이 있게 이해하도록 하는 수업 방식이다. 인터넷 최신 장비를 꼭 갖추지 않더라도 온라인 수업을 위한 환경을 쉽게 구축할 수 있고, 심지어는 무선 인터넷 환경이 갖추어지지 않았더라도 거꾸로수업을 진행하는 데에 큰 무리가 없으므로 마음만 먹는다면 당장 다음 수업에서부터 시도해볼 수 있다.

5) 디딤영상 제작 시 유의사항은 무엇인가?

온라인 수업을 준비하는 데 있어 가장 부담이 되는 부분은 디딤영상 제작일 것이다. 우리는 평소에 유튜브를 시청하다 보니 유명 유튜버가 제작한 영상처럼 썸네일도 넣어야 하고, 동영상 편집 및 인코딩 기술도 필요하다고 생각한다. 물론 이런 작업이 가능하다면 좋기는 하겠지만, 이런 형식적인 부분이 중요한 건 아니다. 교사가 들이는 시간과 노력에 비해서 편집 기술이 수업에 미치는 효과는 미미하기 때문이다.

그렇다면 수업에서 디딤영상이 갖는 의미와 역할은 무엇일까? 전날 같은 드라마를 봤으면 다음 날 그것에 대해서 얘기를 나눌 수 있는 것처럼 수업 중에 학생들이 개념에 대해 대화할 수 있도록 돕는 발판 또는 디딤돌이 되어준다는 것이다. 수업 시간에 해당 교과의 학습 내용에 대해 서로 이야기를 나눌 수 있도록 대화의 공통분모를 만들어주는 것이다. 디딤영상을 본 직후에 해당 개념을 정확히 이해하는 학생은 극소수에 불과하다. 대부분의 학생은 대략적인 느낌만 가지고 수업에 참여하게 되는데, 이후 메타인지를 활성화하는 수업 활동을 통해 친구와 소통하며 또는 스스로 말해보면서 자신이 아는 것과 모르는 것을 구분해보고, 아는 것은 좀 더 명확히 하고, 모르는 것은 보완하는 방향으로 학습하게 된다. 디딤영상의 내용을 직접 말해보면서 해당 개념을 자기만의 언어로 재해석하는 과정을 거친다.

디딤영상에 담겨야 하는 것은 해당 차시의 핵심 개념이다. 일타 강사들의 영상에서처럼 매우 자세하게 설명해서 학생들에게 떠먹여주는 것이 아니라 핵심적인 내용만 담백하게 설명해주는 것이다. 그렇게 하면 10분 이내에 영상을 만들 수 있다. 영상의 형식에 시간을 할애하기보다는 영상에 담길 내용에 집중하여 '이번 차시에 학생들에게 반드시 알려줘야 할 내용은 무엇인가?'를 고민한다. 핵심 내용을 간추렸다면, 스마트폰의 기본 카메라를 활용하여 연습장 등에 미리 적어놓은 교과 내용을 직접 촬영하면서 간단한 영상을 만들면 된다. 했던 말을 반복하지 않고 한 번만 정확하게 설명한다. 영상 제작에 대한 부담감만 내려놓아도 온라인 수업 준비가 한결 수월하다.

6) 디딤영상을 보고 오지 않은 학생은 어떻게 하면 좋을까?

디딤영상을 보지 않고 수업에 참여한 학생들을 위한 별도의 수업 장치를 고안할 수 있다. 내 경우에는 이 학생들에게만 핵심 개념을 다시 설명해준다. 수업이 시작되고 약 8분 정도 후에 교사의 설명을 다시 듣고 싶은 학생들만 따로 불러 모아 좀 더 쉽게 해당 내용을 설명해주는 것이다. 이렇게 되면 디딤영상을 보고 오지 않더라도 교사가 제시한 과제를 해결할 수 있게 되지만, 디딤영상을 보고 온 학생에 비해 자신만의 학습 시간이 줄어들게 된다. 이러한 과정이 반복되고 누적되어 미리 보고 오지 않으면 결국 본인 손해라는 것을 스스로 느끼는 것이 가장 바람직한 변화일 것이다. 학생의 내적 동기가 추동되어 수업 전에 영상을 보고 와야겠다는 의지가 생길 수 있도록 수업 분위기를 긍정적으로 만들어가야 한다. 거꾸로 수업의 목적은 학생 스스로 배움의 즐거움을 느낄 수 있도록 하는 것이다. 첫술에 배부를 순 없겠지만 교사가 믿음을 가지고 지속적으로 노력한다면 학생의 내면에서도 본질적인 변화가 일어날 것이라고 확신한다.

7) 디딤영상을 완벽하게 찍고 싶은 마음 때문에, 반복하여 영상을 녹화하느라 힘든데, 영상을 쉽게 제작하는 방법은 없을까?

디딤영상의 역할에 대해 다시 한번 생각해볼 필요가 있다. 디딤영상은 학생들끼리 토의·토론을 통해 해당 개념을 이해할 수 있도록 돕는 발판 또는 디딤돌의 역할을 한다. 따라서 학생들에게 핵심 개념만을 전달해주는 것이 필요하다. 너무 완벽하고 자세한 디딤영상은 오히려 토의·토론 활동에 방해가 될 수 있다. 그냥 영상을 다시 보면 그만이기 때문이다. 수업 중 메타인지 활성화 활동을 통해 본인이 알고 있다고 생각하는 것을 직접 말해보는 경험이 굉장히 중요한데, 생각의 여백이 없는 디딤영상은 오히려 수업에 안 좋은 영향을 미치게 된다.

한편, 디딤영상을 제작할 때, 의도된 결핍을 통해 살아있는 수업을 만들 수도 있다. 실제로, 어느 선생님은 실수로 목소리가 녹음되지 않은 영상을 학생들에게 제공했다는 것을 수업 직전에 알게 되었는데, 학생들에게는 일부러 넣지 않았다고 한 후 자신이 영상에서 어떤 이야기를 했는지를 유추해보는 활동을 하게 했다. 그러자 학생들은 교과서를 열심히 뒤적이며 해당 차시의 핵심 개념을 이해하기 위해 노력했다고 한다. 이 사례처럼 디딤영상은 블렌디드 수업에서 딱 이 정도 역할을 담당하기 때문에 너무 공들일 필요가 없다. 별도의 영상 편집 또한 불필요하다. 다음 날 학생들이 그것에 대해 서로 이야기를 나눌 수 있도록 대화의 공통분모를 만들어줄 수 있으면 충분하다.

8) 쌍방향 온라인 수업에서 여러 가지 이유를 대면서 비디오를 켜지 않거나 잘 참여하지 않는 학생들은 어떻게 하면 좋을까?

쌍방향 수업이 단방향 수업보다 유익하다고 느낄 수 있도록 교사가 노력해야 한다. 쌍방향 수업에서 좀 더 개별적이고 친절한 피드백을 주면 학생들은 쌍방향 수업이 학습 면에서 더 도움이 된다는 느낌을 받는다. 이러한 교사의 노력이 의지가 있는 학생들을 자연스럽게 쌍방향 수업으로 끌어들인다.

쌍방향 온라인 수업의 대표적인 문제 상황은 학생들이 비디오를 켜지 않는 것이다. 켜달라고 아무리 말을 해도 잘 켜주지 않았다. 어색하다고 했다. 학생들 간에 서로 친한 상태에서 온라인 수업으로 전환된 것이 아니라 학년이 바뀌면서 온라인 개학을 했기 때문에 서로 잘 모르므로 온라인상에서 만나 비디오를 켜기가 쑥스러웠을 것이다. 학생들과 실시간으로 소통하고 피드백을 주는 것이 중요하므로 굳이 비디오를 켤 필요는 없다고 생각했다. 다만, 학생 간 소통을 이끌어내는 아이스 브레이킹이 필요하다는 사실을 깨달았다. 그래서 고안한 활동이 '줌 프로필 사진 만들기 게임'이었다. 이것은 캠을 모두 끈 상태에서 줌 소회의실에서 만나 프로필 사진으로 쓰고 싶은 그림을 친구들에게 설명해주면 친구들이 그 설명을 듣고 상상해서 연습장에 그린 후 휴대폰으로 찍어서 해당 친구에게 전송해주는 활동이었다. 사진을 전송받은 학생들은 가장 마음에 드는 것을 골라 자신의 줌 프로필 사진으로 설정하였고, 다음 시간부터는 비디오를 끈 상태에서 그 프로필 사진으로 접속하도록 하였다. 자신이 원하는 그림을 친구들에게 설명해주면서 학생들이 조금 친해진 상태였기 때문에 수업 분위기가 전보다

교실생존비법

훨씬 좋았고, 좀 더 긍정적인 분위기 속에서 수업을 진행할 수 있었다. 이 게임 이후에도 메인 세션에서는 학생들이 여전히 비디오를 켜고 있지 않았지만, 흥미로웠던 사실은 학생들이 소회의실에 입장해 비디오를 켜고 서로 소통하고 있었다는 점이다. 이런 모습을 보면서 '내가 조급하게 학생들에게 비디오를 켜라고 잔소리할 필요가 없다'는 것을 깨달았다. 결국, 모든 것은 관계의 문제이기 때문에 시간이 지나면 저절로 해결될 것이다.

내 수업의
골든 서클
찾기

최우석

미래교육에 관심이 많아서 스마트기기를 활용한 수업과 거꾸로교실에 대해 연구했다. 제2회 스마트교육학회에서 거꾸로교실을 주제로 발표하였으며 최우수 발표자로 선정되었다. 이를 계기로, 한국교육학술정보원(KERIS) 원격연수 심사위원을 역임하였다. 교육혁신을 위해 결성된 교육단체인 미래교실네트워크의 부회장을 맡기도 했다. 현재 애플우수교육자(ADE)와 애플학습코칭전문가(APLS)로도 활동하고 있으며 상암초등학교에서 교사로 재직 중이다.

교사라면 누구나 학생들의 마음을 사로잡을 수 있는 활동에 관심
이 많다. 한번은 공개수업 때 동기유발을 위해 대통령의 얼굴이 그
려진 가면을 쓰고 성대모사까지 했었다. 때로는 학습목표와 동떨
어진 수업처럼 보이더라도 아이디어가 좋으면 괜찮다고 생각했
다. 그렇다. 나는 언제나 남들과 다르고, 특별하고 싶었던 교사였
다. 그게 내 정체성이라고 생각했기 때문이다. 공개수업 사후 협의
회 때 내가 했던 수업활동이 좋은 평가를 받기는 힘들었다. 학습목
표를 달성하기 위한 수업이라기보다는 활동 그 자체를 뽐내는 수
업이었기에 당연한 결과였다. 이후 시간이 흐르면서 내 수업은 내
가 평범하다고 생각했던 수업과 비슷해져가고 있었다. 학습목표
달성을 위해 필요한 활동을 하다 보니 그렇게 되는 것은 불가피했

다. 그 와중에도 특별해지고 싶은 내적 욕망은 커지고 있었다. 그러던 중 '거꾸로교실'이라는 수업 방법을 발견하였다. 이는 수업에서 배워야 할 내용을 학생들이 가정에서 영상으로 미리 학습하고 온 뒤에, 수업 시간에는 소통과 협력이 가능한 학생 중심 활동을 진행하는 것이다. 우연히 한 다큐멘터리에서 이 방법을 접한 뒤에 나는 바로 수업에 적용하기 시작했다. 그리고 이 수업을 하는 것만으로도 특별해질 수 있겠다고 생각하게 되었다.

비교적 초창기에 거꾸로수업을 시도한 덕분에 다른 교사들보다 많은 경험을 쌓을 수 있었다. 2급 정교사임에도 불구하고, 1급 정교사 자격연수에서 강의했다. 내게 멘토링을 해주시던 수석교사 분들을 앞에 두고 강의를 하기도 했고, 서울대학교 교수들 앞에서도 강의하면서 나는 점점 더 특별해지고 있다고 느꼈다. 그런데 한 해에 강의를 100회 가까이 하면서 나를 성찰할 수 있는 기회가 점점 사라져가고 있었다. 그즈음에 사이먼 사이넥(Simon Sinek)의 골든 서클 강연 영상을 보게 되었다. 이 영상을 본 뒤로 항상 '이것을 왜 하는 거지?'라고 질문하고 성찰하는 습관을 갖게 되었다. 나는 왜 그렇게 바쁘게 강의하였을까? 거창하게 '수업나눔'이라는 변명을 붙였지만, 실상은 학교 안에서는 수업나눔을 하지 않는 교사였다. 외부 강의를 수도 없이 했지만, 정작 내가 있는 학교에서 동학년에게는 그 흔한 나눔조차 하지 않았던 것이다. '당시 근무하던 학교는 그럴 환경이 아니었어.'라는 말로 회피했지만, 모순되는 생각 사이에서 갈등했다. 새로운 환경에서 다시 시작하고 싶어 전근을 결심했다. 발령받은 곳은 수업혁신을 중점과제로 하는 혁신학교였다. 새로운 곳에 갔을 때도 이전과 같다면 내가 모순적임을 인정할 수밖에 없었다. 골든 서클을 통해 성찰하게 된 나는 새로운 도전을 하게 되었다.

내 인생을 바꾼 골든 서클

2015년에 테드(Ted)에서 우연히 영상 하나를 보게 되었다. 사이먼 사이넥이 강연한 〈'왜?'라는 질문으로 시작하라-위대한 리더들이 행동을 이끌어내는 법(Start with Why-How great leaders inspire action)〉이라는 제목의 영상이었다. 이 영상은 마틴 루터 킹, 라이트형제, 스티브 잡스와 같이 자신들의 목표를 이뤄낸 사람들이 어떤 사고방식을 가지고 있었는지에 대한 것이었다. 그 비결은 바로 골든 서클(Golden Circle)에 있었다. 사이먼 사이넥이 정리한 골든 서클 이론에 따르면, 커뮤니케이션을 하는 순서에 따라 사람들의 마음을 움직일 수 있는지 여부가 달라진다.

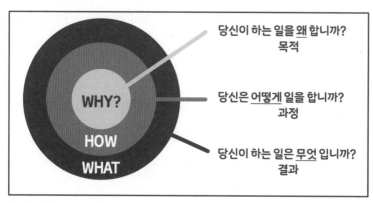

당신이 하는 일을 <u>왜</u> 합니까?
목적

당신은 <u>어떻게</u> 일을 합니까?
과정

당신이 하는 일은 <u>무엇</u> 입니까?
결과

WHY?
HOW
WHAT

골든 서클

　사이먼 사이넥은 애플(Apple)을 사례로 든다. 나는 애플의 팬이
기도 해서 강연 영상을 매우 흥미롭게 시청했다. 강연의 요지는 사
람들이 애플의 제품을 구매하는 건 이 기업이 가진 신념에 매료되
었기 때문이라는 것이다. 보통 합리적 소비를 위해서는 제품의 가
격이 적당한지, 기능이 우수한지 등을 따지게 된다. 하지만 애플의
제품은 '기존의 현상에 도전하고 언제나 다르게 생각한다'는 이 기
업의 철학을 믿고 산다는 것이다. 나 역시 그랬던 사람으로서 매우
공감했다. 대부분의 기업들은 제품의 우수성(What)을 홍보하기 바
쁜데, 애플은 신념(Why)을 알리기 위해 애썼다. 그 결과, 전 세계적
으로 팬들이 생겼고, 기업의 가치는 더욱 높아졌다. 이 사례를 통
해 배운 것은 어떤 일을 하든 '왜'에 대해 고민해봐야 한다는 것이

교실생존비법

었다. 그 교훈을 받아들이면서부터 많은 것이 바뀌었다. 교사로서의 삶뿐만 아니라, 개인으로서의 삶도 말이다.

이유(Why)가 빠진 방법(How)

새로 둥지를 튼 학교는 혁신학교였다. 당시 교장 선생님은 수업혁신을 위해 나를 초빙하였다. 나는 거꾸로교실을 수업 방법으로 채택하였고, 내가 속한 학년 전체가 이 방법으로 수업을 하게 되었다. 거꾸로교실을 전 학년에 전파하기 위해 일곱 번의 공개수업을 했고, 교내연수도 3회 정도 열었다. 하지만 이러한 노력에도 거꾸로교실은 동학년 이상으로 파급되지는 않았다. 사실 일 년이 지날 때쯤에는 동학년에서도 처음의 그 에너지가 느껴지지 않았다. 왜였을까? 나는 내 '이유(Why)'를 생각했지만, 다른 사람들의 '이유(Why)'를 들을 생각을 하지 못했고, 내 '이유(Why)'에 대해서도 설명할 생각을 하지 못했다. 그저 거꾸로교실이라는 수업 방법(How)을 열심히 전달할 뿐이었다. 냉정히 말하면 거꾸로교실은 수많은 교수학습방법 중 하나일 뿐이었고, 모든 이들에게 그것이 답이 될 수는 없다는 사실을 일 년이 지난 뒤에야 깨달았다.

학교 수업혁신을 위한 시도가 실패한 원인을 분석해보았다. 그

것은 바로 '왜(Why)'가 아니라 '어떻게(How)'로 시작했기 때문이었다. 다음 해에는 '왜(Why)'로 시작하기 위해 처음부터 다시 생각하려고 노력했다. 우선 내 수업부터 다시 돌아보는 것이 필요했다. 이때도 역시 골든 서클 이론을 적용해보았다. 국어 수업을 한다고 했을 때, 국어 수업의 '이유(Why)'는 무엇일까? 첫 질문에서부터 선뜻 답을 하기 어려웠다. 고민 없이 그냥 수업을 해왔다고 하는 것이 맞을 것 같다. 무엇을 가르쳐야 할지는 이미 국가에서 정했기에 나는 그저 그것을 가르치는 방법에 대해서 고민하면 되었고, 거꾸로교실 수업법을 선택했다. 왜 그렇게 해야 하는지 생각은 많이 했지만, 각 교과를 왜 가르치는지에 대해서는 고민해본 적이 없었다.

그래서 학교 선생님들과 각 교과의 '이유(Why)'를 찾아보기로 했다. 각자의 생각을 나누며, 해당 교과가 왜 존재하는지부터 근본적인 물음을 던지기 시작했다. 이 과정에서 생각들이 다양하며 교과를 바라보는 생각의 틀도 다르다는 것을 알게 되었다. 한편으로는 이렇게 서로 생각이 다르니 나의 그릇만으로 그 모든 생각을 담는 것은 애초부터 무리였다는 생각도 하게 되었다. 그렇게 각 교과에 대해 서로가 가진 '이유(Why)'에 대한 생각을 나누었다.

그리고 그 생각들이 사실은 국가 교육과정에 어느 정도 포함되어 있다는 사실도 알게 되었다. 각 교과 교육과정의 성격, 목표 부분은 임용시험 등을 준비할 때 외에는 읽어볼 필요가 없다고 생각했었다. 하지만 교과의 목적에 대해 고민한 뒤에 읽었더니 새롭게 읽혔다.

국어과의 경우에는 '소통, 정보 습득, 타인과의 교류, 문화 창조, 비판력과 사고력 향상, 창의적 글쓰기, 문학을 통한 배움' 등의 다양한 키워드가 나왔다. 이러한 키워드를 활용하여 교과의 존재 이유를 각자 한 문장으로 정리했다. 예를 들어 내가 생각하기에 국어교과가 존재하는 이유(Why)는 학생들이 저마다 가진 다양한 생각

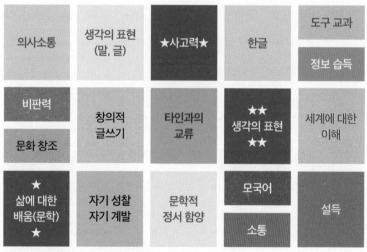

국어 교과의 존재 이유에 대해 선생님들과 나눈 생각들

을 말과 글로 표현하는 것에 있다. 이 목적을 위해 가르치거나 평가할 내용(What)이 교육과정에 성취기준 등으로 정리되어 있고, 교사들은 다양한 교수학습방법(How)을 적용할 수 있다. 사이먼 사이넥의 골든 서클 이론을 비로소 수업에 적용할 수 있게 된 것이다.

국어 교과의 존재 이유(why)를 '생각의 표현'이라고 정의하고 나니 새로운 것들이 보이기 시작했다. 5학년 1학기 [국어] 10단원('주인공이 되어') 수업에서의 일이다. 이 수업에서 고려해야 할 성취기준 중에는 '일상생활의 경험을 이야기나 극의 형식으로 표현한다.'가 있다. 예전에 이 수업을 할 때는 역할극의 형태로 이야기를 만들어 '표현'하게 하는 데 많은 시간을 투입했었다. 그러다 보면 수업이 잘될 때도 있지만, 잘 안되는 경우가 있었다. 잘 안됐던 이유를 생각해보면 역할극의 형태로 이야기를 만드는 이유에 대해 학생들이 생각해볼 기회가 없었기 때문인 것 같다. 아이들에게도 이 수업에 참여하는 이유(why)가 필요했을 것이다. 교사는 학생들이 그 이유를 찾도록 도와주어야 한다. 국어 교과의 목적('생각의 표현')을 상기하며, 학생들이 생각을 꺼낼 수 있도록 도왔다. '학교'라는 키워드를 주고, 관련된 경험을 나누며 생각해보도록 하는 데 집중한 것이다. 그러자 학생들이 각자 자기만의 이야기를 써본 후 모둠별로 의견을 모아 함께 이야기를 만들면서 자연스럽게 성취기준에 도달할 수 있었다.

　선생님들과 함께 근본적인 물음에서부터 고민을 시작해보니 방법 그 자체가 중요한 것은 아니라는 사실을 깨달았다. 각자의 철학대로 방법을 찾아나가는 것이 중요했다. 이때부터 수업의 변화가 감지되었다. 이 학교에 온 지 3년이 되던 해에 이런 말을 들었다. "선생님을 만난 후 3년 동안의 변화가 내 교직 생활 25년 동안의 변화보다 더 컸어요." 그 순간 그동안의 내 마음속 모순이 풀리는 느낌이었다. 동료장학 주간에 모든 교실의 수업을 처음부터 끝까지 참관하셨던 교장 선생님이 수업의 변화가 성공적이었다며 격려해주셨다.

모두가 먼저 고민해봐야 하는 '이유(Why)'

우리나라는 국가교육과정을 채택하고 있다. 이 말은 교사가 가르쳐야 할 교과의 '이유(Why)', '방법(How)', '내용(What)'에 대해 국가에서 어느 정도 정리를 해놓았다는 뜻이다. 교육의 질적 균등이라는 목표의 측면에서는 유용한 제도이지만, 경계할 부분도 있다. 교사가 각 교과의 '이유(Why)', '방법(How)', '내용(What)'에 대해 스스로 충분히 고민해볼 기회를 갖기 어렵기 때문이다. 어쩌면 수동적으로, 주어진 교육과정을 실현하는 도구로서의 역할만 수행하게 될 위험이 있다.

따라서 우리가 가르치는 교과의 '이유(Why)'를 백지에서부터 고민해볼 필요가 있다. 근본적인 질문에서부터 시작해야 무엇을 어떻게 할지 방향을 잡을 수 있기 때문이다. 미래교육이 나아가야 할 방향이라고 하는 블렌디드 러닝 역시 마찬가지다. 남들이 하기 때문에 하는 것이 아니라 해야 하는 이유에 대해서 비판적으로 고민해봐야 한다. 그렇게 스스로 납득이 되었을 때 비로소 다음 단계로 나아갈 수 있다. 이런 고민 없이 블렌디드 수업을 시작하게 된다면, 이후에 닥칠 여러 문제 상황에 쉽게 무너질 수 있다.

블렌디드 러닝은 지금으로부터 약 20년 전에 처음 등장한 개념이다. 원래는 두 가지 이상의 학습방법을 결합한 것으로, 주로 온라인 학습과 오프라인 학습의 결합을 지칭한다. 코로나로 인해 대면학습에 제한이 생기면서 각광을 받게 되었지만, 사실 블렌디드 러닝의 본질은 학습효과의 극대화이다. 우리는 블렌디드 러닝의 '이유(Why)'가 정말 이것인지부터 고민할 필요가 있다. 온라인 수업의 다양한 도구를 배우는 등 방법(How)에 대한 것은 이후에 언제든 생각해볼 수 있다. 니체는 "해야 함은 할 수 있음을 함축한다"라고 했다. 해야 하는 일이라면 그것은 곧 할 수 있는 일이라는 뜻이다. 무슨 일이든 해야 하는 이유를 찾는 게 우선이며 그것을 어떻게 하느냐는 그다음 문제이다. 해야 할 이유를 찾았다면 방법은 얼마든지 찾아낼 수 있을 것이다.

블렌디드 러닝을 통해 과연 학습효과를 극대화할 수 있을지 검토해보자. 블렌디드 러닝은 온·오프라인 학습 각각의 장점을 모두 취한다. 시공간에 제한이 없으며, 인터넷을 활용하여 다양한 리소스를 활용할 수 있다는 온라인 학습의 장점과 상호작용이 활발하다는 오프라인 학습의 장점을 살릴 수 있는 것이다. 교사의 설명이 필요할 때 학생은 온라인상에서 원하는 시간에 필요한 만큼 들을 수 있다. 어려운 용어나 개념은 인터넷 검색 등을 통해 다양한 자료를 직접 찾아서 학습할 수 있다. 학생마다 과제 수행 수준이 다른데, 온라인에서는 학습 수준에 맞게 과제를 수행하는 것이 가능하다.

한편, 오프라인 수업에서는 상호작용이 가능하다. 비대면 수업이 대면 수업에서의 교사-학생, 학생-학생 간 상호작용의 양적, 질적 수준을 결코 따라갈 수 없다는 사실은 경험적으로 알 것이다. 오프라인 수업에서는 교사의 강의나 학생이 혼자서 할 수 있는 과제보다는 상호작용이 필요한 토의/토론, 협력수업, 동료학습 등에 집중할 필요가 있다. 이러한 두 가지 형태의 수업이 융합되면 학습효과가 극대화될 수 있다.

블렌디드 러닝을 하는 이유에 대한 면밀한 고민 없이, 최근의 흐름에 발맞추기 위해서만 도입한다면, 이후에 어려움이 생겼을 때 방향을 잃고 바로 포기하게 될 수 있다. 비단 블렌디드 러닝에만 국한되는 얘기는 아니지만, 우리 인생에서 무언가 새로운 시도를 할 때 그것을 왜 해야 하는지를 반드시 고민해볼 필요가 있다.

나에게 골든 서클은 무슨 의미였을까?

요즘 도시의 밤하늘에서 별을 보기는 쉽지 않다. 북극성은 그나마 볼 수 있는 몇 안 되는 별 중 하나다. 사실 북극성은 가장 밝은 별은 아니다. 북극성이 유명한 이유는 항상 같은 위치에서 거의 움직이지 않고 북쪽을 가리키기 때문이다. 지금은 내비게이션을 보고 길을 찾지만, 옛사람들은 길을 찾을 때 북극성을 보고 방향을 파악했다. 아무것도 보이지 않는 망망대해에서 항해사들은 혼자 오롯이 떠 있는 별을 보고 어디로 가야 할지를 알았다. 이 별은 숲에서 길을 잃은 여행자에게도 유용했을 것이다. 매일 학교라는 망망대해에서 길을 잃은 나에게, 교실이라는 숲에서 방향을 찾는 나에게 무엇이 북극성일까? 내게 북극성은 이유(Why)를 생각하는 일이었다.

교사들은 앞으로 수도 없이 길을 잃을 것이다. 4차 산업혁명, AI 등으로 인해 빠르게 변화하는 시대 속에서 지난 수십 년간의 변화보다 더 빠른 일 년, 일 년을 경험하게 될 것이기 때문이다. 이렇게 혼란스러울 때 우리는 내적으로 단단해져야 한다. 그 방법은 '왜(Why)'로 시작하는 것이다. AI가 결코 던질 수 없는 질문을 스스로 던질 수 있을 때, 그 답이 우리에게 북극성이 될 것이다. 그 북극성은 우리의 머리 위에서 밝게 빛나며, 미래 시대의 교육을 환히 비춰줄 것이다.

블렌디드
수업
디자인하기

최명길

21세기 학습자를 위한 미래역량 중심 교육을 제공하는 실험 학교인 거꾸로캠퍼스의 수학 교사이다. 미래 사회에서 주체적인 삶을 살며 협력을 통해 긍정적인 변화를 이끄는 인재 양성을 목표로, 교과서 속의 박제된 수학이 아니라 학생들이 생활 속에서 만나는 수학을 가르치기 위해 노력하고 있다. 이를 바탕으로『공업수학의 기초』(씨마스), 『TeenUp』(우리교과서) 등의 교재를 집필하였다. 교육부가 주관하고, 한국과학창의재단이 주최하는 쌍방향 온라인 플랫폼 활용 교원의 수업·평가 역량 강화 연수(2021), KOICA 주관 아제르바이잔 교사 역량 강화 사업 코로나19 대응 실시간 쌍방향 원격연수(2021), 서울시교육청 학습연구년 교사 연수(2021), 서울시교육청 1급 정교사 자격연수(2020) 등 수업 방법 개선을 위한 다양한 연수 강사로도 활발하게 활동하고 있다.

수업 디자인의 중심축은 '교-수-평-기 일체화'이다. 즉, 교육과정, 수업, 평가, 기록의 일체화에 근거해서 수업을 디자인해야 한다. 이 네 가지 요소는 교사와 학생 사이에 작동하는 일련의 유기적인 교육활동으로, 분절적으로 존재할 수 없기 때문이다.

'교-수-평-기 일체화'의 첫 번째 단계는 교육과정 재구성이다. 이 단계에서 가장 먼저 고려해야 할 사항은 앞 장에서 설명한 '내 안의 북극성 찾기', 즉 '수업의 WHY'이다. 교사로서 '나는 수업을 왜 하는가'와 '우리 아이들이 수업을 통해 무엇을 배우기를 원하는가'에 대해 먼저 고민해볼 필요가 있다. 이와 함께 고려해야 하는 것은 '우리의 Why'일 것이다. 우리나라의 민주 시민으로서 아이들이 무엇을 배우고 어떻게 성장하기를 바라는가에 대한 일반적인 합의를 '우리의 Why'라고 한다면, 국가수준 교육과정(현재는 2015 개정 교육과정)이 이를 대표한다고 할 수 있겠다. 따라서 교육과정에 기재된 교과 성취기준을 중심으로 아이들이 어떤 역량을 키우기를 바라는가에 대해 고민해서 나만의 교육과정으로 재구성할 필요가 있다.

'교-수-평-기 일체화'의 두 번째 단계는 수업이다. 학생 중심, 배움 중심으로 수업을 디자인하는 과정으로, 성취기준별 또는 수업 차시별로 수업을 설계하고 운영하는 과정을 말한다. 수업을 디자인하는 과정은 크게 '무엇을 배우는가'라는 학습 내용에 대한 설계와 '어떻게 배우는가'라는 학습 방법에 대한 설계로 이루어진다.

학습 내용에 대한 설계는 재구성한 교육과정과 성취기준을 중심으로 학습할 내용을 선별하는 과정이다. '~을 안다'라는 교과 지식뿐만 아니라 '~을 할 수 있다'를 의미하는 기능과 태도를 모두 포함하는, 즉 지식, 기능, 태도 세 가지의 학습 요소 모두를 아우르는 수업 디자인이 필요하다. 그런데 학생들이 지식 이외의 학습 요소인 기능이나 태도를 학습하도록 하기 위해서는 강의를 통해 단순히 학습 내용을 전달하는 방식 이상의 것이 요구된다. 학생들의 역량을 성장시키기 위해서는 학생 중심의 다양한 활동들이 수업 디자인에 포함되어야 한다. 블렌디드 수업을 디자인할 때 활동과

교실생존비법

경험 중심의 학습 방법은 중요한 요소이다. '교사가 무엇을 어떻게 가르치는가'에서 '학생들이 어떤 활동을 통해서 무엇을 배울 것인가'로의 관점의 이동이 필요하다.

'교-수-평-기 일체화'의 세 번째 단계는 평가이다. 평가는 교-수-평-기 일체화의 핵심인데, 교육과정 재구성 단계에서 고려되었던 '수업의 WHY', 즉 수업 목표가 잘 이루어졌는지, 학생들의 역량이 잘 성장했는지를 확인하는 단계이기 때문이다. 따라서 '성취기준을 어떻게 평가할 것인가'를 중심으로 교육과정을 재구성하고, 재구성된 교육과정을 바탕으로 수업을 디자인해야 한다.

이때, 평가는 '과정중심평가'를 의미한다. 학습 내용을 잘 기억하고 있는지 확인하는 지필평가만으로는 학생이 가진 교과 지식 외의 기능이나 태도를 포함하는 역량을 온전히 파악하기 어렵기 때문이다. 과정중심평가를 통해 학생은 학습 과정을 스스로 성찰할 수 있고, 교사는 교수-학습의 질을 개선하는 자료로 활용할 수 있다. 즉, 과정 중심의 평가는 '학습을 위한 평가', 나아가 '학습으로서의 평가'라는 패러다임을 내포하며, 성취기준을 기반으로 교수-학습과 유기적으로 연결된 다양한 평가 방법을 도입하는 것이 중요하다. 교육과정상의 성취기준에 기반하여 평가계획을 먼저 수립하고, 이에 따라 교수-학습 과정에서 관찰된 학생의 변화와 성장에 대한 자료들을 다각도로 수집해 적절한 피드백을 제공할수 있다.

'교-수-평-기 일체화'의 마지막 단계는 기록이다. 이 단계에서 기록은 단순히 학교생활기록부에 기록되는 교과 세부능력 및특기사항이 아니라, 소위 '말로 하는 평가'이다. 다시 말해 기록이란, 점수로 나타내어진 평가에서 담을 수 없는, 학생의 성장과 발전 과정을 언어화하여 상세하게 나타낸 것을 의미한다. 따라서 교수-학습 과정에서 관찰된, 학생의 변화와 성장에 대한 모든 자료가 기록의 대상이다. '무엇을 주제로 활동하였는가', '어떤 방법으로 활동하였는가', '활동하는 과정에서 어떤 태도를 보였는가', '활동 과정에서 어떻게 의사소통하고, 어떤 도구를 사용하였는가', '활동 결과는 어떠한가', '활동 결과 무엇을 배우고 느꼈는가', '활동 결과 어떤 변화를 보였는가'라는 질문 등을 통해 교수-학습 과정 전반에서 학생이 보인 의미 있는 변화를 교사의 관점에서 기록한다.

효과적인 기록을 위한 팁으로 '예측 기록'을 제안한다. 예측 기록이란 수업 디자인 시 지금까지의 경험을 바탕으로 학생의 특성별 ─ 성취수준상의 상, 중, 하에 따른 ─ 가상 기록을 작성하는 것을 말한다. 예를 들어 '우리 학급의 ○○학생이라면 아마도 이렇게 활동을 해서 이런 학습 결과를 만들어낼 것 같고, 그러면 나는 이렇게 기록을 해야지' 하는 식의 예측 기록을 사전에 작성하고, 실제 수업 과정을 기록할 때 활용할 수 있다. 교사는 예측 가능한 범위에서 기록을 범주화하여 사전에 분류함으로써 수업 과정을 보다 손쉽게 기록할 수 있고, 실제와 예측한 기록을 비교함으로써 교수-학습을 개선할 수 있는 자료를 축적해갈 수 있다.

뉴노멀 시대의 블렌디드 수업 디자인

블렌디드 수업의 특성을 고려한 수업이 디자인되어야 한다. 코로나19 이후의 소위 '뉴노멀'이 교육에서도 새로운 세상을 열어가고 있기 때문이다. 온·오프라인에서 최적의 수업은 무엇일지와 이 두 가지 형태의 수업을 어떻게 유기적으로 연결해야 할지를 고민해야 한다. 즉 효과적인 온·오프라인 연계 수업은 어떤 방식일지, 이 새로운 질문에 대한 답을 요구받고 있음을 자각해야 한다. 이러한 상황은 누구도 이전에 경험해보지 못한 것이다. 다양한 온라인 수업 도구 중 어떤 것을 사용해야 하는지에 대한 고민에서부터 온라인상에서 이루어지는 과정중심평가를 인정해야 하는가에 대한 논란까지. 여러 이슈에 대한 의견은 분분하지만, 모두가 동의할 만한 결론은 아직 나오지 않았다.

그럼에도 불구하고 당장 내일도 수업 현장에서 학생들과 대면해야 하는 교사들은 몇 가지 필수적인 고민을 중심으로 답을 만들어가야 할 것이다. 가장 먼저 고려해야 할 것은 수업 상황이다. 코로나 이전에는 수업 내용과 수업 방법, 이 두 가지의 학습 요소를 중심으로 수업을 디자인했다면, 이제는 여기에 수업 상황을 넣어 세 가지의 학습 요소를 유기적으로 결합하여 수업을 설계해야 한다. 온라인 수업에서 효과적인 수업 방법과 교실 수업에서 효과적인 수업 방법을 구분하고, 수업 상황에 맞춰 수업 내용과 수업 방법을 구성할 필요가 있다. 큰 틀에서 수업 상황에 따른 수업 내용과 방법이 유기적으로 연결될 수 있도록 조직화할 수 있는 능력이 교사에게 요구된다. 아울러 사회적 거리두기 단계 변화와 같은 긴박한 변화에 능동적으로 대처할 수 있는 유연성도 뉴노멀 시대 교사의 덕목이라 할 수 있겠다.

디지털 수업 도구 활용 능력 또한 필수적이다. 뉴노멀 시대는 칠판과 백묵 또는 컴퓨터와 PPT에 정체되어 있던 수업 현장에 디지털 수업 도구를 도입할 것을 요구하고 있다. 얼마 전까지 이름도 낯설었던 줌(Zoom), 구글 미트(Google Meet)와 같은 화상 수업 플랫폼이나 구글 클래스룸(Google Classroom)과 같은 LMS(Learning

Management System), 패들렛(Pedlet), 비캔버스(BeeCanvas)와 같은 디지털 협업 도구, 니어팟(Nearpod)과 같은 대화형 수업 도구에 이르기까지 다양한 디지털 수업 도구들이 이미 교실에서 사용되고 있다. 이러한 도구들이 새로운 수업 활동들을 이끌어낼 수 있다는 것도 경험을 통해서 알게 되었다. 수업을 디자인할 때 수업 목적에 맞게 플랫폼을 선택하고 이를 통해 학생들이 다양한 경험을 할 수 있도록 이끄는 것 또한 교사의 중요한 역할이 되었다. 물론 디지털 수업 도구 자체가 수업을 만드는 것은 아니므로 전체적인 맥락에서 적절한 도구를 선택하고 사용할 책임이 교사에게 있다는 사실도 잊지 말아야 할 것이다.

끝으로 관찰과 피드백이 무엇보다 중요하다. 지금까지 이에 대해서 너무 편하게 생각하고 있진 않았는지 스스로에게 질문하곤 한다. 학생들의 수업 활동을 지켜보는 것을 관찰이라고 생각했고, 활동 결과에 대해 잘했다거나 못했다고 판정해주는 것을 피드백이라고 오인하고 있지는 않았나 하는 자문을, 아이러니하게도 교실에서 학생들을 만나지 못할 때 하게 되었다. 이는 어쩌면 디지털 플랫폼이 가져온, 뜻하지 않은 선물일지 모르겠다. 디지털 플랫폼에서는 수업 장면이 자동으로 녹화되어 교사와 학생 간 또는 학생 상호 간의 의사소통과 활동 모습들을 세밀하게 관찰하게 되면서 새로운 사실들을 알게 되었기 때문이다. 예를 들어, 교실에서라면 모둠별로 앉아 얘기하고 있는 학생들의 모습을 보고 원활하게 의사소통이 일어나고 있다고 판단하고 넘어갔을 텐데, 이제는 녹화된 자료를 통해 의사소통의 양과 질이 어떤지, 대화를 누가 주도하고 있으며 소외되는 학생은 없는지 파악하게 되었다. 이를 통해서 보다 구체적이고 정확한 피드백도 가능하게 되었다.

블렌디드 수업 디자인 사례

이제, 실제로 진행했던 수학 교과 수업 예시를 통해서 블렌디드 수업을 어떻게 디자인하는지에 대해서 보다 구체적으로 살펴보고자한다. 블렌디드 수업을 조금 더 효율적으로 디자인하기 위해 '배움여정 지도(Learning Journey Map)'라는 것을 고안해보았다. 이것은이름 그대로 배움이 일어나는 여정을 지도로 나타낸 것으로 수업을 조금 더 편리하게 설계하고 교육과정-수업-평가-기록의 전 과정을 유기적으로 결합하여 한눈에 보기 위한 일종의 '툴킷(toolkit)'이다. 직접 작성했던 배움 여정 지도를 바탕으로 블렌디드 수업 디자인 과정을 설명해보려 한다.

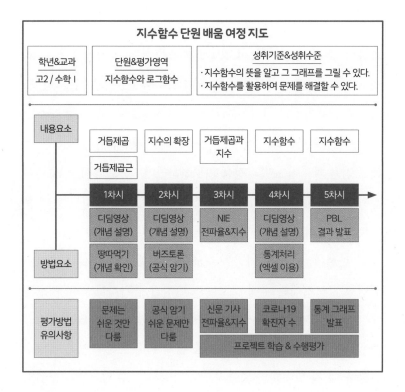

지수함수 단원 배움 여정 지도

학년&교과	단원&평가영역	성취기준&성취수준
고2 / 수학 I	지수함수와 로그함수	· 지수함수의 뜻을 알고 그 그래프를 그릴 수 있다. · 지수함수를 활용하여 문제를 해결할 수 있다.

내용요소	거듭제곱 거듭제곱근	지수의 확장	거듭제곱과 지수	지수함수	지수함수
	1차시	2차시	3차시	4차시	5차시
	디딤영상 (개념 설명)	디딤영상 (개념 설명)	NIE 전파율&지수	디딤영상 (개념 설명)	PBL 결과 발표
방법요소	땅따먹기 (개념 확인)	버즈토론 (공식 암기)		통계처리 (엑셀 이용)	

평가방법 유의사항	문제는 쉬운 것만 다룸	공식 암기 쉬운 문제만 다룸	신문 기사 전파율&지수	코로나19 확진자 수	통계 그래프 발표
			프로젝트 학습 & 수행평가		

교육과정 재구성

블렌디드 수업 디자인의 첫 단계는 '나만의 Why', 즉 수업의 목표를 세우는 과정이다. '나는 이 수업을 왜 하는가', 그리고 '학생들이 이 수업을 통해서 무엇을 배우기를 원하는가'를 생각해보았다. 나의 경우에는 '수학이라는 과목이 일상과 떨어져 있는, 학문을 위한 학문 또는 대학을 잘 진학하기 위해서 하기 싫은데 억지로 하는 그런 과목이 아니라, 실생활과 깊이 연결되어 실제로 활용할 수 있는 과목이라는 것을 학생들이 경험하면 좋겠다'는 것이었다. 이를 위해 고등학교 2학년 수학 I 과목 '지수함수와 로그함수' 단원의 '국가수준 교육과정의 성취기준('지수함수를 활용하여 문제를 해결할 수 있다.')을 바탕으로 교과 내용을 실생활 문제로 경험할 수 있도록 하는 데 초점을 맞추어 교육과정을 재구성하였다. 즉, 교과서 속의 형식적이고 박제화된 문제가 아니라 실제 생활에서 경험하고 있는 문제로 탈바꿈하도록 교육과정을 재구성하였다.

이 과정에서 전파율이라는 개념을 도입해보았다. 실제 수업이 진행됐던 시기에는 국내 코로나19 환자가 증가하고 있어 매스컴에서 '전파율'이라는 단어의 노출이 빈번했다. 전파율 즉 기초감염재생산수는 '감염자가 없는 인구집단에 처음으로 감염자가 발생하였을 때 첫 감염자가 평균적으로 감염시킬 수 있는 2차 감염자의 수'를 나타낸 것으로 지수 개념과 관계가 있다. 예를 들어 전파율이 2라면 감염자 한 명이 2단계에서 2명에게 감염시키고, 3단계에서는 4명, 4단계에서는 8명… 이렇게 감염된 사람의 숫자가 지수적으로 증가함을 의미한다.

교수-학습 목표를 효과적으로 이루기 위해 지수함수와 로그함수가 병렬적으로 편성된 교과서의 구성을 변형하여 지수함수를

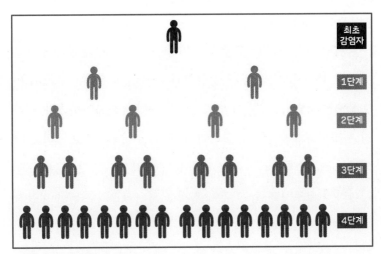

전파율 2일 때 감염경로 예시

몰아서 먼저 학습하고, 이어서 로그함수를 학습하는 것으로 순서를 재구성하였다. 즉 '지수함수의 개념 – 로그함수의 개념 – 지수함수의 그래프 – 로그함수의 그래프'로 구성된 국가수준 교육과정의 편제 순서를 '지수함수의 개념 – 지수함수의 그래프 – 로그함수의 개념 – 로그함수의 그래프'로 변경하여 수업을 진행하였다. 아울러 평가 방법으로는 프로젝트 평가를 상정하고, 이를 바탕으로 수업 과정을 설계하였다.

활동 중심의 수업 디자인

수학이 실생활과 깊이 연결되어 있음을 학생들이 경험하게 하고 싶다는 '내 수업의 Why'를 실현하기 위해, 전파율과 관련해서 지수함수를 학습하는 5차시의 프로젝트 수업을 디자인하였다. 때마침 우리나라가 외국과 비교하여 방역이 잘 이루어지고 있다고 평가되어 'K-방역'이라는 신조어가 생겨 널리 회자되고 있었다. '우리나라가 코로나19를 잘 막아낸 것을 지수함수의 개념을 이용하여 설명하시오'라는 주제로 학생들이 우리나라 방역이 잘 이루어졌음을 나타내는 근거를 찾아 발표 자료를 만들고, 이를 지수함수 개념과 연결 지어 발표하는 프로젝트를 진행하였다.

지수함수 단원의 학습 내용 요소는 거듭제곱, 거듭제곱근, 지수의 확장, 지수함수, 지수함수의 그래프이다. 이러한 내용 요소를

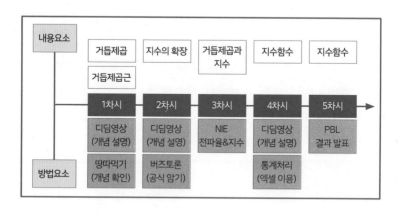

교실생존비법

총 5차시에 걸쳐 학습할 수 있도록 배치하고, 아래쪽에는 학습 방법과 학습 과정, 결과, 평가 방법, 유의사항을 적었다. 예를 들어, '거듭제곱과 거듭제곱근'이라는 내용 요소에 대해서는 디딤영상과 '땅따먹기'라는 수업 활동을 계획했다. '땅따먹기'는 난이도 중, 하의 문제를 통해 개념을 잘 이해하고 있는지 확인하는 활동이다. 활동 결과를 토대로 개념의 이해가 부족한 학생들에게는 보완하도록 하고, 추가적인 연습 문제를 제공했다.

블렌디드 수업은 온·오프라인 수업 상황에 맞게 설계해야 한다. 1, 2차시는 온라인에서 수업한다는 가정하에 수업을 디자인하였다. 1차시에는 디딤영상을 통해 개념을 설명한 후 땅따먹기 활동을 통해 잘 이해했는지 확인할 수 있도록 구성하였고, 2차시 '지수의 확장'에서는 학생들이 함께 공식들을 외우는 버즈토의* 모둠 활동을 줌의 소회의실에서 진행하도록 구성하였다.

3차시는 온·오프라인 수업이 모두 가능하다는 가정하에 NIE(신문활용교육) 활동으로 구성하였다. 온라인 수업을 한다면 학생들은 인터넷을 통해 많은 정보를 쉽게 얻고, 취합한 자료를 바탕

● 버즈토의란 마치 꿀벌들이 붕붕거리는 것과 같이 학생들이 활발하게 자신의 의견을 자유롭게 이야기하는 방식의 토의 활동이다. 이 방식을 활용하여 소리를 내어 수학 공식을 함께 외우는 활동을 했다.

으로 친구들과 활발하게 토론할 수 있을 것이다. 1, 2차시 수업을 통해서 학습한 지수와 전파율이라는 개념이 어떻게 연관되어 있는지 신문 기사에서 직접 찾아보고, 두 개념을 연관시키고 확장하는 활동으로 설계하였다.

4, 5차시 수업은 등교수업이 이루어진다는 가정하에 본격적인 프로젝트 학습으로 디자인하였다. 4차시에 지수함수의 개념에 대해 학습하고, 통계프로그램을 활용하여 3개월 동안(2020.3~2020.5)의 실제 우리나라 코로나19 확진자 수를 그래프로 나타내는 활동을 계획하였다. 학생들이 통계 그래프를 직접 작성함으로써 코로나19 방역과 지수함수가 어떻게 연관되어 있는지 살펴보고 앞으로 방역 결과에 따라 확진자 수가 어떻게 변화할 것인지 예측할 수 있는 수준까지 학생들이 스스로 역량을 키워나가도록 수업을 설계하였다.

5차시에서는 프로젝트 결과를 발표하는 과정을 통해서 학습 결과를 확인하고, 학습 과정 전체를 마친 것을 축하하는 시간으로 수업을 구성하였다. 이 과정에서 교사가 학생들을 평가하는 데 머무르지 않고, 학생 스스로 학습 과정을 성찰하고, 친구들과 피드백을 주고받도록 격려하였다.

뉴노멀 시대의 교사상

세상은 빠르게 변화하고 있으며 그 변화에 대처하기 위해서 교사도 빠르게 적응하라고 끊임없이 요구받고 있다. '뉴노멀'이라는 단어가 세태의 빠른 변화를 단적으로 표현하고 있다면 '뭉치면 죽고 흩어지면 산다'라는 말은 어쩌면 그러한 세상의 변화에 대처하는 방법을 풍자적으로 보여주고 있는지 모르겠다. 뉴노멀 시대에는 정말 뭉치면 죽고 흩어져야 사는 것일까?

물론 맞는 말일 수 있다. 적어도 감염병으로 인한 공포 속에서 하루하루를 숨죽이며 살아야 하는 요즘에는 흩어지는 게 옳은 선택일 것이다. 우리가 비록 물리적으로는 떨어져 있지만, 아이들에게 더 좋은 교육을 하기 위해서 마음으로는 어느 때보다 더 가깝게 연결돼야 할 때라고 생각한다. 각자 가지고 있는 자원들을 나누고, 이를 바탕으로 새로운 교육 환경을 만들어가야 할 때이다. 혼자 있을 때는 내가 가진 역량을 체감하지 못할 수 있지만, 동료와 함께라면 더 큰 시너지를 만들어갈 수 있다. 이 글이 감추어진 역량을 서로 발견하고 북돋아줘서 그런 시너지를 만드는 일말의 불씨가 되면 좋겠다.

블렌디드
수업으로
전환하기

박성광

17년 차 초등 교사이다. 교육부와 전국 교육청(서울, 경기, 인천, 부산, 강원, 충북), 산하기관이 주최하는 블렌디드 러닝 연수 강사로 활동하였다. 수업 사례를 적극적으로 공유하고 확산시킨 공로를 인정받아 2020 교실수업개선 유공 교육부장관 표창을 받았다. KOICA가 주최하는 아제르바이잔 교사 대상 블렌디드 러닝 연수(2021)에도 강사로 참여하고 있다.

거꾸로교실을 시작한 지 6년이 지났다. 학생들에게 사전 영상을 제공하고, 실제 교실 수업에서는 학생들의 소통과 협력으로 배움을 일으키려 노력해왔다. 힘든 여정이었지만 참 뿌듯하고 교사로서 많이 성장해온 시간이다. 혼자 했다면 금방 지치고 포기했을 텐데 '미래교실네트워크' 안에 소속된 많은 선생님들과 서로 의지하며 도왔다.

2020년, 불가피한 상황이 만들어졌다. 상황에 따라 대면, 비대면 수업이 불규칙적으로 반복되어 진행됐고, 교사들은 충분히 준비할 시간 없이 대응해야만 했다. 나 역시 당황스럽긴 했으나 큰 걱정이 되진 않았다. 거꾸로교실을 실천해온 시간이 코로나 위기에 대응할 수 있는 역량을 길러줬을 줄이야.

그간의 수업 경험으로 온라인 수업 도구에 제법 익숙해있었으며 온라인 수업 콘텐츠를 교실 수업과 연결 지을 수 있었다. 함께 고민하고 실천하는 동료 교사들도 많았다. 그래서인지 교실을 온라인으로 옮기면 된다는 간단한 생각으로 수업을 구상하기 시작했다.

좌충우돌 블렌디드 수업 도전기

2020학년도, 사상 초유의 개학 연기 사태가 벌어졌다. 공식적으로 학생들을 만나 지도할 수 없는 상황이 된 것이다. 이 시간을 그냥 흘려보내자니 너무 아쉬웠다. 초등학교에서의 3월은 선생님과 친구, 수업에 적응하는 매우 중요한 시간이다. 담임 교사와의 래포 형성과 친구 관계 형성, 학습 기술 훈련 등을 위한 시간이기 때문이다. 개학이 미뤄졌다고 해서 그냥 시간을 허비하면 나중에 실제로 개학했을 때 정규교육과정을 바로 시작할 수 없을 거라고 생각했다. 개학이 늦어지더라도 학생들이 내 수업의 철학에 적응하기 위한 시간은 꼭 필요했다.

일단 영상으로라도 학생들을 만나야겠다고 생각했다. 먼저 담임 소개 영상으로 다가갔다. 수학은 타 교과에 비해 수준차와 학습 결손 누적도가 큰 교과이기 때문에 이전 학년인 3학년 수학 복습 콘텐츠를 만들어 배포했다. 개학이 계속 연기되어서 다른 콘텐츠도 더 만들기 시작했다. 생각하는 연습을 할 수 있는 마인드맵 그리는 법, 질문법, 공책 정리법 등을 정리한 영상을 매일 하나씩, 약 40여 편을 만들어 학부모님들에게 전달해 학생들과 함께 볼 수 있도록 안내하였다. 정규교육과정 시작 전이었기에 자유롭게 재량을 펼칠 수 있었다.

그렇지만 학생들이 어떤 생각을 하는지 반응을 볼 수 없어 너무 답답했다. 곧바로 학급 SNS를 만들어 댓글 기능을 이용해 학생들과 소통하기 시작했다. 학교에 나오지 않더라도 최대한 규칙적으로 일상을 지내게 하고, 학급 SNS에 과제물을 제출하게 했다.

텍스트로 제한된 온라인 소통을 하다 보니 답답한 마음은 점점 커졌다. 학생들의 얼굴이 궁금하고, 보고 싶기도 했다. 그래서 화상 시스템을 이용해 만나려는 계획을 세웠다. 2020년 3월 30일, 학생들을 처음으로 만난 날이 떠오른다. 서른 명의 학생들 중에서 상황과 여건이 되는 열다섯 명이 화상 시스템에 접속했다. 궁금했던 얼굴을 보며 반갑게 인사를 나누고 이름을 외우는 시간을 가졌다. 어색하지만 참 즐겁고 설레는 날이었다.

그렇게 나름대로 만족스러운 3월을 보냈다. 학생들과 적극적으로 소통하고 피드백하는 상황까지는 못 갔으나, 학생들의 입장에서는 우리 선생님이 어떤 사람이고 수업 시간에는 무슨 활동을 하게 될지 감을 잡을 수 있었을 것이다. 개학 연기라는 명목 아래 황금 같은 3월을 그냥 허비하게 될 수도 있었지만, 적극적으로 대처했기에 아쉬움은 덜하다.

우리의 만남은 단순한 이벤트성 행사로 그치지 않았다. 시간이 되는 학생들과 매일 한 시간씩 만나기 시작했다. 마스크를 쓰지 않는 얼굴을 익히고 이름을 외웠다. 직접 대면했을 때 부끄럽거나 어색하지 않도록 친해지는 시간이 필요했다. 돌아가면서 자기소개를 하는 활동(예-'진진가')이나 온라인에서 할 수 있는 소통 놀이(예-'마피아 놀이')를 진행했다. 게다가 앞으로 수업 상황이 어떻게 될지 모르니 화상 시스템 기능에 적응하며 온라인 수업을 대비해야겠다는 마음을 가졌다.

학생들과 지속적으로 소통하고 관계를 형성하던 중 온라인 개학 소식이 들려왔다. 그리고 2020년 4월 16일, 드디어 공식적인 정규교육과정을 진행하게 됐다. 학교 차원에서는 콘텐츠 제공 중심 온라인 수업을 하기로 기본 방향이 잡혔다. 실시간 쌍방향 수업을 미리 준비하기도 했을 뿐더러 원래 수업 스타일이 강의식이 아니기 때문에 참 아쉬웠다. 부족하더라도 소통과 협력에서 오는 배움

교실생존비법

이 진짜라고 믿는다. 한편, 더 큰 문제가 있었는데, 교사의 피드백을 학생들이 적극적으로 수용할 수 있는 환경이 마련되지 않았던 것이었다.

콘텐츠 제공 중심 온라인 수업의 한계를 극복하고자 여러 방법을 고민했다. 과제 활동을 제공하여 학급 SNS에 제출하게 하고, 결과물을 확인하여 개별적으로 피드백하기 시작했다. 학생의 학습 수준과 결과물에 맞게 질문, 지시, 칭찬, 격려 등의 피드백을 지속적으로 제공했다. 그러나 이에 반응하는 학생들은 극히 일부였고, 그나마도 적극적으로 참여하진 않았다. 분명 어려움을 겪는 학생들이 있었을 텐데 도움을 요청하거나 질문을 남기는 학생이 없었다. 나 혼자만 소통을 시도하고 있었다.

텍스트를 작성해야 한다는 부담 때문인가 싶어서 다른 방법을 사용해보기도 했다. 수업 시간 내내 실시간 쌍방향 도구에 접속해 있도록 했다. 학생들과 정식 쌍방향 수업을 하는 것은 아니었고, 질문이 있거나 도움이 필요한 학생들이 그때그때 접속하면 피드백을 하고 도움을 주기 위해서였다. 그러나 이 역시 의도대로 흘러가지 않았고, 내 피드백은 여실히 한계를 드러냈다.

이대로는 도저히 안 되겠다는 판단이 섰다. 실시간 쌍방향 수업을 해야겠다고 결심했다. 뜻을 같이하는 미래교실네트워크 소속 선생님들과 온라인 모임을 자주 가지면서 서로의 사례를 공유하고 함께 고민하기 시작했다.

그렇게 콘텐츠 제공형 온라인 수업과 실시간 쌍방향 수업을 1시간 정도 병행하여 운영하기 시작했고, 그러던 중 2020년 6월 3일, 드디어 아이들이 학교에 나오게 됐다. 하지만 반가움도 잠시 3일 만에 분반 등교 상황이 됐다. 학급 인원이 30명인 우리 반은 17명과 13명으로 나뉘어 A반, B반이 일주일씩 돌아가며 등교했다. A반이 등교하면 B반은 온라인 수업을, B반이 등교하면 A반은 온라인 수업을 하는 방식이었다. 아쉽지만, 그렇게라도 수업할 수 있어서 다행이었다. 등교하는 학생들과는 소통하고 협력하는 방법과 온라인 도구를 다루는 방법을 열심히 익혔다. 등교하는 반이 교과 전담 수업에 가 있을 때는 온라인 수업 중인 반 학생들과 줌으로 만나 수업을 이어갔다.

구글 클래스룸을 활용하여 과제를 관리하고 학급을 경영하니 효율적이었다. 학생들이 제출한 과제를 즉각적으로 피드백해줄 수 있었다. 온라인 도구를 다루는 데 익숙해지자 학생들은 다양한 형태의 온라인 프로그램을 활용하여 과제를 제출하기 시작했다. 그 과정에서 적극적으로 소통하고 효과적으로 협력하는 학생들의 모습을 발견할 수 있었다. 심지어 대면 수업과 비대면 수업 중인 학생들이 서로 연결되어 회의하는 일도 생겨났다. 그야말로 블렌디드 수업으로의 완벽한 전환이었다.

블렌디드 수업 환경 조성하기

'블렌디드 러닝'이라는 낯선 용어가 어느새 자리 잡았다. 코로나 상황이 종식되더라도 미래교육의 방향에서 블렌디드 러닝은 일반화된 수업 시스템이 될 것이다. 그래서 새로운 수업 방식을 준비하려는 교사들이 보인다. 블렌디드 수업으로 전환하는 과정에서 중요한 것은 온라인 도구 활용 능력이 아니다. 수업의 형태가 어떻게 전환되든 기본적으로 선생님의 고유한 수업 철학이 확고해야 하고, 기본적인 의사 표현 및 소통 연습이 우선되어야 한다. 블렌디드 수업으로 전환 시에도 우선, 학생들이 선생님, 친구들과 긍정적인 관계를 형성할 수 있어야 한다. 그래야 온라인 등교 상황에서도 학급 경영과 수업 운영이 원활하다.

기기 환경 갖추기_시작부터 데스크톱 PC로

비대면 수업에서는 스마트폰, 태블릿, 노트북과 같은 온라인 기기가 활용된다. 온라인 협업 도구를 활용하려면 기기는 필수적이다.

학생들은 스마트폰이 익숙하다 보니 노트북이나 PC를 잘 이용하려고 하지 않는다. 스마트폰에서 텍스트를 잘 작성하는 학생들도 키보드로 문장을 쓰는 것은 어려워한다.

블렌디드 수업을 위해서는 학생들이 PC를 자주 다루도록 해야 한다. 블렌디드 수업을 진행하다 보면 디지털 산출물을 만들어내는 경우가 많은데, 스마트폰이나 태블릿은 PC에 비해 작업에 불편한 점이 많고, 속도도 느리다.

일단 스마트폰으로 적응하고 천천히 PC를 활용하는 쪽으로 바꾸려는 분들도 있는데, 이 방법은 그리 효과적이지 않을 것이다. 스마트폰으로 적응을 마친 학생들은 PC나 노트북이 있어도 잘 활용하려고 하지 않는다. 그러므로 수업 초기부터 되도록 PC로 접속하고 작업할 수 있도록 안내해야 한다. 스마트폰이나 태블릿으로 시작하는 것에 비해 초반에는 어려움을 조금 겪을 수 있으나 학생들의 적응력은 상당하다. 생각보다 빠른 시간 내에 적응하여 수업에 참여하는 모습을 볼 수 있을 것이다.

각 가정에 PC는커녕 스마트폰과 같은 기기가 아예 없거나, 다자녀 가정이라서 활용할 기기가 부족할 수도 있다. 지역 교육청이나 학교 차원에서 기기를 대여해주고 지원하는 정책이 있으니 각 학교 정보부장 교사에게 문의하면 도움을 받을 수 있을 것이다.

교실생존비법

문제는 학교다. 학교에 학생들이 작업할 수 있는 PC나 노트북 기기가 충분치 않다. 코로나 상황으로 디지털 수업 체계가 빠르게 도입되면서 무선 네트워크가 확충되고, 학생용 기기가 준비됐지만 사전 경험이 많지 않은 학교들이 태블릿 PC를 구매하는 듯하다. 지금부터라도 노트북이나 크롬북과 같이 가격 대비 생산성을 갖춘 기기를 준비하길 바란다.

인적 환경 갖추기_디지털 리터러시 높이기

블렌디드 수업이 잘 운영되려면 교사가 기본적인 디지털 리터러시를 갖춰야 한다. 하드웨어와 소프트웨어에 대한 개념과 지식이 있어야 한다. 뿐만 아니라 온라인 도구를 원활하게 다룰 수 있어야 한다. 이를 위해 구글, 애플, 마이크로소프트와 같은 기업들의 교육 커뮤니티 활동을 검색하고 참여해보길 제안한다. 이미 활동하고 있는 교사들이 자신의 수업에 적용한 사례와 아이디어를 나누어 줄 것이다. 유튜브에도 다양한 온라인 도구를 활용하는 방법에 대한 콘텐츠가 있으니 영상을 보면서 따라 해보는 것을 추천한다. 학교 내에 학습공동체를 조직하여 함께 도전하고 사례를 공유하는 것도 효과적인 방법이 될 것이다.

　　나 역시 이러한 과정에 참여하며 디지털 리터러시를 높이기 위해 노력했다. 온·오프라인 수업 각각의 장점을 최대화할 수 있도록 블렌디드 러닝에 대한 연구를 계속했고, 이 두 수업의 흐름을 유기적으로 연결하기 위해 힘을 쏟았다. 그런 연구와 실천 활동이 누적되면서 전국의 선생님들을 대상으로 원격연수를 수십 차례 진행한 바 있다. 연수를 준비하면서 한층 더 성찰하고 성장할 수 있었다.

교사가 준비됐다고 해서 모든 준비가 끝난 것은 아니다. 학생들이 도구를 다루지 못한다면 교사 중심의 단방향 수업이 될 수 있으므로 학생들을 준비시켜야 한다. 학생들이 주로 접속하는 스마트폰 환경에서 화상 도구를 어떻게 다루는지 PC 환경에서 작업하는 방법과 함께 영상으로 안내했다. 학생들이 학교에 나오는 기간에는 따로 시간을 마련하여 디지털 기기 활용법을 연습시켰다.

학생 주도성을 높이는 세 가지 방법_여유와 놀이, 소통과 협력, 학습 대화 훈련

학생 주도 수업의 성패는 참여도에 달렸다. 만반의 준비를 했어도 배움의 주체인 학생들이 적극적으로 참여하지 않는다면 효과는 당연히 미미할 것이다. 학생들의 참여도를 높이기 위한 세 가지 방법을 제안해보려고 한다.

첫째, 여유와 놀이이다. 이 두 가지의 중요성은 이미 잘 알려져 있다. 욕심을 내려놓고 틈틈이 적당한 활동과 놀이로 재미있게 진행해야 수업의 참여도가 높아진다.

둘째, 소통과 협력이다. 교사가 아무리 재미있는 활동을 마련했다 하더라도 학생들끼리 소통하거나 협력할 기회가 없다면 참여도가 떨어진다. 교사가 안내하고 학생들은 단순히 참여하는 구조보다는 모둠 안에서 자유롭게 소통하고 나름의 역할을 갖고 협력하게 하는 수업이 참여도가 높다. 온라인이든 오프라인이든 모둠 활동으로 학생들의 배움을 이끌어내려는 시도가 가장 중요하다. 물론 이런 걱정을 하는 선생님들도 있다.

'오프라인에서도 힘든데, 온라인에서 그 많은 소회의실을 어떻게 다 챙겨요?'

'주도권을 너무 많이 넘기면 딴짓을 하는 학생들이 많아요.'

그렇다. 실제 교실 수업에서도 모둠 활동을 시작하면 전체 모둠을 다 챙기고 피드백하기 어렵다. 더군다나 이를 온라인에서 진행하면 더 많은 제약으로 인해 불편함이 생길 수 있다. 모둠 내에서 수업 활동과 관련 없는 행동을 하며 시간을 허비하는 학생들도 있을 수 있다. 그러나 그럼에도 불구하고 학생들을 믿고 지원해야 한다고 생각한다. 물론 선생님이 안 보이면 딴짓을 하고 싶어 하는 학생들이 많다. 특정 학생의 주도로 모둠 활동이 흘러가기도 하고, 뭘 해야 할지 모르는 학생도 있다. 사실 이럴 때, 교사가 설계했던 수업 목표를 달성하기 위해 어느 정도로 안내하고 지시한 후 다음 활동으로 넘어가는 경우가 많다. 즉, 모둠 활동에서 일어나는 여러 문제 상황을 해결하기 위한 지원이나 안내가 충분히 제공되지 않기도 한다. 학기 초에는 모둠 안에서 원활하게 소통하고 협력할 수 있는 기초적인 훈련을 하는 데 집중할 필요가 있다. 잠깐씩 보살핌을 제공하기보다는 시간과 여유를 두고 한 모둠씩 상황을 해결해 줘야 한다.

학습 대화가 효과적이지 않다는 문제도 발생하였다. 모둠 활동의 기본 과제를 해결한 후 의미 없이 시간을 보내는 학생들이 자주 보였다. 내가 돌아다니면서 도움을 주거나 질문을 하는 모둠은 곧잘 대답하고 의미 있는 소통을 하는데, 그렇지 않은 모둠은 활동이 너무 빨리 끝나버린다거나 어떻게 해야 할지 몰라서 눈치만 보고 있기도 했다.

이러한 상황을 해결하기 위해 세 번째 방법으로 학습 대화 훈련을 시켰다. 이 훈련이 성공적이어야 소통과 협력이 효과적으로 일어난다. 친구의 말에 질문하기, 좀 더 나아가 상황과 맥락에 따라 질문하기, 서로 격려하고 칭찬하며 반응해주기 등과 같은 연습을 계속해나가는 것이다. 이 훈련은 일 년 내내 이루어진다.

그중 한 예시로 '이음 질문'을 소개한다. 질문의 기본적인 기능은 대화의 지속이다. 질문은 독백이 아닌 대화를 가능케 한다. 이를 위해서는 맥락에 맞는 질문이 나와야 한다. 학생들은 자신이 잘 알고 관심 있어 하는 내용에 대해서는 질문을 잘한다.

교실 속 쉬는 시간이나 점심시간에 학생들은 서로의 말에 대해 끊임없이 서로 반응하며 대화를 지속해간다. 어쩜 그리 재미있게 대화를 이어나가는지 신기하다. 수업 시간을 떠올려보자. 별로 어렵지 않은 주제로 협의하게 하고, 5분의 타이머를 켠 후 한 모둠씩 천천히 돌아본다. 두세 모둠 돌았을까? 대화가 끝난 모둠이 생기기 시작한다. 특별한 주제 없이도 10분 넘게 떠들던 아이들인데, 기껏 고민해서 의미 있는 과제를 줬더니 1분 만에 모든 대화가 끝났다고 한다. 다른 모둠들도 이야기가 끝나간다. 때마침 다른 쪽에서는 수업과 관계없는 수다가 한창이다.

학생들의 소통이 이어지지 않는 이유를 생각해보면, 교실에는 성격과 학력, 역량이 천차만별인 학생들이 모여있다. 우수한 학생이 의견을 말한 뒤에는 서로 눈치를 보며 뭘 해야 할지 모르겠어 해 정적이 돌기도 한다.

이때, 선생님이 끼어들어 학생들에게 각각 질문을 던지면 대화가 좀 더 이어질 수 있다. 교사가 원하는 수준까지는 아니지만, 학습 대화가 지속된다. 교사의 역할은 질문을 던져주는 것이다. 의미있거나 생각의 폭을 넓히는 질문이 아니어도 좋다. 상황과 맥락을 이어줄 수 있는 짧은 질문만 해줘도 학생들은 학습 대화를 이어갈 수 있다. 학생들의 학습 대화가 금방 끊겨버리는 것은 맥락에 맞게 질문을 던져줄 사람이 없기 때문이다. 어떤 말로 대화를 이어가야 할지 모르는 것이다. 교사는 한 명이므로 학생들은 서로가 서로에게 질문할 준비가 되어있어야 한다. 높은 수준의 질문이 필요한 것은 아니지만, 기초적인 연습과 훈련이 되어있지 않은 상태에서 학습 대화를 요구하면 답답한 상황이 발생할 수 있다.

교실 전면 우측 게시판에 마법의 단어들을 출력해 붙여놓고 대화를 이어줄 '이음 질문'이라고 명명했다. 모둠에서 소통이 멈췄을 때 보면서 참고할 수 있다. 해당 단어들을 활용하여 질문해보도록 약속했다.

대신 이 질문 과정에는 하나의 루틴이 있다. 친구의 말이 이해됐으면 반드시 되묻기 질문을 먼저 하는 것이다. 되묻기 질문이란 '그러니까 네 말은 ~거지?'라고 묻는 것이다. 친구의 설명에 대해 내가 이해한 게 맞는지 나의 언어로 친구에게 확인하는 질문을 하는 것이다. 이 과정을 거치면 내 언어로 표현하게 되고, 경청을 하게 되

교실생존비법

며 대화가 이어지고, 생각의 격차가 좁아지는 등 많은 이점이 있다.

A: 이렇게 환한 곳에 물체가 있으면 그림자가 생기는 거지.

B: 네 말은 손전등이랑 물체가 있으면 그림자를 만들 수 있다는
말이야?

A: 아니, 내 말은 손전등이 없어도 환한 곳에서는 그림자를 만
들 수 있다는 말이야.

B: 아, 그러니까 네 말은 환한 곳에서는 어떤 물체든 그림자가
있다는 거네?

A: 어, 그 말이야.

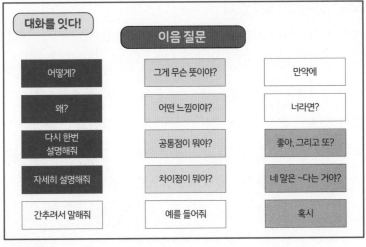

이음 질문

이 흐름이 되묻기의 기본 루틴이다. 무조건 이 루틴을 따른 후 추가적인 이음 질문을 하기로 약속했다. 좋은 질문을 하게 되면 깊이 있는 배움이 일어난다. 하지만 그 전에 대화를 이어갈 수 있도록 이끌어주는 이음 질문이 먼저 나와야 한다. 그리고 차차 맥락과 상황에 맞는 좋은 질문을 할 수 있도록 연습과 훈련을 하는 것이다. 연습은 일대일 짝 대화로 시작하는 편이 좋다. 듣는 것보다는 직접 많이 해보는 시간이 필요하므로 모둠별 진행보다는 짝 대화를 추천한다.

모든 것이 그대로였다

코로나 상황에서 처음엔 많이 당황하고 걱정했었는데 기우였다. 단지 환경이 바뀌었을 뿐이었다. 수년간 고민해왔던 수업 철학과 그간 실천해온 수업 방법, 그리고 믿음과 격려의 힘으로 변화하는 학생들, 모든 것이 그대로였다. 그동안의 오프라인 학습 환경에 온라인이라는 도구와 환경이 추가될 뿐이었다. 오히려 배움의 도구와 환경이 연결되고 확장됐다고 긍정적으로 평가하고 싶다.

학생들이 생각의 주체가 되어 스스로 판단하고 공유하며 주도적으로 배울 수 있는 환경을 마련해주기 위해 최선을 다했다. 물론 어려움이 없었던 건 아니지만 그 걱정 때문에 혹은 실패를 두려워하여 시도조차 하지 않았다면 아무런 변화도 생기지 않았을 것이다. 겁먹지 않고 도전했기에 바람직한 변화를 이끌어낼 수 있었다.

모두에게 오히려 기회가 된 것 같다. 큰 변화에 대처하고 해결 방법을 찾는 능력을 기를 수 있었다. 나도, 학생들도 그리고 학부모님들께서도 새로운 역량을 기를 수 있었던 대장정이지 않았나 싶다. 물론 이 위기가 끝난 것은 아니다. 언제 또 새로운 변화와 문제를 맞닥뜨리게 될지 모른다. 하지만 이제는 자신 있다. 선생님과 학생들은 무엇이든 할 수 있다.

제2장

원격수업

준비

소통 및 협업 툴 알아보기

최규영

현재, 치과위생사를 양성하는 대학에 교수로 재직 중이다. 미래교실네트워크 정회원으로 교원 연수 및 캠프 전문 강사로 활동하고 있다. 교육부가 주최하고, 한국과학창의재단이 주관하는 쌍방향 온라인 플랫폼 활용 교원의 미래형 수업·평가 역량 강화 연수(1~3차) 강사로 활동하였다. 미래교실네트워크와 KOICA가 아제르바이잔 교사 대상으로 진행하는 온라인 실시간 쌍방향 연수 강사로도 활동하고 있다.

수업 중에 교수의 수업 방법에 불만을 표하는 학생은 거의 없다. 그러나 학기가 끝나고 성적 확인을 위해 교수평가를 할 때는 입장이 달라진다. 익명의 평가와 점수로 수업에 불만을 적극적으로 표시한다. 근거 없는 불만에 힘이 빠질 때도 있지만, 수업을 객관적으로 돌아보게 된다.

수업 시간 강의실 풍경. 교수자는 수업 전 강의실 벽에 마스킹 테이프를 붙여 놓고 책상은 벽을 바라보게 배치한다. 수업이 시작되면 경쾌한 음악을 틀며 학생들을 맞이한다. 매주 수업 전에 디딤영상을 시청했는지 조사하고, 아직 시청하지 않은 학생들을 위해 디딤영상을 다 같이 다시 보고 시작한다. 학생들은 조별 토의를 하고, 토의한 내용을 적은 종이들을 벽에 붙인 후 조원들과 의견을 주고받으며 수정한다. 알람에 맞춰 각 조에서 '둘 가고 둘 남기'로 흩어져 다른 친구들의 수행활동 설명을 듣는다. 강의실은 쉬는 시간인 것처럼 시끄럽다. 학생들은 이야기하며 활발히 움직인다. 교수자는 음악을 틀어주고, 움직이는 학생들 주변을 다녀본다. 학생들이 앉아서 강의를 듣기만 할 때는 이렇게 활짝 웃는 모습을 볼 수 없었다. 친한 친구들하고만 붙어 앉던 학생들도 문제를 해결하기 위해 평소 얘기도 잘 안 해본 친구들과 이야기하고 있다.

학생들은 필기만 할 때와 달리 움직이고, 이야기하고, 본인의 목소리를 내며 그 누구도 졸고 있지 않다. 그렇게 한 학기 수업을 마치고 다행히 좋은 평가를 받았다. "고등학교 때까지 주입식 교육만 받아온" 자신들을 "일어나게" 했다고 했다. "처음에는 체력적으로 힘들었지만 졸릴 틈이 없었다"라는 원망 아닌 원망도 있었고, "대학에서도 이렇게 재미있게 수업할 수 있는지 몰랐다"라는 평도 있었다. 이런 요구도 있다. "수업다운 수업을 해주세요. 주입식 교육만 받아와 이렇게 낯선 수업 방식은 처음이라 무엇을 암기해야 할지 모르겠습니다." 이 한 줄에 나의 학창 시절이 떠올랐다.

십수 년 전이지만 대학교 강의가 고등학교 때와 다른 게 없다고 생각했다. 교수님이 판서하면 학생들은 그 판서를 따라 필기하는, 상호작용이라고는 전혀 없는 수업이었다. 나는 절대 그런 낡은 방식으로는 강의하지 말아야겠다고 다짐했다.

그러다가 미래교실네트워크의 거꾸로교실 캠프에 우연히 참여하면서 내가 하고 싶었던 수업 방식을 실제로 체험해볼 수 있었다. 강의를 듣고, 수업을 디자인해보고, 선생님들과 이야기를 나누면서 원하는 수업에 한발 더 가까워질 수 있었다. 단방향 수업 방식에서 벗어나 조별활동과 자기주도학습을 위주로 하고, 디딤영상을 활용하여 수업의 본질을 찾는다는 것이 거꾸로교실의 방향이었다. 그렇게 거꾸로수업을 시작했었기에 갑자기 블렌디드 수업을 해야 했을 때도 큰 어려움은 없었다. 교수와 학생 모두 온라인 도구 활용이 미숙해 처음에는 헤매기도 했지만 말이다.

온라인 환경에서 학생들이 주도적으로 학습하고, 온라인 도구를 활용해 소통, 협업하는 수업을 하고 싶은 분들에게 도움이 되는 이야기를 하고 싶다. 교실이 가상의 공간으로 들어왔을 뿐 오프라인 수업과 온라인 수업은 크게 다르지 않다. 그래서 오프라인에서 하던 것을 온라인에서 그대로 재현하면 되지 않을까 싶었는데, 생각만큼 쉽지는 않았다. 학생들도, 교수자도 처음이었기 때문에 그야말로 좌충우돌이었다.

온라인 수업 관련 연수를 받으며 다양하고 화려한 기술을 모두 적용할 수 있겠다고 생각했는데, 이제는 그렇게 하면 오히려 수업을 망칠 수도 있다는 사실을 알게 되었다. 학습 목표 실현이라는 수업의 본질을 잊어서는 안 된다. 편하게 사용할 수 있는 도구 하나로도 충분하다.

온라인 수업 공간 구축하기 - 줌 활용법

줌을 활용하여 온라인상에 쌍방향 수업 공간을 구축할 수 있다. 익숙했던 교실과 달리 온라인 교실은 많이 낯설고 두렵다. 내 수업 경험을 바탕으로 누구나 쉽게 줌 기능을 활용할 수 있도록 설명하고자 한다.

줌 활용법 01 [출석 체크하기]

학생을 한 명씩 호명하며 답을 기다리기에는 오래 걸리고, 접속하는 기기의 사양에 따라 마이크 오디오 기능이 달라 상태를 체크하는 데 생각보다 많은 시간이 걸린다. 그러므로 채팅창에 출석 댓글을 쓰도록 안내하고, 수업 종료 전에 채팅창을 저장하는 방식으로 출석을 확인할 수 있다. 줌 화면 하단의 메뉴에서 '참가자' 옆에 있

교실생존비법

는 '채팅'을 클릭하면 오른쪽에 채팅창이 뜨게 된다. 받는 사람을 '모두에게' 또는 '특정한 참가자 일부'로 선택할 수 있으며 '여기에 메시지 입력'이 보이면 내용을 입력해 보낼 수 있다. 이때, 출석 체크를 위한 메시지는 반드시 '모두에게'로 설정해서 쓰라고 설명해 준다.

한편, 채팅창에 질문에 대한 피드백이나 실시간 답변, 수업 자료 등을 올려서 공유할 수도 있다.

줌 활용법 02 [이름 바꾸기]

내 모습이 비치는 줌 화면에 마우스 커서를 가져가 상단 우측의 '…'(더 보기)를 클릭하면 이름을 바꿀 수 있다.

또 다른 방법으로는 아래 메뉴에서 '참가자'를 클릭하여 우측 참가자 명단에 내 이름이 보이면 같은 방법으로 마우스 커서를 가져가 '더 보기'를 클릭하면 이름을 바꿀 수 있다.

소회의실 모둠 활동을 할 때 몇 조인지를 이름으로 표시할 수 있고, 자신의 감정 상태를 날씨로 표현해 이름으로 설정해놓는 간단한 활동을 통해 아이스 브레이킹을 할 수도 있다.

줌 활용법 03 [음소거 및 음소거 해제하기]

줌 화면 하단 메뉴의 왼쪽에 있는 마이크 모양의 탭이 초록색으로 깜빡거리면 상대방이 내 말을 들을 수 있다. 그 부분을 한 번 클릭하면 마이크 모양에 빨간 줄이 생기며 음소거가 되어 내 소리가 상대방한테 들리지 않는다.

　참여자 모두가 음소거를 해제하면 주변의 소음이 들리거나 하울링이 발생할 수 있으므로 필요에 따라 적절히 조절해야 한다.

줌 활용법 04 [비디오 켜기와 비디오 끄기]

줌 화면 하단 메뉴의 왼쪽에 있는 비디오 모양의 탭을 클릭해서 비디오를 켜거나 끌 수 있다. 한편, 이 기능을 활용한 간단한 게임을 통해 학생들의 참여도를 높일 수 있다. 학생들이 비디오를 켜는 것에 소극적인 경우가 많은데 수업 중에 돌발 OX 퀴즈를 내 정답을 종이에 쓴 후 들게 해서 잠시라도 화면에 보일 수 있도록 독려할 수 있다.

줌 활용법 05 [비공개 채팅하기]

줌 화면 하단 메뉴에서 '참가자' 옆에 있는 '채팅'을 클릭하면 오른쪽에 채팅창이 뜨고, 받는 사람을 '모두에게'가 아니라 '특정한 참가자 일부'로 선택해서 '여기에 메시지 입력'이 보이면 비공개 메시지를 보낼 수 있다.

호스트가 사전에 설정하면 비공개 채팅을 통해 학생들끼리 대화가 가능하다. 평소에 쑥스러움이 많지만 선생님에게 고민을 상담하고 싶어 하는 학생과 실시간으로 얘기를 나눌 수도 있다.

비공개 채팅창을 활용해 주변 학생들을 '오늘의 X맨'으로 뽑아 수업의 진행을 돕는 역할을 부여할 수도 있다.

줌 활용법 06 [주석 작성하기]

교실에서는 학생들이 칠판에 적는다면 줌에는 '주석 작성하기' 기능이 있다. 내 모습이 비치는 줌 화면에 마우스 커서를 상단으로 가져가면 초록색 메뉴바가 보인다. 여기에서 'OOO의 화면을 보고 있습니다.' 옆에 있는 '옵션보기'를 클릭하면 '주석 작성'이 나오고, 이것을 누르면 주석 메뉴바가 나타난다. 메뉴바 중에서 '형식'을 누르면 색상과 선 두께, 글꼴을 선택할 수 있고, '텍스트'로 글씨를 쓰거나 '스탬프', '그리기', '도형' 등 여러 기능을 사용할 수 있다. 작성한 내용은 저장할 수 있으며 주석 작성이 안 되는 경우, 호스트(교사)가 '참가자가 주석을 달도록 허용'에 체크를 해주면 된다.

연습 창을 만들어 학생들이 낙서하며 기능을 충분히 익히도록

하고, 본격적인 수업에서는 문제를 내어 맞히게 하거나 그리기를
사용하여 학생들이 정답을 표시할 수 있도록 하면 된다. 학생들이
소통하고 참여하기에 좋은 기능이다.

교실생존비법

온라인 툴로 협업 수업 진행하기
- 구글 프레젠테이션, 패들렛 활용법

협업 툴을 활용하여 학생들 간의 소통 및 동료학습이 가능한 온라인 수업 환경을 구축할 수 있다.

구글 프레젠테이션은 학생들이 수업의 과정을 쉽게 파악하고, 선생님이나 친구들과 피드백을 주고받기에 좋다. 수업 자료를 모아놓는 용도로 적합하고, 이를 활용하여 학생들은 자신의 포트폴리오를 완성할 수도 있다. 크롬 브라우저를 통해 접속해야 한다는 점을 유의해야 하지만, 무료인 만큼 그 정도는 감수할 가치가 있다.

한편, 우리는 평소에 할 일을 확인하거나 중요한 일을 메모하는 용도로 포스트잇을 자주 활용한다. 온라인에서는 패들렛을 통해 결과물을 실시간으로 쉽게 공유하고, 평가 기록을 보관할 수 있다.

구글 프레젠테이션 활용법 01 [참여자 확인하기]

몇 명이 접속했는지만 파악하고, 참여자를 확인할 필요가 없다면 로그인을 하지 않은 상태에서도 가능하다. 익명의 까마귀, 공룡, 거북이, 개구리가 접속하는 것을 실시간으로 볼 수 있는데, 구글 지메일 계정에 로그인을 안 한 상태에서, 전달된 링크로만 접속하였기 때문에 익명의 이름을 부여받은 것이다. 학생들이 구글 계정에 가입하지 않고도 일단 동물 이름으로 들어오게 할 수 있다. 이후에 학생들이 각자 슬라이드에 이름을 작성하게 함으로써 누가 참여하고 있는지를 파악할 수 있으며, 전체 참여자뿐만 아니라 슬라이드별로도 참여자를 확인할 수 있다. 이때, 모든 학생이 하나의 링크에 접속할 수도 있지만, 모둠별로 각각의 링크를 만들어 전달해주면 모둠별 활동이 가능하다.

구글 프레젠테이션 활용법 02 [텍스트 서식 변경하기]

파워포인트와 마찬가지로 도형, 텍스트, 선, 그림 등을 작성할 수 있으며 자동으로 저장이 되어서 편하다. 상단 메뉴에서 '글꼴 바꾸기'와 '글꼴 추가'를 할 수 있다. 슬라이드에 텍스트를 입력한 뒤 상단에 '폰트'를 누르면 '글꼴 더 보기' 메뉴를 확인할 수 있으며 폰트 사이즈도 바꿀 수 있다.

구글 프레젠테이션 활용법 03 [이미지 삽입하기]

상단 메뉴에서 '삽입'을 클릭하면 내 컴퓨터에 있는 이미지를 업로드하는 것이 가능하다. 이미지를 웹에서 검색하여 넣을 수도 있는데, 찾고자 하는 이미지와 관련된 단어를 입력하면 연관된 이미지들을 볼 수 있다. 하단의 '삽입'을 누르면 이미지가 슬라이드 안에 첨부된다. 이미지의 크기 조절도 가능하다.

구글 프레젠테이션 활용법 04 [댓글 쓰기]

댓글을 통해서 피드백을 주고받거나 실시간으로 소통할 수 있다. 개별 슬라이드에서 상단 메뉴의 '+'를 누르거나 마우스를 우클릭하면 댓글 작성이 가능하다. 교수자는 학생들이 작업하고 있는 슬라이드에 댓글을 남기면서 실시간으로 피드백을 준다.

구글 프레젠테이션 활용법 05 [링크 공유하기]

구글 계정으로 로그인을 하고, 구글 드라이브에서 구글 프레젠테이션의 링크를 변경하면 된다. 링크 공유 시 '링크가 있는 모든 사용자에게 공개'를 선택해야 한다. 상단 우측에 있는 '공유'를 클릭하고 아래 '링크 보기'를 클릭한다. '링크가 있는 모든 사용자에게 공개'를 클릭하면 우측에 '뷰어', '댓글 작성자', '편집자'로 항목이 구분된다. 이 중에서 '편집자'로 설정하고, 링크를 복사해서 전달하면 학생들이 내용을 작성할 수 있다. 수업 후에 '뷰어'나 '댓글작성 가능'으로 변경하여 완성된 슬라이드를 수정하지 못하도록 설정하면 수업 자료로 보관할 수 있다.

구글 프레젠테이션 활용법 06 [슬라이드 화면 보기 설정하기]

슬라이드를 보는 방법으로는 '목록 보기'와 '바둑판 보기'가 있다. 후자로 여러 슬라이드를 한눈에 보면, 각 슬라이드에서 누가 어떻게 활동하고 있는지를 확인할 수 있다.

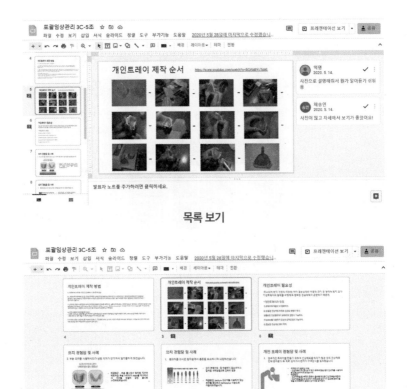

목록 보기

바둑판 보기

구글 프레젠테이션 활용법 07 [슬라이드 저장하기]

학생들이 작성한 결과물을 평가하고 기록한 후 보관하려면 어떻게 할까? 상단 메뉴의 '파일'-'다운로드'를 클릭하면 각 슬라이드 혹은 전체 슬라이드를 PDF, PPT, PNG 등 여러 서식의 파일로 저

장할 수 있다. 이렇게 수업에서 작성했던 슬라이드를 수업 활동의
자료로 보관해놓으면 평가나 피드백에도 활용할 수 있다.

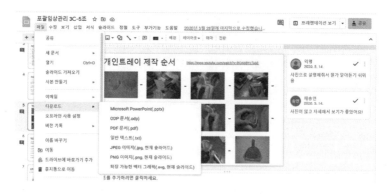

패들렛 활용법 01 [메모지 붙이기]

오른쪽 아래의 '+'를 누르면 포스트잇이 생성된다. 서식을 다양하
게 변경하여 수업에 맞게 사용할 수 있다. 생성된 포스트잇에 내용

을 작성하여 포스트를 생성하고, 또 다른 포스트잇을 생성해 이어 붙일 수 있다.

패들렛 활용법 02 [메모지에 댓글 달기]

생성된 포스트잇에 댓글을 작성할 수 있다. 댓글을 통해 친구가 만든 게시물에 대해 칭찬, 질문하거나 의견을 제시할 수 있어 학생 간 상호작용이 가능하다. 친구의 피드백은 동기부여의 효과가 매우 크다. 경험에 의하면, 학생들은 익명일 때 더 활발하고 적극적으로 피드백을 주고받는다.

패들렛 활용법 03 [메모지에 사진 넣기]

생성된 포스트잇에서 ' : '을 누르면 게시물을 편집할 수 있다. 메모지에 녹음 파일, 비디오, 이미지 등을 삽입할 수 있다. 내 컴퓨터에서 불러올 수 있고, 구글 이미지를 검색해서 사용할 수도 있다. 하나의 포스트에는 하나의 게시물만 올릴 수 있다는 점을 기억하자.

패들렛 활용법 04 [메모지 색상 바꾸기]

생성된 포스트잇에서 ' : '을 누르면 포스트잇의 색상을 바꿀 수 있다. 과제를 제출했으면 포스트잇의 색상을 바꾸는 방식으로 제출 여부를 확인할 수 있다.

패들렛 활용법 05 [전체 서식 변경하기]

우측 상단 아이콘 옆의 ' : '을 클릭하면 원하는 타입으로 서식을 변경할 수 있다. 학생들이 내용을 작성한 후에 서식을 변경하면 내용이 깨질 위험이 있으므로 학생들에게 링크를 공유하기 전에 미리 변경해야 한다. 게시물이 배치되는 레이아웃의 종류가 다양하므로 수업에 필요한 서식으로 미리 설정해놓으면 된다.

패들렛 활용법 06 [공유 방식 설정하기]

학습자가 작업할 수 있도록 초대하는 기능으로 원활한 상호작용을 위해 프라이버시 변경을 '비밀'로, 방문자 권한은 '작성 가능'으로 설정한다. '편집 가능'으로 설정하면 학생이 다른 학생의 게시물까지 수정하거나 삭제할 수 있으므로 유의해야 한다. 활동이 다 끝난 후에 게시물을 작성하거나 수정할 수 없게 하려면 '읽기 가능'으로 설정해놓으면 된다.

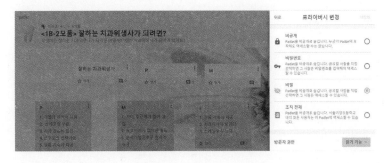

꿩 먹고 알 먹는 블렌디드 수업 디자인하기

온·오프라인 환경에 구애받지 않고 학습효과를 높이는, 학습자 중심의 블렌디드 수업을 하기 위해서는 교수자의 수업 디자인과 전략이 필요하다. 기기 사양으로 인해 접속 오류를 겪는 학생들이 간혹 있는데, 온라인 학습을 위한 기기를 보급하는 것이 급선무이다. 다양한 기능을 활용할 수 있도록 기기 지원과 인터넷 접속망의 안정화도 필요하다. 또한, 온라인상에서도 상호작용이 일어날 수 있는 학생 참여형 수업을 디자인하여 학습격차를 줄여야 한다.

교수자는 온·오프라인 수업의 병행과 전환에 대비하여 수업 준비를 해야 하며 수업의 과정부터 평가와 기록, 보관이 온·오프라인에서 모두 가능하도록 해야 한다. 또한, 온라인 수업에서도 실시간으로 피드백을 제공하고 소통하는 방식을 통해 학습격차가 생기지 않도록 할 필요가 있다.

온라인 수업에는 오프라인 수업보다 분명 더 많은 시간과 노력을 들여야 한다. 혼란과 불안 속에 일상과 교육이 변화되고 있지만, 우리는 현실을 직시하고 미래를 준비해야 한다. 소통 및 협업 툴을 활용하면 훨씬 효과적인 수업이 가능하다. 온라인 툴 기능을 활용하여 온라인 수업을 쉽게 준비할 수 있는 법을 살펴보았다. 기계치인 내가 할 수 있었듯 여러분은 온라인 환경에 더 빨리 적응해서 안정적으로 툴을 활용할 수 있을 것이다. 여러분의 온라인 수업을 진심으로 응원한다.

디딤영상
제작하기

김호선

보건 계열의 치위생과 학생들에게 이론과 실습을 교육하고 있다. 거꾸로교실을 접한 후, 학습자 스스로 사고하고, 동료학습자와 생각을 나누는 과정에서 자연스럽게 배움이 일어나는 점에 매력을 느꼈다. 초, 중, 고등학교 선생님들이 함께하는 거꾸로교실 캠프를 통해서 학생들을 전문가로 성장시키는 수업 방법을 알게 되면서 수업이 점점 더 재미있어지고, 학생들과의 관계도 개선되었다. 이후 '사최수프(사상 최대의 수업 프로젝트)'를 교육과정에 포함시켜 거꾸로 프로젝트 수업도 실천하고 있으며, 각종 창업대회에서 수상한 바 있다.

학교가 졸업식 행사를 취소했다. 대학생에게 졸업이 어떤 의미인지 잘 아는 교수로서, 사회로 진출하는 학생에게 따뜻하게 덕담 한 마디 전하지 못하는 현실에 충격을 받았다. 점입가경으로 입학식도 취소되고 개강 일정도 미뤄졌다. 수업을 못 할 수도 있다는 불안감에 뉴스에 귀를 기울이고, 상황이 진정되기를 기다렸다. 미래교실네트워크의 주번으로 활동한 나는 디딤영상을 미리미리 만들면서도 '설마 이 상황이 계속되겠어'라고 생각하며 시간을 흘려보냈다. 결국 수업이 온라인 강의로 전환되었지만 무엇을 어떻게 해야 한다는 뾰족한 수를 가진 사람은 없어 보였다.

대면수업을 10년, 20년 이상 해온 교수들과 은퇴를 앞둔 교수들에게는 영상 제작이 어려운 일이고, 그동안 거꾸로교실을 부정했던 분들마저도 영상을 만들어 올려야 한다는 데 부담감을 느꼈을 것이다. 그분들은 PPT(파워포인트)로 영상을 제작하는 방법에 대한 연수를 급하게 듣고, 밀린 숙제하듯이 자료를 만들고, 녹음을 시작했다. 이렇게 제작된 영상들은 줄줄이 LMS(학습관리시스템)에 업로드되었다. 교수들은 더욱 늦게 퇴근하고, 반복되는 녹화로 지칠 대로 지쳐가고 있었다. 학생은 학생대로 교수의 얼굴도 모른 채 몇 시간 동안 PPT 영상만 봐야 했다. 소통이란 찾아볼 수 없었다.

학생들과 소통하기 위해서 교수마다 카카오톡 단톡방을 개설했지만 학생들은 알림을 무음으로 설정하고, 반 대표들의 공지에 수동적으로 움직였다. LMS는 시간표 없이 2주간의 강의를 아무 때나 들어도 인정해주는 시스템이어서, 학생들이 영상을 몰아서 보는 현상이 생겼다. 실시간으로 수업을 진행하는 교수들의 부담도 더욱 커져만 갔다. 학생들이 비디오를 켜지 않아 교수의 음성으로만 수업이 진행되기도 했고, 공직자통합메일로 줌에 가입하지 못한 교수들은 개인 비용을 쓰거나 40분에 한 번씩 학생들을 재입장하도록 하고, 출석 부르는 데 시간을 보내기 일쑤였다.

그렇게 허둥대고 있을 때, 미래교실네트워크에서 교실생존비법 온라인 연수를 시작한다는 것을 알게 되어 참여하게 되었다. 교사들과 서로의 어려움을 공유하고 공감하면서 온라인 수업에 대해서 자신감을 얻었다. 사례 발표를 위해 참석했던 서울대학교 한국 창의성학회에서 코로나 때문에 거꾸로교실 수업이 더욱 빛난다는 애기를 들었는데, 정말 그런 것 같았다.

한편, 주변 교수들은 여전히 동영상을 찍고 편집까지 하느라 지치는 상황이 계속되고 있었다. 도움을 요청하는 동료들에게 가장 쉬운 동영상 제작법을 가르쳐주기 시작했다. 2학기를 준비할 때는 모든 외래교수님들께 온라인 수업 관련 내용을 공유하면서 "우리"가 하는 온·오프라인 수업이 시작되었다. 학과회의도 온라인으로 진행했다. 오히려 협업과 소통이 늘어났고, 업무효율도 좋아졌다. 교수들은 영상 제작에 힘을 쓰지 않으면서 피로도가 낮아지고, 실시간으로 수업할 수 있는 여유가 생겼다고 했다. 학생들은 시간표대로 수업을 들을 수 있어, 수업에 대한 학생들과 학부모들의 불만도 줄어들었다.

학생의 입장에서 교수자의 실수는 오히려 재미의 요소가 되기도 한다. 학생들에게 직접 옆에서 가르쳐주는 과외 선생님 같은 느낌을 주는 동영상은 편집 전문가들의 기준으로는 부족할 수 있다. 교수자는 영상을 만들거나 툴 사용법을 가르치는 것이 직업이 아니라는 사실을 인정하는 것에서부터 출발해야 한다.

디딤영상 손쉽게 제작하기

'Window + G'를 눌러 윈도우의 화면녹화기능을 사용하거나 PPT 화면을 녹화한다는 선생님들이 있다. 하지만 이는 PPT 자료나 한글, PDF 문서 작성 등의 기초작업을 전제로 한다. 또한, 학생들도 자료를 출력해야 한다는 단점이 있다. 디딤영상은 학생들이 이미 가지고 있는 자료를 바탕으로 이해하기 쉽게 내용을 전달하는 것에 집중할 필요가 있다.

휴대폰 카메라로 직접 촬영

1) 도구 없이 촬영하기

왼팔로 휴대폰을 잡고, 오른팔로는 노트에 필기하면서 영상을 촬영하는 기본적인 방법이다. 약간의 흔들림은 생동감 있게 느껴지기도 하며, 오히려 교수가 바로 옆에 있는 것 같다는 평이 있었다.

2) 도구를 이용하여 촬영하기

휴대폰을 안정적으로 잡아줄 수 있는 도구로 주방에서 흔히 볼 수 있는 행주걸이를 추천한다. 휴대폰이나 아이패드를 올려놓고 고정할 때 유용하다. 두 손이 자유로워진 상태에서 교수자는 시범을 보이거나 노트에 설명을 적을 수 있다. 휴대폰이 행주걸이에서

행주걸이　　　　　　　　　　**벽걸이용 망**

미끌어질 수 있으므로 휴대폰에 고무밴드를 묶어 사용하면 더욱 안심하고 촬영할 수 있다.

행주걸이가 구하기 어려운 경우에는 벽걸이용 망으로 대체할 수 있다. 집에서 흔히 사용하는 도구를 구부리고 약간 절단하면 멋진 촬영 보조기구가 탄생한다.

'화면 기록' 기능 활용

1) 아이폰/아이패드

화면 기록 기능은 교수자가 시범을 보이거나 앱을 사용하는 모습을 보여줄 때 주로 사용한다. 제어 센터에서 '화면 기록' 아이콘을 꾹 누르면 '마이크 끔/켬'을 설정할 수 있는데, 마이크를 켜야 교수

 설정 → 제어 센터 → '제어 항목 추가' 목록에서 '+ 화면 기록' 선택

자의 목소리가 녹음된다.

아이패드로는 애플펜슬로 필기하다가 영상을 전환해서 시범을 보이거나 필요한 그림을 찾아서 설명하는 것이 가능하다. 교재의 PDF 파일이 있다면 메모장에 업로드하여 그 위에 필기할 수 있다.

이보다 더 큰 캔버스가 필요하다면 아이폰이나 아이패드의 앱 넘버스(Numbers)를 사용하면 된다. 넘버스에서 시트를 삭제하면 캔버스에 자유롭게 애플펜슬로 그릴 수 있으며 사진, 동영상, 문서 파일들을 간편하게 업로드하여 필기할 수 있다.

2) 안드로이드폰

펜 기능이 있는 안드로이드폰으로는 판서와 동시에 화면 기록이 가능하다. 최신 휴대폰인 경우, 화면 기록 기능이 있기는 하지만 오작동하는 경우가 많아서 모비즌 앱을 사용하는 것을 추천한다. 이 앱에는 교수자의 얼굴을 보이며 녹화할 수 있는 기능이 있어 PPT나 문서를 설명할 때도 생동감 있게 녹화할 수 있다. 일시 정지 기능도 사용할 수 있어 녹화의 완성도를 높일 수 있다.

3) 컴퓨터

컴퓨터로도 화면을 녹화할 수 있다. 기성품으로 나온 오캠, 반디

캠, PPT 등을 이용할 수 있다. 반디캠은 교수자의 얼굴을 녹화할 수 있다는 장점이 있지만, 영상의 용량이 커져서 편집하고 업로드하는 시간이 많이 소요될 수 있다.

룸(Loom)이라는 앱을 사용하면 교수자의 얼굴을 보이면서 화면을 기록할 수 있다. 이 앱의 장점은 데이터가 클라우드에 저장되어 여러 사람에게 공유하기 쉽다는 것이다. 무료 사용 시간은 5분인데, 공직자통합메일을 이용해서 업그레이드하면 더 길게 사용할 수 있다.

디딤영상 가볍게 공유하기

디딤영상을 공유하기 위해서는 보내는 사람과 받는 사람의 기기에 충분한 저장공간이 필요하다. 학생들의 휴대폰이나 태블릿 PC는 저장공간이 부족한 경우가 많은데, 유튜브나 미래교실네트워크 플랫폼을 이용하면 링크를 공유할 수 있어 용량의 부담을 줄일 수 있다.

구글 계정이 있는 경우 유튜브 채널 생성이 가능하다. 영상 파일을 선택하면 링크가 생성되고, 공개범위를 '미등록' 또는 '일부공개'로 설정한 다음 업로드할 수 있다. 디딤영상의 시청이 다른 동영상 시청으로 이어질까 우려된다면 미래교실네트워크 플랫폼을 추천한다. 영상의 링크 생성과 장르별 저장, 학생 초대와 그룹 생성 등이 간편하게 되어 있다. 출석 댓글 기능으로 영상을 봤는지를 확인할 수 있으며 수업 자료를 링크로 업로드할 수 있다. 이 모든 기능이 회원가입만으로 가능하고 팀버스, 거꾸로교실 등으로 아이디가 연동된다. 앱에서 바로 촬영하거나 이미 촬영된 영상과 유튜브 영상을 업로드할 수 있다.

퀄리티 있는 화면 만들기

미리캔버스*와 슬라이즈고**를 활용하면 카드뉴스나 썸네일을 쉽게 만들 수 있다. 미리캔버스에서는 다양한 타입의 템플릿을, 슬라이드즈고에서는 PPT나 구글 슬라이드 템플릿을 무료로 다운로드 받을 수 있다. 줌을 이용해서 수업할 때 각 수업의 특성을 고려하여 배경 이미지를 만들 때도 활용하면 좋다. 구글 계정으로 로그인하면 바로 시작할 수 있다.

● www.miricanvas.com
●● https://slidesgo.com

교실생존비법

실패해도 괜찮아!

인생 최고의 선생님을 떠올려보자. 어떤 모습이 떠오르는가? 나를 위해 기다려주시고, 공감해주시던 선생님의 모습이 떠오를 것이다. 반대로 최악의 선생님으로는 학생들을 때리거나 차별대우하거나 무기력한 모습이 떠오른다. 누구에게 물어보아도 비슷한 답변이 나올 것이다. 학생들은 선생님을 실력만으로 평가하지 않는다. 학생들의 기억 속에 어떤 선생님으로 남고 싶은지를 생각해 볼 필요가 있다.

교사는 제자에게 항상 존경받는 존재여야 한다는 부담에서 벗어났으면 한다. 태어날 때부터 디지털 네이티브인 학생들과 교사는 성장 과정의 경험이 다르다. 그 다름을 인정하고, 학생들에게 충분히 시간을 주며 아이들이 온라인 속 수업으로 들어오게 하면 된다.

학생이 행복하기 위해서는 교사가 먼저 지치지 말아야 한다. 그러기 위해서는 온라인 수업 환경을 쉽게 받아들이고 실패를 두려워하지 않아야 한다. 조금 실수하더라도 학생들은 까르르 웃어줄 것이다. 이렇게 얘기하고 싶다. "실수는 자연스럽게 넘기셔도 돼요. 선생님은 충분히 열심히 하셨습니다."

구글
클래스룸
활용하기

정명근

함께한 학생들이 학교를 즐거운 공간으로 기억하길 바라는 인천의 초등교사이다. 거꾸로
교실을 통해서 학생 중심 수업을 만들어가고 있으며, 교육과정 디자인을 통해 삶과 배움이
맞닿는 수업을 목표로 하고 있다. 2015년부터 미래교실네트워크 주변으로 활동 중이다. 애
플우수교육자(ADE)와 구글공인트레이너(GCT), 구글공인교육자(GCE)로서 학생들의 역
량 강화를 위해서 노력하고 있다. 2021년에는 인천시교육청 교육과정 지원단으로 활동하
고 있다.

2014년에 초등학교 3학년 우리 반 학생들과 우리 동네 안전지도 및 식물환경 조사 프로젝트를 진행한 적이 있다. 주제가 주제인 만큼, 포털사이트 지도 서비스를 활용하여 학교 주변의 지도를 캡처한 후 학생들의 정보 수집 결과물을 정리하는 용도로 사용했다. 일반적인 크기로는 많은 정보를 담을 수 없었기에 플루터를 활용하여 크게 출력한 지도를 코팅까지 해서 교실 한쪽 벽면에 붙여 놓았다. 학생들이 새롭게 정보를 찾아오면, 그때마다 나는 학생들이 찾은 사진 자료 등을 컬러프린터로 출력하여 지도에 덧붙였고, 공간이 모자라면 지도 위에 투명 비닐을 한 겹 추가하여 레이어를 쌓듯 새로운 정보를 누적해갔다. 학생들의 결과물이 누적되어 정보가 쌓여가는 그 지도는 그 자체만으로 볼 만했지만, 한편으로는 아쉬움이 있었다. 매번 학생들의 핸드폰 사진을 출력해서 나눠줘야 하는 번거로움, 이 사진을 어디서 찍은 것인지 학생들에게 일일이 위치를 확인하고, 확인이 끝났으면 겹겹이 쌓여 있는, 다른 자료들과 겹쳐지지 않도록 붙여야 하는 점 등의 어려움을 겪다 보니, 좀 더 효율적으로 할 수 있는 방법은 없을까 하는 고민을 하게 됐다.

그래서 당시에 찾았던 방법이 패들렛과 구글 지도를 활용한 위치 표시였다. 관련 정보를 좀 더 찾다 보니 그런 식의 정보 수집 작업이 '커뮤니티 맵핑(Community Mapping)'이라고 불리기도 한다는 걸 뒤늦게서야 알았다. 어쨌든, 그 프로젝트를 진행하면서 온라인 공간에서의 협업이 수업의 폭을 더 넓게 하는 것은 물론, 효율적이고 편해질 수 있다는 것을 실감했다. 예를 들어, 학생들이 집에 가던 중에 혹은 학원을 가는 중에도 수업 프로젝트와 관련된 내용이 떠오르면 언제든 PC나 스마트폰을 활용해 기록을 남길 수 있다. 그 기록이 다른 학생들이나 교사에게도 손쉽게 공유되어 시간과 장소를 가리지 않고 연결될 수 있으니 정말 편리하다.

이제 와서 생각해보면, 나에게 블렌디드 러닝은 온라인과 오프라인의 연계라는 생각보다는(사실 시작할 때는 그런 용어조차도 몰랐지만), 배움이라는 것이 실제의 삶과 연결되어야 하듯이 교실을 벗어

교실생존비법

나도 교사와 학생, 학생과 학생이 언제든 연결되어서 생각을 쉽게 공유할 수 있으면 좋겠다는 바람에서 시작된 셈이다.

마침 그로부터 얼마 지나지 않아 '거꾸로교실'을 알게 됐다. 겉 핥기 식으로 접해 들은 정보로는 '강의 동영상을 보고 와서 학교에서 수업을 하는 것'이라는 게 전부였다. 그런데 왜였을까? 만날 인연이면 언젠가는 만난다는 말처럼, 전혀 관련이 없는 연수에서 거꾸로교실 수업을 하는 선생님을 알게 됐고, 그분의 이야기를 간접적으로 들어보는 것만으로 좀 더 알아볼까 하는 호기심이 생겼다. 그 호기심이 나를 1박 2일 거꾸로교실 캠프로 끌어들였다. 학생들이 학습의 주도권을 가졌을 때 얼마나 큰 배움을 만들어낼 수 있는지, 수업에서 상호작용이 얼마나 중요한지를 실감하게 해준 캠프였다. 학생과 교사가 언제 어디서나 연결될 수 있으면 좋겠다는 내 바람은 더욱 커졌다. 연결의 장소가 학교 교실로 국한될 필요는 없으니 말이다.

내가 찾은 온라인 교실은 바로 구글 클래스룸이다. 2020년, 코로나로 인해 수많은 교육용 플랫폼들이 소개되고 재발견되었지만, 당시에는 접할 수 있는 것이 많지 않았고, 내가 알고 있는 것은 구글 클래스룸이 거의 유일했기에 자연스러운 선택이었다. 그 뒤로도 학급과 수업을 관리하고, 학생들과 소통하는 통로로써 구글 클래스룸을 계속해서 활용해오고 있다. 이번 장을 통해서, 구글 클래스룸은 어떤 특징이 있고, 이 플랫폼에서 어떤 것들이 가능하기에 지난 몇 년 동안 계속해서 활용하고 있는지를 이야기해보고자 한다.

왜 굳이 구글 클래스룸?

수많은 교육용 플랫폼 중에서 나는 왜 구글 클래스룸을 사용하고 있는 것일까? 방금 얘기했듯이, 몇 해 전에는 온라인 학습 관리를 위한 툴이 지금만큼 다양하지 않았고, 평소에 사용하던 구글 문서 도구와 연결하여 무료로 사용할 수 있는 적당한 플랫폼이 바로 구글 클래스룸이었기 때문이다. 물론 2020년 이후에는 더욱 다양한 교육용 플랫폼이 만들어지거나 알려졌다. 이런 상황에서 나 역시도 다른 플랫폼의 활용법에 관한 강의를 하기도 했다. 이렇게 교육용 플랫폼이 다양해졌지만 내가 여전히 구글 클래스룸을 사용하는 가장 결정적인 이유는 바로 사용법이 직관적이기 때문이다.

지금은 구글 클래스룸 상단에 총 4개의 메뉴가 나오지만, 당시엔 '성적' 메뉴 없이 '스트림', '수업', '사용자'뿐이어서 매뉴얼을 찾아보지 않아도 관련된 항목을 클릭하다 보면 손쉽게 과제가 생성되고 관리되는 것을 체험하면서 수월하게 시작하게 됐다.

학생들의 가입 역시 쉬웠다. 이전에 지역의 시교육청이나 교육연수원에서 운영되던, e학습을 위한 다른 플랫폼에 학생들을 가입시킬 때에는 아이디나 비밀번호 관리가 쉽지 않았는데, 구글 클래스룸은 수업 코드를 공유하는 것만으로도 쉽게 가입이 된다는 점이 큰 매력이었다. 물론 이런 것이 가능하려면 교사뿐 아니라 학생들 역시 개인 지메일 계정이 필요했는데, 당시에 가르치던 학생들 대부분 스마트폰이 있었고, 특히나 안드로이드 기반의 스마트폰을 가지고 있는 학생들은 이미 구글 계정이 연결되어 있어서 별다른 계정 생성 과정 없이도 바로 수업에 들어올 수 있었다. 그렇지 못한 학생들의 경우엔 교사나 학부모의 도움으로 구글 계정을 만들어 활용할 수 있었다. 개인 기기가 없는 경우에는 학교 태블릿을 이용하거나, 모둠 혹은 짝 활동을 진행함으로써 구글 클래스룸의 기능을 필요한 순간에 활용하는 데에는 문제가 없었다.

2020년 코로나 상황에서 다양한 온라인 수업 플랫폼에 학생들을 가입시키는 것이 얼마나 번거롭고 고된 일인지 많은 선생님들이 느꼈을 것이다. 2014년도 즈음의 나 역시 이런 어려움을 겪던 와중에 구글 클래스룸이 계정 관리가 간편하고 활용성이 높아 지금까지도 사용하고 있다.

어떻게 시작할까?

구글 클래스룸을 운영하기 위해선 구글 지메일 계정이 필요한데, 여기에서 선택의 갈림길이 생긴다. 손쉽게 바로 시작하려면 교사 개인이 사용하는 지메일 계정을 활용하면 된다. 좀 더 완벽한 기능을 활용하면서 수업 자료나 학생들의 개인정보 등의 보안을 위해서는 구글의 교육용 계정이라 할 수 있는 Google Workspace for Education●(이하 구글 교육용 계정)을 활용하는 방법도 있다. 다만 이 서비스를 활용하기 위해서는 교육기관임을 증명하는 승인 절차를 거쳐야 한다는 번거로움이 있다. 이런 수고를 덜어주려고 여러 교육청이 교육용 계정을 승인받아 학교에 사용 권한을 제공하기도 한다.

교사의 개인 계정을 활용했을 때와 교육용 계정을 승인받아 사용했을 때 각각의 장단점은 다음과 같다.●●

구글 클래스룸을 생성했다면, 학생들을 초대하고 수업에 참여시킬 준비가 필요하다. 이 과정에서 학생들에게 사전에 안내해줘야 할 내용은 '구글 클래스룸' 앱 설치이다. 구글 클래스룸에서 개

● Google Workspace for Education 업그레이드 요청 안내 페이지 :
  https://support.google.com/a/answer/4601351
●● 2021년 3월 기준의 내용이며 각 서비스의 특징은 변경될 수 있음

교실생존비법

	개인 계정	Google Workspace for Education 계정
특징	-개인 지메일로 바로 활용 가능 -교사의 개인 구글 드라이브에 학습 결과물이 저장됨(무료 이용 시 15기가) -학생들 개인 구글 지메일을 활용해 가입/운영에 따라서 부모님의 메일주소 활용 가능/구글 지메일이 없는 학생의 경우 메일 계정 생성 필요 -수업과 관련한 핵심적인 기능 대부분 활용 가능	- 교육기관 승인 절차 필요 - 기관별 저장 용량이 100TB까지 가능 -교사나 학생의 계정을 필요한 만큼 생성 가능 -구글 미트(Google Meet)와 바로 연동됨, 구글 설문지를 활용한 평가 등이 좀 더 원활함. 다양한 구글 서비스에 대한 좀 더 세세한 관리가 가능함
고려 사항	소수의 단위 학급이 아니라 학교에서 전반적으로 구글 클래스룸과 구글 문서도구를 사용한다면 개인정보 보호나 관리 차원에서 Google Workspace for Education 서비스를 이용하는 것이 좋음	개인 계정과 새로 생성한 구글 교육용 계정을 하나의 기기에서 같이 활용 시(예를 들어, 학생 스마트폰에 본인이 원래 사용하던 지메일 계정에 있는 상태에서 교육용 계정을 추가해서 사용하는 경우) 계정 전환 방법 등에 대한 사전 안내가 있어야 로그인 충돌이나 공유문서 접근이 안 되는 문제 상황 등을 피할 수 있음

개인 계정과 교육용 계정 비교

별 혹은 협업과제 등을 수행하기 위해서 '구글 프레젠테이션', '구글 문서' 앱 역시 설치하도록 안내해야 한다. 이 세 가지의 앱만 설치되어 있다면 구글 클래스룸으로 다양한 결을 가진 수업을 만들어갈 준비가 된 것이다. 물론 이것 외에도 활용할 수 있는 앱이나 사이트들이 다양하지만, 시작 단계에선 이 세 가지 앱이 필수적이라고 생각해 추천하고 싶다.

여기서 한 가지 알아둬야 할 것은, 학생들이 스마트폰이나 태블릿 등 모바일 기기를 활용한다는 전제하에 앱 설치를 안내해야 한다는 점이다. PC로 수업에 참여하는 학생들은 크롬 웹브라우저만 설치되어 있으면 된다. 원격 학습 시 집에서 PC 사용이 가능한 학생들은 수업 중 문서 작성 활동 등이 더 편할 수 있겠지만, 요즘엔 집에 스마트폰이나 태블릿만 있는 경우도 많고, 등교수업 시 교실에서 1인 1PC를 사용할 수는 없을 것이다. 학생들은 자연스레 스마트폰 등의 모바일 기기를 활용하는 것에 익숙한 편이고, 교사 역시 그러한 상황을 염두해두는 것이 좋을 듯하다.

수업이 개설되고, 모든 준비가 끝났다면 시작을 위한 마지막 단계는 학생을 초대하는 것이다. 이전엔 학생들이 구글 클래스룸 앱을 실행한 후에 '수업 참여하기'를 눌러서 교사가 안내한 수업 코드를 입력하여 수업에 들어올 수 있었는데, 2020년부터는 기능이 업데이트되면서 교사가 수업 참여 링크를 생성할 수 있게 됐고, 복사한 링크를 학생들에게 메시지나 학급 SNS 등을 통해 안내해주면, 학생들은 단 한 번의 클릭만으로 교사가 개설한 수업에 들어올 수 있게 된다.

이렇게 간단하게 수업을 개설하고, 링크를 안내함으로써 학생들이 수업에 참여하게 되었다면, 시작이 반이라는 말처럼, 구글 클래스룸을 통한 블렌디드 수업의 5부 능선을 넘은 것이나 다름없다.

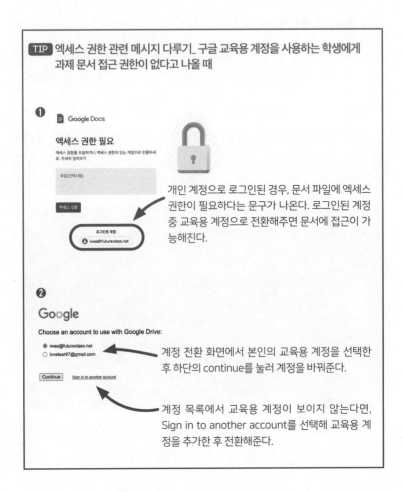

TIP 엑세스 권한 관련 메시지 다루기_ 구글 교육용 계정을 사용하는 학생에게 과제 문서 접근 권한이 없다고 나올 때

❶

개인 계정으로 로그인된 경우, 문서 파일에 엑세스 권한이 필요하다는 문구가 나온다. 로그인된 계정 중 교육용 계정으로 전환해주면 문서에 접근이 가능해진다.

❷

계정 전환 화면에서 본인의 교육용 계정을 선택한 후 하단의 continue를 눌러 계정을 바꿔준다.

계정 목록에서 교육용 계정이 보이지 않는다면, Sign in to another account를 선택해 교육용 계정을 추가한 후 전환해준다.

무엇을 할 수 있을까?

구글 클래스룸 활용법 01 [수업 만들기]

구글 클래스룸에서 제공하는 기능들은 다양하지만, 수업에 필요한 핵심적인 기능들 위주로 직관적으로 구성되어 있어 활용하기 편하다. 온라인 교실을 지향하는 만큼 '수업' 메뉴에 들어가면 나오는 '수업 만들기'를 통해서 다양한 형태의 과제를 간단하게 생성할 수 있다.

> **'수업 만들기'의 종류**
>
> -과제: 다양한 형태의 일반적인 과제 생성
> -퀴즈: 구글 설문지의 퀴즈 기능을 활용해 평가지를 만들어 과제 생성
> -질문: 과제에 간단한 의견조사 등을 할 수 있는 질문 설정
> -자료: 평가 기능을 제외하고, 오로지 자료 제시만 가능
> -게시물 재사용: 교사로 가입되어있는 구글 클래스룸의 과제를 다시 불러와 사용
> -주제 만들기: 다양한 과제를 주제별로 분류할 수 있도록 주제(카테고리) 생성

수업 만들기 중 '과제', '퀴즈', '질문'을 통해 수업 자료를 올리면서 과제 활동 등을 제시해 평가까지 할 수 있다. 이때, 교사는 구글 문서도구 형태(구글 문서, 프레젠테이션, 스프레드시트)로 학습지를 만들어서 학생들이 협업할 수 있는 활동을 구성할 수 있으며, 학생별

사본 제공 기능을 활용하여 개인별 학습지를 제공해 평가할 수도 있다. 이외에도 구글 설문지를 활용하거나 그 밖의 다양한 형태의 파일이나 인터넷 웹페이지 등을 과제로 제시하거나 참고자료로 활용할 수 있다. 구글 문서도구를 활용했을 때는 공유문서를 통해서 다양한 방식으로 협업이나 의사소통을 할 수 있고, 개인별 학습과제를 통해 학생과 교사가 1:1로 피드백을 주고받을 수 있다는 장점이 있다. 학생이나 교사가 비공개 댓글을 등록하면 상대에게 그 사실이 알람과 이메일로 전달되면서 1:1로 쉽게 소통할 수 있다. 원격수업은 물론, 대면수업 중에도 거리두기를 해야 하는 상황에서는 소통이 제한되기 쉽고, 그만큼 학생은 교사와 함께 수업을 진행하고 있다는 실재감을 느끼기 힘들 수 있다. 그렇지만 학생이 온라인상에서 작성한 학습지를 교사가 첨삭해주고, 비공개 댓글을 통해 학습에 필요한 부분을 알려주고 보완해나가다보면 상호작용하는 수업이 가능해진다.

실제로 이와 관련해 기억나는 일이 있다. 학년 전체가 구글 클래스룸이 아닌 다른 플랫폼을 사용하다가, 학생과의 소통에서 아쉬운 점이 있어서 내가 가르치는 학생들하고만 따로 구글 클래스룸으로 전환한 지 얼마 되지 않은 어느 날이었다. 자정 즈음에 구글 클래스룸의 알람이 울렸고 내용을 확인해보니, 구글 문서에 어떤 내용을 적긴 했는데 그 내용이 맞는지 확신이 없다는 학생의 댓글이었다. 지난 몇 개월 동안은 내 개인 핸드폰 번호를 공개하지 않는 이상 학생과의 개별 소통이 힘들었는데, 구글 클래스룸에서는 그게 손쉽게 가능했고, 학생들 역시 자신의 질문이 다른 학생들에게 공개되지 않는다는 사실을 알고 나서는 이처럼 적극적으로 교사와 소통하기 시작한 것이었다. 코로나 이전 같으면 자정에 그런 질문을 받았을 때, 다음 날 해당 학생에게 늦은 시간에 연락하는 것은 예의가 아니라고 말했을지 모르지만, 20년도의 상황에서는 늦은 시간에라도 학생이 학습에 관심을 가지고 문의를 한 것 자체가 오히려 고마웠다. 온라인 공간에서 학생이 교사에게 질문을 하고 소통하게 된 것이다. 이렇게 소통이 원활해지기 시작한 이후로, 내가 가르치고 있던 학생들의 수업 참여도가 10% 이상 늘어났고, 특히 교사가 비공개 댓글로 피드백을 한 것에 대한 응답이나, 학생 스스로 먼저 질문하는 빈도수가 늘어났다. 물론, 기능이 있다고 해서 모두가 이렇게 되는 것은 아니고, 소통하기 위한 교사의 노력이 필요하다.

한편, 모든 구글 문서도구에서 '댓글' 기능을 활용한 공개적인 의사 표현 활동을 통해 학생들이 집단 지성을 발휘하게 할 수 있으며, 구글 클래스룸에 유튜브 강의 영상을 올리면 광고가 나오지

교실생존비법

않아서 학습에 도움이 되고, 학부모들도 안심하는 등 유용한 점이
많다.

교사도 자신의 모바일 기기에 구글 클래스룸을 설치하는 것이
좋다. 스마트폰이나 태블릿 등의 기기에서 과제 제출 여부를 확인
할 수 있을 뿐 아니라, 비공개 댓글이 달린 경우에는 알람이 오기
때문에, PC만 사용했을 때보다 학생들의 요구에 좀 더 빠르게 반
응할 수 있게 된다.

모바일 기기의 메일 계정에 구글 클래스룸에서 사용하는 지메
일 계정을 추가해둔다면, 알람뿐 아니라 메일로도 화면처럼 학생

Google Classroom

명근님, 안녕하세요?

서흥님이 식물의 구조와 기능 단원 정리에 비공개 댓글을 추가했습니다.

서흥

'학교를 갈 수 있는 시간이 없어요ㅠㅠ 화요일에 학교에서 물어봐도
되나요? 오늘껀 사진 찍어서 올릴깨요.'

답장하기

학생의 비공개 댓글을 쉽게 확인하고 응답하기

의 비공개 댓글 내용까지 확인할 수 있으며, '답장하기'를 눌러서
학생의 댓글에 바로 응답할 수 있다.

구글 클래스룸 활용법 02 [평가하기]

구글 클래스룸을 활용하면 보다 객관적인 평가도 가능하다. 예전
에는 종이 평가지를 넘겨 가며 채점하다 보니 실수가 생기곤 했다.
서술형 문제의 경우 초반에는 5점을 주다가 중반부에 가서는 비
슷한 수준의 답에 4점을 주는 식으로 말이다. 물론 그러다가 어느
순간 '엇! 이건 아까와는 점수 기준이 다른 것 같은데…'라고 생각
하며 다시 평가 기준을 확인하고, 점수가 같은지 재점검했다. 평가
기준은 작성되어 있지만, 여러 장의 종이 평가지를 넘기는 와중에
세세한 기준을 헷갈리면서 생겼던 에피소드이다.

　구글 클래스룸에는 '평가 기준'이라고 해서 과제마다 루브릭을
만들 수 있는 기능이 있다. 이렇게 설정해놓으면 학생들도 해당 과
제의 평가 기준을 확인할 수 있으므로 과제를 수행할 때 어디에
초점을 맞춰야 할지를 명확히 알 수 있고, 교사는 과제를 평가할
때 화면 한쪽에 평가 기준이 항상 떠 있으므로 그것을 잊거나 헷
갈릴 일이 없이 정확하게 점수를 줄 수 있다. 더 좋은 점은 평가 기
준에 따라서 평가 등급마다 점수를 설정할 수 있어서 그 해당 내

용을 선택하기만 해도 설정한 점수가 자동 계산되어 점수가 부여된다는 것이다. 따라서 비슷한 답을 작성한 학생들에게 서로 다른 점수를 주는 일이 줄어들게 된다. 물론 중요한 평가를 할 때는 평가 기준을 실수로 잘못 선택해서 점수가 이상하게 되지는 않았는지 확인해야겠지만 말이다.

구글 클래스룸의 '성적' 메뉴를 활용하면 이렇게 쌓여가는 여러 수업의 평가 결과를 나중에 한 학기나 한 해 전체의 자료로써 한눈에 확인할 수 있다. 개별과제를 선택해서 학생들의 결과물을 살펴보거나 한 학생의 전체적인 수업 결과물을 확인하는 것이 가능하다. 따라서 구글 클래스룸에서 학생과 꾸준히 수업을 진행하고 피드백을 남겨준다면 차후에 학생들의 교과 성적에 대한 특기사항을 남길 때도 참고자료로 활용할 수 있을 것이다.

구글 클래스룸 활용법 03 [협업하기]

구글 클래스룸으로 동료들과 협업할 수도 있다. 학년 전체가 공통으로 사용하던 교육용 플랫폼을 떠나, 나 혼자 일단 내가 가르치던 학생들과 구글 클래스룸을 시작하고 나서 얼마 되지 않았을 때의 일이다. 협의실에서 구글 클래스룸을 활용하여 채점하고 있던 내 모습을 보고 한 선생님이 말을 걸어왔다.

"그거 뭐예요? 우리 반 애들이 이야기하더라고요. 얼마 전에는 학부모님도 과학 수업에 선생님이 피드백을 주는 것이 좋다는 말도 하셨는데, 그걸로 하시는 거죠?"

구글 클래스룸을 이용하고 있다는 걸 간단히 알려드리자, 나중에 자기도 좀 알려주면 안 되냐고 하셔서 물론 좋다고 말씀드렸다. 재밌는 것은 얼마 지나지 않아 다른 선생님들과도 이 비슷한 이야기를 몇 번을 더 나눴다는 것이다. 여차여차해서 내가 구글 클래스룸을 사용하는 걸 알게 됐는데, 좋아 보여서 한번 배워보고 싶다고들 하셨고, 그래서 원하시는 선생님들 몇 분을 모아서 구글 클래스룸 연수를 진행했다.

여름 방학이 시작되기 한 달 반 전에 혼자 시작했던 구글 클래스룸이었는데, 방학이 끝나기 전에 한 학년 전체가 구글 클래스룸으로 옮겨갔고, 방학 이후에는 추가로 또 다른 한 학년이 구글 클래스룸으로 전환하였다. 참 아름다운 광경이 아닌가? 구글 클래스룸을 선택한 것이 좋다는 말이 아니라, 기존의 플랫폼에서 무언가 다른 필요를 느끼고 자발적으로 움직여서 새롭게 도전하는 교사들의 모습 말이다.

교육용 플랫폼을 정하는 것에서부터 관리자나 주변 선생님들과 갈등이 생긴 이야기들도 종종 들었는데, 이처럼 언제든지 서로

동학년 교사들과 운영하는 구글 클래스룸

의 선택을 존중해주고, 또 새로 배우는 것에 망설이지 않는 모습을 앞으로도 볼 수 있으면 좋겠다.

　이후에 구글 클래스룸의 또 하나의 활용성을 찾게 됐다. 바로 주변 선생님들과 함께 수업 자료실 혹은 협의실의 용도로 사용하는 것이다. 같은 학년을 맡은 선생님들이 구글 클래스룸을 사용하게 된 후 곧바로 구글 클래스룸을 하나 개설하여 선생님들을 동료 교사로 초대했다. 그리고 그 안에서 선생님들이 각자 '수업 만들기' 기능을 통해 영상, 학습지, 수업 활동 등을 올리기 시작했다. 수업을 하기 전에 올라온 내용을 가지고 협의하기도 하고, 다른 선생님들이 올려놓은 수업 중 나에게 필요한 수업 자료나 과제 등을 내가 가르치는 학생들이 속해있는 구글 클래스룸에 언제든지 가져와 활용할 수 있었다. '수업 만들기' 기능 중에서 '게시물 재사용'을 적극적으로 활용하기 시작한 것이다. 서로의 학습자료를 살펴보고 이야기 나누기 위해서 별도의 메시지를 주고받거나 소통 공간을 구성할 필요 없이, 구글 클래스룸에서의 수업 자료실을 활용했다.

이렇게 쌓인 자료들은 새로 초대한 선생님들이 활용하거나 보완하고, 새로운 자료를 추가하면서 더욱 풍성해질 것이다. 구글 클래스룸을 통해 학생들의 협업뿐만 아니라, 교사들의 협업까지 가능하다는 걸 알 수 있는 경험이었다.

중요한 건 상호작용

"기술만으로는 교육이 개선되지 않지만, 기술이 교육에서 핵심적인 해결책 역할을 해낼 수 있다."

-Sundar Pichai, Google CEO

교실생존비법

2020년, 누구도 겪어보지 못했던 3월 개학의 연기, 2주마다 발표되던 새로운 방침, 그에 따라 흔들리는 학교 현장. 나 역시 앞으로의 상황이 걱정되었고, 원격수업을 처음 해본 직후에는 정말 가르치는 데 급급할 수밖에 없었다. 이런 상황에서 무엇이 가능하고, 어떤 것을 할 수 있을까? 작년 한 해는 주변 선생님들과 함께 서로의 힘듦을 나누고, 해결책을 찾아가는 시간이기도 했다.

그래서일까. "기술이 교육에서 핵심적인 해결책 역할을 해낼 수 있다"는 구글 CEO의 말이 가슴에 와닿았다. 물론 그 말을 처음 했을 때는 코로나19로 인한 지금의 상황 같은 어려움에 대한 해결책을 이야기했던 것은 아니었겠지만, 그의 말처럼 선생님들이 다양한 기술을 활용해 자신의 해결책을 찾아가는 시간을 거쳐온 것은 분명하다.

그 과정에서 우리가 놓치지 않았으면 하는 점은 도구는 도구일 뿐이라는 사실이다. 2020년 한 해 동안 정말 많은 학습 플랫폼과 서비스들이 소개됐고 새로 등장했다. 그리고 나 역시 뒤처지면 안된다는 생각에 새롭게 등장한 서비스들의 활용법을 익히고 수업에 적절히 활용할 수 있는 능력을 갖추려고 노력했다. 그런데 어느 날 문득 그런 생각이 들었다. 지금까지 알고 있는 것만으로도 온라인 수업, 블렌디드 러닝 수업에서 이전의 오프라인 수업 때와 마찬가지로 학생들과 상호작용을 하면서 수업을 할 수 있는데, 이렇게 계속해서 더 많은 기능을 찾기 위해 눈을 부릅뜨고 있는 것이 잘하는 것일까? 또 한편으로는 너무 많은 교육용 플랫폼이나 도구가 많아지다 보니 그것에 익숙하지 않은 선생님들은 스스로 능력이 없다고 여기시거나 위축될 수 있을 텐데 그분들이 정말 능력이 부족한 교사일까? 이러한 생각들의 바탕에는 교육에서 무엇이 중요한지를 놓치고 온라인 툴 기능에만 관심이 집중되는 분위기에 대한 나 자신의 반성이 있었다.

실제로 2020년 한 해 동안 굉장히 다양한 도구들의 기능을 익혔는데, 스스로 많이 성장했다고 느꼈을 때는 2014년부터 사용해 왔던 구글 문서도구와 패들렛을 활용하면서였다. 이전에는 단순하게 공유문서 정도로만 활용했었다면, 작년에는 똑같은 교육용 플랫폼을 활용해서 다양한 변주를 일으키는 수업을 설계할 수 있었던 것이다. 그렇기에 여러 가지 도구의 기능을 익히는 것에 치중하기보다는 자신의 오프라인 수업을 떠올려보고 원하는 수업을 만들기 위해 가장 적합한 기능을 구현해주는 온라인 도구를 한두 가지 잘 살펴보고 선택하시기를 바란다. 그 한두 가지의 교육용 플랫폼이나 도구를 수업에서 다양하게 응용할 수 있을 만큼 활용해본다면, 그다음부터는 자연스레 자신이 하고 싶은 수업의 방향을 중심에 두고 그에 알맞은 도구를 적절히 찾아서 활용할 수 있을 것이다.

제3장

블렌디드

수업 사례

초등 편

온라인에서
하나 된
우리 반 만들기

임선아

충남에 있는 상월초등학교에서 근무하며 아이들과 만나고 있다. 2016년부터 미래교실네트워크 주변으로 활동하며 거꾸로교실, 프로젝트 수업 등을 공부하고, 교사학습공동체를 만들어 동료 교사들과 나누고 있다. 미래교실네트워크 초등 주변들과 『초등 거꾸로교실 자료집』(미래엔)을 함께 엮었으며, 충청남도교육청 교사교육과정 연수, 프로젝트 수업 강사로 활동하였다. 미래교실 네트워크에서 주관하는 거꾸로수업 캠프(2016~2020), 교육부와 한국과학창의재단 주관 온라인 수업 연수(2020~2021), 서울시교육청 블렌디드 수업 연수(2021) 강사로도 활동하였다.

초등학교 담임교사에게 개학을 앞둔 2월은 새로운 학급의 아이들을 만난다는 생각에 긴장되고 설레는 시간이다. 행복한 학급을 만들기 위해 다양한 활동들을 계획하고, 수업을 준비하느라 분주한 것이 일반적이다. 그런데 2020년 2월은 그런 준비를 하기가 어려운 상황이었다. 코로나19 팬데믹으로 인해 어떻게 해야 할지 갈팡질팡하며 기다릴 수밖에 없었다. 출근해서 동료 교사들과 함께 개학을 준비하면서도 개학을 할 수 있을까 얘기를 나눴다. 그래도 학교는 개학하겠지 생각했는데 개학을 연기한다는 뉴스가 보도되었다. 교직원들도 되도록 모이지 말라는 지시 때문에 출근도 하지 못하고, 언제 등교가 시작될 거라는 보도가 나올지 마냥 기다릴 수밖에 없었다. 모든 이들에게 그랬겠지만, 2020년 봄은 교사들에게는 특히 혼란스러운 시간이었다.

언제 올지 모르는 등교 소식을 기다리면서 하루하루가 지나고 있었다. 사실 처음에는, 아이들을 만나서 정신없어야 하는 시간인데 집에 있게 되니 당황스럽기만 했다. 시간이 지나면서 점차 불안해지기 시작했다.

다른 학교급과는 달리 초등교사는 온종일 아이들과 함께 지내며 생활해야 하므로 학급 운영이 특히 중요하다. 그러기 위해 교사들은 3월에 학생들이 반에 적응하고, 소속감을 느끼게끔 큰 노력을 기울인다. 그렇게 바쁘게 지내야 하는 시간에 가만히 있을 수만은 없다는 생각이 들었고, 뭐라도 시작해야겠다고 마음을 먹었다.

학급 밴드로 온라인 학급 만들기

학급 세우기

매년 담임을 맡을 때마다 학급 밴드를 개설하여 학부모, 학생들과 소통해왔었다. 알림장을 쓰기도 하고, 학급 활동을 사진이나 글로 안내하기도 하였으며, 학생들의 학습 과정에 필요한 내용과 결과물들을 올려왔었다. 그렇게 학교생활의 상당 부분이 자연스럽게 공개되었고, 밴드에는 우리 반의 한 해 동안의 모습이 거의 다 들어 있다.

이렇듯 익숙하게 사용해왔기에, 등교가 정상적으로 이루어지지 않는 상황에서 처음 떠올린 것은 학급 밴드였다. 밴드를 개설하기 위해 학부모님들께 간단한 인사와 안내 문자를 보내고, 학생들과 함께 가입해달라고 요청하였다. 그리고 3월 9일, 학급 밴드를 개설하였다.

첫 게시물로는 나를 소개하는 영상을 제작하여 올렸다. 한마디로 담임 소개. 내가 담임이라는 것을 알려주고 싶었다. 이미 몇 년 동안 거꾸로수업을 하면서 수업 영상을 제작하여 올려왔었기에 영상을 제작하는 것이 힘들진 않았다. 다만 원래는 학생들의 얼굴을 보고 이미 내 소개가 끝난 다음에 수업에서 영상을 활용했기 때문에 수업 내용을 종이에 쓰면서 설명하는 간단한 영상을 올렸는데, 담임이 누구인지도 모르는 상황이니 이번에는 영상을 좀 다르게 제작해야 했다.

그래서 처음으로 내 얼굴을 넣은 영상을 제작하였다. 그렇다고 대단한 무언가를 한 것은 아니고 핸드폰 셀카 모드로 나를 소개하는 영상을 찍었다. 내용을 조금 소개하자면 다음과 같다. "내가 여러분의 담임선생님인데, 코로나로 인해 아직 만나지 못해 너무 아쉽다. 선생님은 오카리나를 불 수 있어서 우리가 등교하면 음악 시간에 함께 연습하고 연주하면 좋겠다. 그리고 선생님은 거꾸로수업을 하는데, 영상을 집에서 보고 와서 학교에서는 선생님과 재미있는 다양한 활동을 할 거다. 그러니까 기대해도 좋다." 이렇게 소개 영상을 찍어서 앱으로 간단히 편집한 후 학급 밴드에 올렸다.

학생들에게도 자기소개 영상을 제작해서 밴드에 올리는 과제를 내주었다. 이후의 수업에서 영상을 만드는 활동을 할 예정이므로 등교하지 않는 시기에 아이들이 관련 기술을 익히게 하기 위해서였다. 영상편집 방법을 소개한 유튜브 영상을 올려주고 스스로 공부해서 편집해보도록 하였다.

이렇게 과제를 내주면 바로 과제가 올라올 줄 알았는데 이틀 동안 밴드가 조용했다. 아마도 아이들도, 학부모들도 개학을 제대로 하지도 않은 상태에서 과제가 올라오니 어떻게 해야 할지 고민했던 것 같다. 드디어 첫 과제가 올라오고, 자기소개 영상들이 올라오기 시작하였다. 나는 아이들의 영상을 하나씩 보면서 영상을 본 소감을 최대한 친절하고 자세하게 써주며 인사를 나누었다. 그렇게 일주일이 지나서야 우리 반의 모든 학생이 영상을 올렸다. 물론 끝까지 영상을 올리지 않은 학생도 있었다. 그런 학생들의 부모님께 직접 전화를 걸어 밴드 가입을 다시 한번 요청드려서 과제를 올리게 할 수 있었다. 영상을 멋지게 편집한 학생도, 그냥 직접 찍은 영상을 올린 학생도 있었는데, 온라인 학급을 만들었다는 사실이 무엇보다 중요했다.

교육부에서 아직 개학에 관한 이야기가 나오지 않은 시점이었지만, 담임으로서 한 해 동안 아이들을 책임지고 가르쳐야 하는데 이렇게 개학이 늦어지면 제대로 가르치기가 어렵겠다고 생각했다. 밴드에서라도 수업을 시작해야겠다는 결론을 내렸다. 처음부터 교과 진도를 나가기보다 보통 3월에 학급 세우기를 위해서 하는 일반적인 활동들을 했다. 개학 전이기 때문에 아이들이 너무 부담스럽지 않도록 밴드에서 매일 과제를 하나씩 내주며 활동을 시작했다.

3월에는 공책 정리 방법, 비주얼씽킹으로 표현하는 방법, 마인드맵 그리는 방법 등 학습에 필요한 기술을 익히는 활동과 다른 친구들을 배려하며 생활하도록 하는 인성교육 활동을 주로 한다. 공책 정리의 중요성과 방법을 영상으로 찍어서 설명하고, 영상에서 본 대로 정리한 노트를 사진으로 찍어 밴드에 올리게 했다. 또한, 비주얼씽킹의 장점과 방법 등을 설명하고, 이를 활용해 코로나 안전 수칙이나 자신의 일과를 표현해보게 하였다. 등교하지 못하는 상황에서 아이들이 집에서 어떻게 생활하고 있는지, 혹시 방치되고 있는 아이들은 없는지 점검하기 위해서 낸 과제였다. 아이들과 소통하는 것은 교과 공부보다 중요한 일이기 때문이다. 이렇게 우리 반 아이들은 밴드에서 하루에 하나씩 과제를 해나가며 학교 소식을 듣고, 친구들의 글을 읽고 댓글도 달면서 온라인상에서나마 담임선생님, 친구들과 소통할 수 있었다.

교과 수업

밴드에서 조금씩 가까워지고, '우리' 반이 되어가면서 3월 셋째 주부터는 교과 공부를 시작하였다. 그때도 역시 1일 1과제는 유지하면서 아이들과 소통하기 좋은 교과 내용으로 교육과정을 재구성하여 운영했다.

첫 번째 수업에서는 "소중한 나"라는 주제로 나를 탐색하는 활동을 했다. [국어] 독서 단원과 [미술] '나 표현하기', [실과] '자기 탐색하기', [도덕] '감정 표현하기', [국어] '감정을 표현하는 말하기' 등을 융합하여 진행하였다. 비대면 상황에서 학생들에 대해 좀 더 알기 위해서, 또 아이들이 좀 더 자신을 탐색하고 자존감을 가질 수 있게 하기 위함이었다. 나는 영상을 찍어 올리고, 학생들은 밴드에 과제를 제출하는 방법으로 수업했다. 학생들이 밴드 활동에 적응한 뒤부터는 수학도 영상으로 공부하게 하고, 교과서 문제를 풀이한 노트를 촬영하여 올리도록 하였다. 아이들이 밴드에 과제를 올리면 꼼꼼하게 확인하여 피드백을 줬다. 오답률이 높았던 문제는 틀린 이유와 풀이 과정을 설명하는 영상을 찍어 올려주었다. 수시로 올라오는 과제를 확인하고 피드백을 주는 일은 쉽지 않았지만, 다행히 반 아이들이 잘 따라와줬다.

밴드에 과제를 올리면 전체 학생과 학부모에게 공개되어서 다른 친구들의 결과물을 보고 내 결과물과 비교하고 스스로 평가해볼 수 있다는 점에서 좋다. 하지만 혹시 학력이 부진한 학생에게는 학습 결과가 공개되는 일이 부담스러울 수도 있으므로 신중히 고려해야 한다. 그런 학생의 부모님과 직접 통화를 해서 교사의 의도를 설명할 필요가 있다. 다행히 우리 반 학부모들은 취지에 공감해주셨고, 자녀가 선생님의 피드백을 받고 더 열심히 하고 있다고 말씀해주셨다. 내가 가진 열정을 학생들과 부모님들이 공감해주셔서 감사한 마음이 들었다.

쌍방향으로 만나는 온라인 학급

아이들과 밴드에서 소통하다 보니 직접 만나고 싶은 마음이 들었다. 그즈음 쌍방향 온라인 수업이 논의되기 시작했고, 시범학교에서 운영하고 있다는 뉴스들이 나왔다. 그게 가능한 일인지 알아보고 싶었다. 그래서 함께 거꾸로수업을 해오던 우리 지역의 미래교실네트워크 선생님들과 이야기를 나누며 한번 해보기로 했다. 마침 다른 선생님들도 관심을 갖고 계셔서 줌(Zoom)이라는 온라인 쌍방향 도구를 열어서 이것저것 탐색해보았다. 다들 할 수 있을 것 같다고 했다. 우리는 유튜브로 각자 줌을 공부해보고 다시 만나서 연수를 진행하였다.

밴드에 4월부터는 쌍방향 수업을 하겠다고 공지하고, 줌 사용 방법을 카드뉴스로 제작하여 올려주었다. 쌍방향 수업을 시작한 첫날을 지금도 잊을 수가 없다. 모니터에 한 명씩 들어오는데, 처음 보는 선생님과 친구들의 얼굴이 낯선 것 같기도 하고, 신기하고 어리둥절해보였다. 첫날이라 아이들도, 나도 서툴렀다. 들어왔는데 소리가 안 들린다는 학생, 마이크가 안 된다는 학생도 있어서 우리의 첫 만남은 정말 어수선했다.

하지만 아이들의 표정이 말해주고 있었다. 아이들은 친구들을 볼 수 있어서 기뻐했다. 자기소개를 진행하고, 앞으로 여기서 수업할 거라고 안내했다. 아이들의 얼굴을 보면서 수업할 수 있겠다는 기대감에 설렜다. 수업을 빠진 두 학생에게는 오후에 줌에서 따로 안내 사항을 전달했다. 그다음 날부터는 모든 학생이 모여서 수업을 할 수 있었다.

교실생존비법

쌍방향 온라인 수업은 밴드에 올리던 콘텐츠 제공 수업과 마찬가지로 한 시간만 진행하기로 하였다. 아직 익숙하지 않은 도구로 몇 시간 동안 수업하진 못할 것 같아서였다. 수업 후 과제를 내주는 방식을 택했다. 온라인 학급이 개설되었지만, 그걸로 문제가 다 해결된 것은 아니었다. 어떻게 우리 반 아이들을 서로 친해지게 할 수 있을까 고민하다가 기존에 학급에서 해왔던 활동들을 온라인으로 가져오면 좋을 것 같다고 생각했다.

나는 평소 수업 시간에 이미지 카드를 사용해서 아이들과 얘기를 나누곤 했다. 그래서 온라인에서도 이미지 카드를 활용해서 자기소개 활동을 해보기로 했다. 비캔버스(Beecanvas)라는 협업프로그램을 이용했으며, 픽사베이(Pixabay)라는 무료 이미지 사이트에서 이미지를 검색해서 이미지 카드를 만들었다. 자기를 상징할 수 있는 그림을 하나 선택해서 그 그림과의 공통점을 얘기하며 자신을 설명하도록 했다. 또한, 자신을 나타낼 수 있는 핵심어 3개를 적고 친구들에게 소개하도록 하였다.

이렇게 돌아가면서 자기소개를 할 때, 듣고 있는 학생들에게는 궁금한 걸 질문하도록 했다. 질문할 때는 그 친구에 대해 더 깊이 이해할 수 있도록 자세한 부분을 묻게 했다. 이때, 줌의 채팅 기능을 이용하면 학생들의 참여도를 높일 수 있다. 아직 친하지 않은 상태에서 친구에게 말로 질문하는 것을 부담스러워할 수 있는데, 채팅창에 글로 쓰라고 하면 부담을 덜 느끼고 마음껏 질문할 수 있다. 교사가 채팅창에 올라오는 질문을 읽어주면, 학생이 답하며 서로에 대해 깊이 알아갈 수 있는 시간이었다.

다음 날에는 학급에서의 역할 정하기 활동을 하였다. 역할을 정한다는 것은 학생들이 학급에 소속감을 느끼고, 맡은 임무를 수행하겠다는 약속을 하는 것이다. 자신의 장점을 활용해 우리 반을 더욱 좋은 반으로 만들기 위해 공헌하겠다고 다짐하는 것이기도 하다. 예를 들어 건전지가 그려진 이미지 카드를 고르면 자기 이름을 쓰고, "나는 건전지처럼 우리 반 아이들이 항상 즐거움의 에너지를 충전할 수 있게 하겠다." 등으로 비유적 표현을 사용해서 자신의 역할을 정해보도록 하는 것이다.

이미지 카드를 활용하면 연상작용이 활발해져서 창의적이고 기발한 생각들이 많이 나오게 된다. 비록 직접 만나진 못하지만, 온라인에서 공부하고, 놀고, 친구들과 대화도 하면서 점점 '우리' 반이 되어가고 있었다.

학급 가이드라인 세우기

교육부에서 온라인 개학을 발표하면서 오전에는 쌍방향 수업을 하고, 오후에는 구글 클래스룸에 올라온 콘텐츠를 보고 공책을 정리하거나 과제를 해결하는 방식이 자리를 잡아갔다. 아이들도, 나도 이제 온라인 도구들에 적응되어 정상적인 수업이 가능하게 되었다. 그런데 협력 수업을 하면서 학생 간에 갈등이 생기기 시작하는 모습이 보였다. 등교수업 때도 그런 경우가 종종 있었는데, 이는 함께 공부하다 보면 충분히 생길 수 있는 일이다.

코로나 상황 이전에는 학년 초에 학급 가이드라인을 세우곤 했었다. 공동체 생활에 필요한 규칙을 교사가 일방적으로 정하는 것이 아니라 학생들이 토의를 통해 스스로 정하는 것이다. 함께 이것만은 꼭 지키자는 것을 내용으로 하고, 긍정적인 언어로 표현하도록 한다. 학기가 시작할 때마다 정하고 검토했었는데, 온라인 개학으로 정신없다는 핑계로 넘어갔던 것이다. 늦었지만 학급 가이드라인을 정할 필요가 있었다.

> **학급 가이드라인 정하는 순서**
>
> ① 학급 생활에서 발생하는 문제를 적어본다. 이때, 작년에 나를 불편하게 했던 일을 먼저 떠올려보도록 한다.

② 문제 해결을 위해 필요한 가치나 덕목을 각자 떠올려본다.

③ 가치들을 분류해보고, 우리 반이 추구하는 대표 가치를 4~5개 정한다. 우리 반이 정한 덕목은 협력, 질서, 우정, 존중이다. 이렇게 4개로 정리한 것은, 네 모둠으로 나뉘어 활동하기 위해서였다.

④ 모둠별로 대표 가치를 한 가지씩 나누어 맡는다. 해당 가치를 실천할 구체적인 방법을 토의하면서 정한다. 예를 들어 '협력'을 위해 친구를 칭찬하기로 했으면 어떻게 행동하고 말하는 것이 칭찬하는 것인지를 구체적으로 토의해보도록 한다. "너는 공책 정리를 정말 깔끔하게 하는구나.", "너는 친구를 잘 도와주는구나.", '엄지 척' 등으로 구체적인 말과 행동을 정하게 한다.

한편, 줌의 소회의실에서 오디오와 비디오를 끄고 있거나 잘 참여하지 않는 사람이 있는 문제는 '질서'와 관련되어 있다. 해결 방법으로는 '오디오, 비디오 꼭 켜기', '고개를 끄덕여주기', '대화에서 한 번은 꼭 말하기', '손뼉 쳐주기', '돌아가며 말하기' 등의 의견이 나왔다.

⑤ 이렇게 모둠에서 정한 말과 행동에 대해 반 전체가 동의해야 하므로 모둠별로 적은 내용을 하나씩 읽으며 동의 여부를 확인해야 한다. 한 사람이라도 동의하지 않으면 그 의견을 존중하여 다시 토의과정을 거쳐 삭제하거나 수정할 수 있다.

⑥ 전체가 동의한 내용을 앞으로 지키겠다는 의미로 포스터 아래에 한 명씩 서명한다. 온라인 상황이라서 서명을 생략하고, 전체 의견을 물은 후 동의하는 것으로 간주하였다.

이렇게 학생들이 함께 만든 학급 가이드라인은 교사가 일방적으로 정한 규칙이 아니라 아이들이 스스로 만든 규칙이기 때문에 더 잘 지키게 된다. 또한, 학급 생활의 기준이 되므로 수시로 가이드라인에 비추어 성찰해보고 더 나은 행동을 할 수 있도록 하는 데 많은 도움이 된다. 온라인 수업에서는 대화를 기본으로 하는 협력학습이 교실에서보다 더 어려울 수 있다. 학급 자치 활동 시간을 활용해서 가이드라인이 잘 지켜지고 있는지, 안 지켜지는 부분은 무엇이고, 어떻게 하면 좋을지 토의를 통해 학생들 스스로 자신의 행동을 점검하고, 긍정적인 방향으로 나아질 수 있도록 하면 좋다.

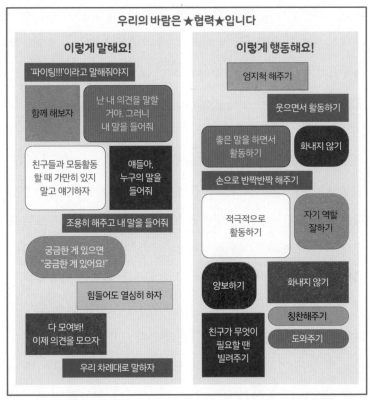

학급 가이드라인

협력학습이 가능한 교실 만들기

수업을 통해 학생들이 타인과 협력할 수 있는 역량을 갖추게 하는 것이 중요하다. 그러기 위해서는 모둠학습이 중요하므로 쌍방향 수업에서도 학생들을 모둠으로 조직하여 활동하게 하였다. 그런데 또 생각지 못한 문제가 발생했다. 모둠 활동을 위해 소회의실에 배치하였는데 소통과 협업이 잘 일어나지 않는 것이었다. 들어가서 관찰해보니 내가 놓친 것이 또 하나 있었다. 그냥 소회의실을 만들어주고 모둠 활동을 하라고 하니 대화도 잘 안 이루어지고, 말을 하는 사람만 하며 다들 프레젠테이션에 글만 열심히 쓰고 있는 것이었다.

그래서 다시 모둠 세우기를 하였다. '방향맨', '기록맨', '소리맨', '리듬맨'으로 모둠원들의 역할을 정하고 각자 자신의 역할을 충실히 수행하도록 하였다. 방향맨은 모둠을 이끌어가는 리더로서 모둠 활동을 주도하고 회의를 이끄는 역할, 기록맨은 모둠 활동을 기록하는 역할, 소리맨은 발표와 모둠 활동의 시간을 점검하는 역할, 리듬맨은 모둠원들이 힘을 내서 즐겁게 참여할 수 있도록 격려하고 준비물을 담당하는 역할을 맡는다. 2주에 한 번씩 돌아가며 이와 같은 역할을 맡게 된다. 모두가 리더의 역할을 맡아봄으로써 성장할 수 있는 경험을 주기 위해서이다. 물론 학력이 부족한 학생이 방향맨을 맡게 되었을 때 어려움이 있을 수 있지만, 모둠원들이 서로 도와가면서 함께 성장하는 모습을 볼 수 있다.

한 가지 좀 더 신경 쓴 부분이 있는데, PC를 사용하는 학생 두 명을 기록맨으로 정한 것이다. 그러면 한 모둠이 대여섯 명이 되어 교실에서의 모둠 인원보다 한두 명이 많게 되는데, 한두 명이 활동을 열심히 하지 않으면 열심히 하려는 학생들도 할 수 없게 되는 상황을 방지하기 위해서이다. 또, 문서를 작성할 때는 핸드폰보다는 PC가 편하기 때문이다. 기록맨들은 모두가 글만 쓰느라 토의가 되지 않은 상황을 막고, 소통이 잘 일어날 수 있도록 한다.

학습 부진 학생 지도하기

온라인 수업에서 학력 격차가 훨씬 심해졌다는 이야기들이 많이 나온다. 사실이다. 일방적으로 콘텐츠만 제공해서는 부진 학생이 많이 나올 수밖에 없다. 교사와 친구들의 도움이 필요한 학생들인데 도움을 받을 수 없는 상황이 되어버렸으니 당연한 일이다. 특히 수학, 영어와 같은 과목들은 기초학습이 부족한 상황에서 혼자 온라인 수업만 듣는다면 결과는 불 보듯 뻔한 일이다. 그러므로 부진 학생을 더 신경 써서 지도해야 한다.

사실 거꾸로수업을 선택했던 이유는 부진 학생을 돌볼 시간을 확보하기 위해서였다. 거꾸로수업을 하면 학생들이 집에서 영상을 보고 오고, 교실에서는 모둠 친구들과 혹은 각자 활동을 한다. 영상으로 이해한 내용이기 때문에 아이들은 대체로 어려움 없이 스스로 문제를 해결해나간다. 한편, 부진 학생은 도움이 필요한데, 거꾸로수업을 하면 그 시간을 확보할 수 있다. 다른 친구들이 개별학습을 할 때 교사는 부진 학생 옆에서 개별지도를 할 수 있는 것이다. 그래서 온라인에서도 똑같은 방법을 선택했다. 디딤영상을 보고 줌에 모인 학생들이 소회의실에서 모둠별로 혹은 개별적으로 문제를 해결하게 한다. 스스로 풀다가 질문이 있으면 언제든지 메인 세션으로 나와서 질문을 할 수 있다고 당부한다. 학습이 부진한 학생은 교사와 메인 세션에 남아서 교사의 도움을 받으며 학습을 하도록 한다. 이때, 영상을 봤는데도 선생님과 공부하고 싶은 사람은 남으라고 말하면 때로 한두 명의 학생이 더 남아서 메인 세션에서 교사와 공부하기도 한다. 이렇게 온라인 거꾸로수업에서 학습 부진 학생을 일대일로 도울 수 있었다.

이런 방법은 리코더 연습과 같은 개인 연습이 필요한 경우에도 똑같이 적용되었다. 다같이 교사와 함께 익힌 후 스스로 연습할 수 있는 학생들은 각자 연습하게 하고, 교사의 도움이 더 필요할 것 같은 학생들은 메인 세션에서 추가 지도를 받는 방식이다. 이렇게 우리 반 아이들은 자신의 실력을 가늠해보고 스스로, 때로는 도움을 받으며 성장해나갈 수 있었다.

함께 배우며 스스로 성장하는 아이들

지식 중심의 수업으로는 2015 개정 교육과정에서 강조하는 역량을 키울 수 없으므로 성취기준을 중심으로 수업을 재구성하여 프로젝트 학습을 진행해왔다. 학생들이 학습을 통해서 역량을 키울 수 있도록 교육과정을 계획했다. 온라인 수업 상황에서도 다양한 온라인 도구들을 새롭게 익혀서 학생 참여 수업을 진행했다. 비캔버스라는 도구를 이용해서 인권 프로젝트를 하고 있는데, 어느 토요일 아침, 우리 반의 한 학생에게 학급 밴드 채팅으로 이런 문자가 왔다.

"선생님, 비캔버스로 모둠 애들하고 화상으로 만나서 모둠 활동 해도 될까요?"

비캔버스에 화상통화 기능이 있다는 것은 알고 있었지만, 그때까지 한 번도 사용해보지는 않은 상태였다.

"선생님은 아직 안 해봤는데… 잘될지 모르겠네."

"일단 해볼게요."

"그래, 한번 해봐!"

가르쳐준 적도 없고, 시키지도 않았는데 아이콘이 보이니까 되겠다 싶어서 해보겠다는 거였다. 이렇게 그 모둠은 비캔버스 화상 통화 기능을 활용해서 모둠 협의를 하며 모둠 프로젝트를 완성했다. 나는 링크를 받고 들어가서 아이들이 스스로 공부하는 모습을 뿌듯한 마음으로 보고, 격려한 뒤에 나왔다.

나를 놀라게 한 일이 또 있었다. 한글 지키기 프로젝트로 포스터를 만드는 날이었는데, 미리캔버스라는 프로그램으로 제작하도록 안내했다. 그런데 그날따라 미리캔버스가 계속 열리지 않는 것이었다.

"선생님, 왜 안 될까요?"

"선생님도 모르겠네. 이상하구나. 어제까지 잘되던 게…."

당황해하고 있었는데 한 학생이 이렇게 말했다.

"선생님, 망고보드는 되는데요? 비슷한 거 같으니 해볼게요."

다른 모둠들도 망고보드로 포스터를 만들기 시작하였다. 나중에 교육정보원 담당자에게 전화해보니 교육청에서 미리캔버스를 유해 사이트로 지정하여서 안 된 것이었다. 다행히 우리 아이들은 망고보드와 비캔버스 같은 프로그램으로 멋진 포스터를 만들었다. 아이들이 필요에 따라 온라인 도구를 스스로 찾아 익혀서 사용하는 모습을 보니 뿌듯했다. 이렇게 아이들은 주도적으로 학습하면서 눈에 띄게 성장해나갔다.

아이들이 제일 좋아하는 시간은 체육 시간이다. 2학기에는 되도록 체육 시간을 많이 제공하려고 했다. 함께하고 싶은 게임이나 놀이가 있으면, 직접 만들어서 친구들과 해보게 하였다. 아이들은 모둠에서 함께 활동을 만들고, 토의를 통해서 활동 방법과 규칙을 정한다. 그리고 반 친구들에게 게임을 설명하는 영상을 만들어 올리면, 다들 디딤영상을 미리 보고 친구들이 만든 게임을 해보는 것이다. 물론 규칙이 정교하지 못해서 가끔 시행착오도 있지만, 그때그때 규칙을 수정하면 되니까 큰 문제는 아니다. 이렇게 직접 만든 체육활동을 해보는 경험은 아이들에게는 정말 신나는 일이라서, 서로 만들어보겠다고 지원한다. 이런 경험을 통해 우리 반 학생들

에게 문제 해결력과 협업 능력, 창의적 사고력, 도전 정신이 길러
진다고 믿는다.

하루는 6학년 선배들 졸업 축하 동영상을 찍어야 하는데 어떻
게 하면 좋을지 토의를 했더니 모둠별로 알아서 찍어보겠다고 결
정하였다. 내용을 기획하고, 역할을 정하고, 필요한 물건들을 준비
하더니 자기들끼리 여기저기 영상을 찍으러 다녔다. 뮤직비디오
를 찍은 모둠, 정지 상태로 찍은 모둠, 홍보 문구를 만들어 축하 메
시지를 영상으로 찍은 모둠 등 아이들은 스스로 기획하고 촬영하
여 멋진 작품을 만들어냈다. 나는 교실에 있으면서 필요한 물건들
을 준비해주거나 의견을 물어오면 소소한 의견을 내면서 정해진
시간 안에 아이들이 활동할 수 있도록 점검하기만 했다. 이렇게 모
둠원들과 협력해서 문제를 해결해나가는 모습을 보면서 우리 반
학생들이 성장하고 있다는 것을 느낄 수 있었다.

우리 반 마음 나누기

칭찬샤워

칭찬은 고래도 춤추게 한다는 말이 있다. 초등학교 학생들도 칭찬
받으면 춤춘다. 더구나 반 친구들에게서 받는 칭찬은 몇 배의 효과

가 난다. 그래서 '칭찬샤워' 프로그램을 자주 운영한다. 매일 하면 좋겠지만, 칭찬하는 일도 시간에 쫓기면 부담이 될 수 있으니 일주일에 한 번 정도 한다. 그날 칭찬받을 주인공을 선정하는 것으로 활동을 시작하는데, 학급에서 소외되어 있거나 존재감이 잘 드러나지 않는 학생으로 정하는 것이 좋다. 그 시간만큼은 칭찬받는 주인공이 되어 자존감이 확 올라가는 것을 경험하며 행복해하는 것을 눈으로 확인할 수 있다. 이후에 아이들한테 오늘 칭찬샤워를 받고 격려받고 싶은 사람 있냐고 물으면 서로 주인공이 되겠다고 손이 번쩍번쩍 올라가는 것을 볼 수 있다. 그만큼 아이들을 행복하게 해주는 활동이다.

칭찬샤워 활동으로 반 전체 친구들의 칭찬을 들은 주인공은 행

칭찬샤워 진행 방법

① 칭찬받을 주인공을 정한다.

② 담임교사는 주인공에게, 받고 싶은 칭찬이 무엇인지 쪽지에 적게 한다.

③ 반 친구들은 돌아가면서 주인공이 듣고 싶은 칭찬이 무엇일지 맞힌다.

④ 이때, 주인공은 친구들의 칭찬을 들으면서 맞는지 틀린지 반응하지 않는다.

⑤ 반 친구들 전체가 모두 한 번씩 칭찬한 후 주인공에게, 듣고 싶은 칭찬이 나왔는지 묻는다.

⑥ 아직 안 나왔으면 같은 방법으로 한 바퀴를 더 돈다.

⑦ 그 말이 나왔으면 누가 한, 무슨 말이었는지 밝히고, 맞힌 친구에게 박수를 보낸다.

복해하며, 친구들이 자신에게 관심을 갖고 말해주는 것을 기쁘게 생각한다. 학급 아이들 모두가 소외되지 않고, 주인공이 될 수 있다.

고민 상담소

5학년은 자아의식이 발달하면서 사춘기에 들어서는 시기로 학생들이 외모, 학습, 친구 문제, 가족 문제 등으로 고민이 많은 시기이다. 담임교사임에도 바쁘다는 핑계로 학생들의 고민을 일일이 상담해주진 못하는데, 아이들은 친구들끼리 고민을 털어놓기만 해도 치유 효과가 있다고 한다. 그래서 고민을 나누는 프로그램을 운영하였다. 일명 '고민 상담소'이다. 등교 상황에서는 학생들이 쪽지에 자신의 고민을 써서 상자에 넣으면 교사가 아이들과 하나씩 꺼내어 읽어보면서 중요한 고민이라고 생각되는 것을 투표로 몇 가지 골라서 함께 문제 해결 방법을 찾아주는 활동을 진행하였다. 원격수업에서는 아이들이 친구들을 만나지 못하니 친구 관계를 제대로 형성하지 못하고, 고민을 나눌 수 있는 사람도 없어 더욱 필요한 활동이라는 생각이 들었다.

우선, 패들렛에 익명으로 자신의 고민을 쓰게 하였다. 대부분 친구를 직접 만나지 못한 상황이라서 친구 간의 갈등 문제는 별로 나오지 않았지만, 꽤 진지한 고민도 많이 나왔다. 키가 크지 않아서 고민이다, 공부를 잘하고 싶은데 못해서 고민이다, 엄마하고 자꾸 싸워서 고민이다, 형이 괴롭힌다, 동생하고 매일 싸운다, 할머니가 오빠만 편애하신다…… 등등.

학생들에게 일단 친구들의 고민을 읽어본 후 자신이 해줄 수 있는 조언이나 격려를 댓글로 달도록 했다. 아이들은 나름의 해결 방법을 다양하게 제시하였고, 고민의 당사자들도 도움이 되었다고 했다. 그리고 패들렛에서 투표로, 중요한 고민 세 가지를 골라서 집중적으로 해결책을 찾아보았다. 역시 댓글로 의견을 제시하도록 하였다.

이 활동을 마무리할 때쯤 한 학생이 이 활동이 너무 좋다며 자주 하자고 의견을 주어서 다른 학생들에게 물어보았더니 좋다고 하였다. 그래서 우리 반은 한 달에 한 번 고민 상담소를 열어서 고민을 나누는 시간을 갖는다. 마음에 담아두었던 친구 간의 문제나 스트레스 받는 문제도 나오게 된다. 이렇게 고민 상담소를 통해서 자신의 내면 이야기를 하고 다른 사람에게 공감받는 느낌만으로도 치유 효과가 있는 것 같다. 우리 반 학생들은 이 시간을 손꼽아 기다린다.

신뢰와 소통으로 학급 세우기

해마다 하는 일이지만 한 학급의 담임을 맡는다는 것은 설레기도 하지만 부담이 되기도 한다. 내가 부족하여 아이들이 제대로 성장하지 못하거나 상처받는 아이가 생기지는 않을까? 아이들과 마음을 주고받으며 한 해 동안 가족으로, 한 팀으로 지낼 수 있을까? 아이들의 갈등을 잘 조정하여 성장시킬 수 있을까? 평화롭고 안전한 반으로 만들 수 있을까? 그래서 담임을 맡으면 여러 가지 활동을 알아보며 공부하고, 적용해보게 된다. 어떤 활동들은 나와 아이들에게 잘 맞아서 좋은 결과를 보이기도 하고, 어떤 활동들은 한번 하고 말게 된다. 재미있는 활동 자체가 내가 바라는 아이들과의 관계를 만들어주지는 않는다. 그 활동을 통해서 어떤 배움이 일어나게 하고, 어떤 관계를 만들고자 하는지 명확하게 인식하는 것이 더욱 중요하다.

가장 중요한 것은 아이들에게 담임선생님이 어떤 어려운 상황에서도 항상 곁에서 자신을 돌봐주고 있다는 믿음을 주고, 학부모님들에게는 신뢰를 받는 일이 아닌가 싶다. 그것이 없다면 어떤 좋은 활동도 모래 위에 쌓은 성이 될 것이다. 온종일 학급 생활을 같이하는 초등학교에서 담임은 아이들에게 많은 영향을 줄 수밖에 없다. 온라인 학습으로 집에 있게 된 아이들이 안전하게 잘 있는지, 학습을 잘하고 있는지 확인하는 것, 그리고 코로나19로 관계가 단절되는 상황에서 친구들과 관계를 맺을 수 있도록 도와주는 것이 더 중요한 일이 되었다. 신뢰와 소통을 바탕으로 한 좋은 관계를 만들어가는 것이 교육의 시작이다. 온라인 교육이라는, 변화된 상황에서 새로운 방법으로 관계를 만들어갈 수 있는 길을 적극적으로 찾아야 한다.

온라인
교실놀이

임선아

충남에 있는 상월초등학교에서 근무하며 아이들과 만나고 있다. 2016년부터 미래교실네트워크 주변으로 활동하며 거꾸로교실, 프로젝트 수업 등을 공부하고, 교사학습공동체를 만들어 동료 교사들과 나누고 있다. 미래교실네트워크 초등 주번들과 『초등 거꾸로교실 자료집』(미래엔)을 함께 엮었으며, 충청남도교육청 교사교육과정 연수, 프로젝트 수업 강사로 활동하였다. 미래교실 네트워크에서 주관하는 거꾸로수업 캠프(2016~2020), 교육부와 한국과학창의재단 주관 온라인 수업 연수(2020~2021), 서울시교육청 블렌디드 수업 연수(2021) 강사로도 활동하였다.

학교에서의 놀이의 중요성은 이미 널리 알려져 있다. '놀이는 밥이다.'라는 말이 있듯이 아이들은 놀이를 통해 승패를 인정하고 규칙을 지켜야 한다는 사실과 공정함이라는 개념을 배운다. 친구들과의 관계를 배우고, 모둠원들끼리 함께 하는 놀이를 통해 협력도 배운다. 놀이를 통해 사회생활의 기본을 배우는 것이다. 또한, 놀이에 필요한 전략을 세우거나 더 재미있는 놀이를 하기 위해 창의적 사고력을 키울 수 있다. 이처럼 중요한 교육방법 중 하나인 교실놀이는 학생들의 수업 참여도와 집중력을 높이고 행복한 반을 만드는 중요한 요소이며, 교사들이 필수적으로 장착해야 할 학급운영 기술이 된 지 오래다. 온라인 수업 상황에서 교실놀이의 필요성은 더욱 커지게 되었다.

함께 웃으며 협력할 수 있는 온라인 교실놀이

온라인 쌍방향 수업을 듣는 것은 초등학생들에게 쉬운 일이 아니다. 등교하는 상황에서는 당연히 부모님이 깨워서 학교에 보내주시지만, 온라인 상황에서는 생활이 불규칙해지면서 많은 아이들이 부모님이 출근하실 때까지 늦잠을 자기도 한다. 정시에 수업을 시작하기가 꽤 어렵다. 9시가 되면 온라인 교실에 안 들어온 아이들에게 전화하고, 그래도 안 들어오면 부모님께 전화해서 아이가 출석이 안 되었다고 말씀드리는 일이 계속되었다. 9시에 수업에 들어온 아이들도 잠이 덜 깨서 앉아 있는 경우가 많아 잠을 깨워서 수업을 시작해야 했다. 몸과 마음을 깨운 후 수업을 시작하기 위해 내가 선택한 방법이 바로 온라인 교실놀이이다.

등교 상황에서처럼 교실놀이를 해서 재미있는 교실을 만들어야겠다고 생각했지만 어떻게 해야 할지가 문제였다. 그래서 유튜브를 찾아봤더니 이미 먼저 고민한 선생님들이 재미있는 온라인 교실놀이 활동을 소개하는 영상이 많이 올라와 있었다. 그걸 보면서 따라 만들며 시도해보았다. 역시 아이들의 반응은 폭발적이었다. 말을 하지 않고 조용히 있던 아이들도 게임에 참여하기 위해 오디오를 켜고 말을 하기 시작했고, 채팅창에는 정답이 연이어 올라왔다. 모둠 협력 게임을 하면서 자연스럽게 모둠 세우기를 할 수 있었고, 친구들 간의 관계와 교사와의 관계가 좋아졌다. 이것이 바로 놀이의 힘이다.

이렇게 교실놀이를 진행하다 보니 평소에 교실에서 하던 놀이를 온라인에서도 할 수 있겠다는 생각이 들어 조금씩 응용해서 진행해보았다. 물론 온라인이라는 특수성 때문에 몸으로 직접 하는 활동을 많이 하진 못한다는 아쉬움이 있었지만, 아이들이 의자에서 일어나 몸을 움직이고, 친구들과 소통하며, 웃으면서 하루를 시작할 수 있었다.

아침활동으로 온라인 교실놀이를 몇 차례 진행하니 우리 반 아이들이 오늘은 선생님이 어떤 놀이를 준비하셨을까 하는 기대로 온라인 교실에 일찍 들어오게 되었다. 이렇게 익힌 놀이를 수업에 적용하면서 온라인 수업도 아이들의 활동을 중심으로 재미를 더할 수 있게 되었다. 어느 날은 1교시 내내 아이들과 온라인에서 놀다가 시간을 다 보내기도 했다.

온라인 놀이를 하다 보니 이것의 장점이 보이기 시작했다. 물론 일반적인 놀이와 마찬가지로 창의력과 순발력, 관찰력, 표현력을 기를 수 있다. 다만 교실에서는 교사와 학생 간의 물리적, 심리적 거리가 다 달라서 적극적으로 참여하는 학생과 그렇지 않은 학생이 있는데, 온라인상에서는 모든 학생과 교사와의 거리가 같다. 모두가 얼굴을 가까이 보고 있으므로 아이들의 작은 표정까지 다 읽을 수 있어서 오히려 대면 상황보다 심리적 거리가 더 가깝게 느껴지기도 한다. 교실에서 눈에 띄지 않던 학생들이 더 적극적으로 참여하기도 하고, 서로 더 자세히 보고 교감할 수 있으며, 모두에게 공정한 기회가 주어질 수 있다.

그림 이어 그리기

온라인 도구를 자유롭게 사용할 줄 알면 쌍방향 수업에 적극적으로 참여할 수 있다. 온라인 도구 사용법은 교사가 설명하기보다는 놀이를 활용해 좀 더 재미있게 가르칠 수 있다. 학생들은 이 게임을 통해 화이트보드에서 그림을 그리거나 텍스트를 입력하고, 스탬프를 찍는 법을 익힐 수 있다.

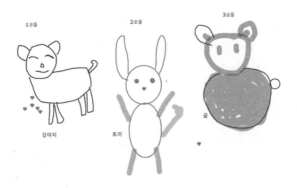

그림 이어 그리기 놀이 방법

① 4명씩 모둠을 만들고, 모둠원들끼리 번호를 정한다.
② 교사가 각 모둠의 1번에게만 비밀채팅으로 주제어를 준다. (예- 강아지, 나무,
   가방, 자전거 등)
③ 모둠별로 그림을 그릴 위치를 교사가 주석을 달아 표시해준다.
④ 모둠원들이 번호대로 돌아가면서 앞사람이 그린 획을 이어서 그리며 그림을 완
   성한다.
⑤ 마지막 사람이 그림의 제목을 적도록 한다.
⑥ 교사가 제시했던 주제어에 맞게 그린 모둠이 이기게 된다.

다섯 손가락 게임

이 게임은 손병호 게임으로도 유명하다. 문제의 출제자가 낸 조건
에 해당하는 사람은 손가락을 접는데, 먼저 다 접은 사람이 지고,
끝까지 남는 사람이 이기는 게임이다.

다섯 손가락 게임 놀이 방법

① 참가자들은 손가락을 다 편다.
② 돌아가며 문장을 말하고, 자신이 해당하는 문장이 나오면 손가락을 접는다.
   (예- "머리카락이 목 아래로 내려온 사람 접어!", "아침밥 먹은 사람 접어!",
   "검정색 옷을 입은 사람 접어!")
③ 가장 먼저 다섯 손가락을 다 접은 사람이 진다.
④ 진 사람은 더 이상 문제를 낼 기회가 없으며 비디오를 끈다.
⑤ 가장 끝까지 살아남은 사람이 이기게 된다.

이 게임은 영어 수업 시간에도 변형하여 활용할 수 있다. 인물을 묘사하는 표현을 하면 (예- "I have short hair"." I have a family of four." "I am wearing a t-shirt."), 내용에 해당하는 사람은 손가락을 접게 한다. 게임의 규칙을 변형해 먼저 다 접은 사람이 승자가 되게 할 수도 있다.

관찰게임

투명도를 낮춰 흐리게 만든 그림들을 겹쳐서 제시하면, 아이들이 어떤 그림인지 알아맞히기 위해 화면에 집중하게 되는 게임이다.

관찰게임 놀이 방법

① 교사가 5개의 이미지(예- 나비, 커피잔, 핸드폰. 신발, 꽃)를 모은 후 파워포인트에서 투명도를 최하로 낮춘다.
② 이미지를 한 장에 모두 겹쳐서 준비한다.
③ 10초 동안 이미지를 보여준다.
④ 참가자는 자세히 관찰하여 어떤 이미지들이 겹쳐져있는지 맞힌다.

교사는 5개를 모두 찾으면 말하라고 하지만, 게임을 하다 보면 학생들은 자기가 찾은 것을 하나씩 얘기한다. 그때 의미 있는 메시지를 전달해도 좋다. "혼자서 5개를 다 찾기는 어렵지만 이렇게 각자 찾은 것을 모아 보니 문제가 더 쉽게 해결될 수 있구나, 나만 혼

교실생존비법

이미지 5개를 **찾아보세요** 10

관찰게임 이미지 예시

자 잘하면 된다는 생각보다는 친구들과 협력하는 것이 중요하다"
라고 말이다.

놀이가 끝나면 이렇게 말해줄 수도 있다. "사람이나 사물, 현상
을 이해하기 위해서는 자세히 관찰해야 한다. 아무리 하찮다고 생
각되는 것도 자세히 보면 아름답고 장점이 있다. 우리도 친구들을
자세히 관찰해서 친구들의 마음을 읽어줄 수 있는 사람이 되자."

초성 눈치게임

눈치게임은 교실에서도 많이 하는 게임으로 보통 숫자를 가지고
한다. 초성 눈치게임은 눈치게임과 초성게임을 합친 것이다. 그날
수업의 주제와 관련된 주제어를 주면 수업 마무리로도 활용할 수

있다. 도시 이름이나 역사적 인물, 동식물, 그날 배운 것 등 다양한 주제어가 가능하다.

초성 눈치게임 놀이 방법

① 교사가 주제어를 제시한다. (예- 주제어: 동물)
② 학생들은 일어서면서 주제어와 관련된 낱말을 초성 순서대로 말한다. (예- 고릴라, 나비, 다람쥐, 라쿤, 박쥐…)
③ 이때, 다른 친구와 동시에 말하면 둘 다 아웃 된다.
④ 자음이나 모음이 다 끝날 때까지 말하지 못해도 아웃 된다.
⑤ 아웃 되면 받는 벌칙은 온라인상에서 춤추기, 얼굴로 이름 쓰기 등 몸으로 할 수 있는 것으로 정하면 재미있다.

초성 눈치게임을 하다 보면 아이들이 집중해서 생각하는 모습이 보인다. 그야말로 사고력과 순발력이 길러지는 순간이 아닌가 한다.

이 게임을 전체 협력게임으로 할 수도 있다. 이번에는 말로 하지 않고 번호대로 돌아가면서 채팅창에 답을 쓰게 하는 것이다. 교사는 전체 학생이 다 쓰는 데에 걸리는 시간을 재본다. 그리고 비밀채팅을 이용해서 힌트를 줄 수 있다는 조건을 준다. 이렇게 해도 첫 번째 도전에서는 시간이 꽤 오래 걸린다. 그러면 다시 한번 시간을 단축할 기회를 주어서 반 아이들이 모두 협력하여 도전하도록 하면 의욕이 가득한 모습을 볼 수 있다.

몸으로 말해요

온라인 수업에서는 아이들이 계속 화면을 봐야 하므로 꽤 오래 앉아 있게 된다. 그래서 놀이를 통해서라도 몸을 쓸 수 있도록 해주는 게 좋다.

몸으로 말해요 놀이 방법

① 교사가 주제어를 준다. (예- 동물, 속담, 직업, 과목 등)
② 학생들은 한 사람씩 돌아가면서 음소거를 한 후 주제어에 맞는 행동을 한다.
③ 교사는 발표자의 화면을 추천 비디오로 설정하여 전체 학생이 볼 수 있게 한다.
④ 다른 학생들은 발표자가 무슨 행동을 했는지 맞힌다.

변형된 버전

① 두 명을 술래로 정해서 대기실로 보낸다.
② 교사는 학생들에게 속담이나 관용 표현을 주제어로 제시한다.
(예- '낫 놓고 기역 자도 모른다.', '낮말은 새가 듣고 밤말은 쥐가 듣는다.')
③ 대기실에 있는 술래들을 메인 화면으로 부른다.
④ 다른 학생들은 제시어에 대한 동작을 각자 표현한다.
⑤ 술래들은 이를 보고 속담이나 관용 표현을 맞힌다.
⑥ 먼저 맞힌 술래가 승!
⑦ 교사는 답을 맞힌 사람에게 어떤 사람의 어떤 동작을 보고 알 수 있었는지 묻고, 동작을 잘 표현한 사람을 칭찬한다.

이 놀이는 모든 아이들이 한 화면에 들어오기 때문에 가능하다.

온라인상에서 모두가 동작을 표현하므로 아이들이 서로를 보고 즐거워한다. 주제에 맞는 동작을 하기 위해서 고민하는 아이들의 모습을 볼 수 있다.

괴짜 수집가

괴짜 수집가 게임도 온라인상에서 하기에 적합하다. 학생들이 집에 있는 상황에서 교사가 제시한 것과 가장 비슷한 물건을 찾아오는 놀이이다. 찾아올 물건의 조건을 제시하면(예- 핑크색이고 부드러운 것을 찾아오기, 시끄러운 물건 찾아오기, 사람을 닮은 물건 찾아오기, 하얀색이고 무거운 것 찾아오기), 아이들이 그 성질과 가장 비슷한 물건을 집 안에서 찾아오는 것이다. 아이들은 이불, 인형, 머리핀, 잠옷 등 다양한 물건을 찾아와 화면에 보여주었다. 그럼 교사가 가장 적합한 물건을 선정하고, 그 사람이 다음 문제를 낼 기회를 얻는다. 이 게임을 통해 아이들은 일어나서 집 안을 돌아다니게 된다.

변형된 버전으로 '물건의 표정 찾아오기' 활동이 있다. 표정은 보는 사람에 따라 다르게 보인다. 주변의 물건을 잘 관찰한 후 표정이 있는 것처럼 보이는 물건의 사진을 찍어서 패들렛이나 구글 프레젠테이션, 학급 SNS에 업로드하게 한다. 가장 좋은 표정을 찍은 사람을 교사가 뽑거나 투표로 정할 수 있다. 이 활동을 통해 아

교실생존비법

이들의 관찰력과 민감성을 키울 수 있다.

고요 속의 외침

고요 속의 외침은 누군가가 음소거를 한 상태에서 말하면 다른 사람들이 입 모양을 보고 무슨 말을 했는지 추측하는 놀이다.

고요 속의 외침 놀이 방법

① 교사가 주제어를 먼저 정한다. (예- 노래 제목, 영화 제목, 나라 이름 등)
② 발표자가 음소거 상태에서 입을 크게 벌리며 주제어에 맞는 단어를 말하면 다른 사람들이 맞힌다.

모둠 활동을 위한 버전

① 교사가 제시어를 준다.
② 모둠별로 소회의실에 들어가서 제시어에 맞는 단어를 정하고, 단어에서 누가 어떤 글자를 말할지 정한다.
③ 발표 모둠은 메인 화면으로 나와서 몇 글자인지 먼저 힌트를 준다.
④ 학생들은 교사의 하나, 둘, 셋 신호에 맞추어 자기가 맡은 글자를 동시에 외친다. 이때, 교사는 줌의 발표자 추가 기능을 활용해서 모둠원이 모두 화면에 뜨도록 설정한다.
⑤ 다른 모둠들은 답을 맞힌다.

하나, 둘 셋 하고 동시에 소리를 지르게 하지만 온라인상의 시간 차이로 인해 한 글자씩 흘러나오기도 해 더 재미있다.

뒤죽박죽 우리말

교사가 아이들에게 전달하고 싶은 메시지를 한 글자씩 뒤죽박죽 섞어서 보여주면 학생들이 글자를 조합하여 한 문장을 완성하는 놀이이다. 이때, 문장에 동작을 표현하는 말을 넣어서 동작을 보여주도록 하면 더 재미있다.

　어느새 화면을 뚫어지게 바라보는 아이들의 얼굴이 화면에 가득 차는 것을 볼 수 있다.

(예- 우리 반 최고야 엄지 척)

탐정놀이

이 놀이는 학기 초에나 짝이 바뀌었을 때 짝과 친해지기 위한 활동이다. 둘씩 짝을 지어서 A가 뒤돌아 있으면 B가 모습을 바꾸고, A가 B의 바뀐 모습을 알아맞히는 게임이다. 이를 온라인상에서 진행해보았다.

이 활동을 하면 아이들은 주변에 있는 무언가를 걸치고 나오거나 핀을 꽂고 나오기도 한다. 자신의 모습을 바꾸는 것에 재미를 느끼고, 친구의 모습도 자세히 관찰하게 된다.

도둑이야

화면을 집중해서 보며 기억하는 게임이다.

이 놀이를 할 때 역시, 아이들이 정말 집중해서 화면을 본다. 수
업 내용과 연결해서 그날 배운 내용을 그림이나 단어로 제시할 수
있다.

우리말 겨루기

교사가 미리 정해놓은 말을, 학생들이 힌트를 바탕으로 추측해서
맞히는 게임이다.

그날 학습한 내용을 맞히는 게임으로 활용할 수 있고, 알파벳을 말하게 하여 영어 시간에 배운 단어를 맞히는 게임으로도 변형시킬 수 있다.

온라인 수업, 놀이로 시작하자

교실놀이가 없는 온라인 쌍방향 수업은 "고요 속의 외침" 그 자체였을 것이다. 학생들이 비디오와 오디오를 켜지 않아 까만 화면에 학생들의 이름만 떠 있는 상태에서 교사는 답답함에 속앓이를 하며 혼자 열띤 강의를 하는 모습이지 않았을까? 소통 없는 쌍방향 수업의 답답함을 토로하며 교사들끼리 했던 웃지 못할 농담 중에 "통곡의 벽"이라는 말이 있다. 까만 화면을 바라보며 혼자 강의하는 서글픈 현실을 빗댄 말이다. 그런 수업은 쌍방향 수업이 아니라 단방향 수업이며, 콘텐츠만 제공하는 수업과 다름없다. 교실놀이는 이런 "통곡의 벽"을 무너뜨려 줄 수 있다. 아이들은 놀이를 위해 비디오를 켜고 눈을 반짝이며 웃는 얼굴을 보여주고, 오디오를 켜 감정이 살아있는 생생한 목소리를 들려주었다.

온라인 쌍방향 수업의 아침활동을 교실놀이로 시작해서 학생들의 뇌를 깨우고, 친구와의 관계를 깨워 함께 웃고 협력하는 교실을 만들 수 있었다. 다양한 놀이를 경험한 아이들은 자신이 알고 있는 놀이나 직접 만든 놀이를 친구들과 해보고 싶어 했다.

어느 날, 창의적 체험활동 시간에 선생님이 놀이 아이디어가 바닥났으니 직접 놀이를 만들어보면 어떻겠냐고 제안했다. 그러자 아이들은 도서실에 가서 놀이와 관련된 책들을 빌려 와서 연구하더니 놀이 방법을 동영상으로 찍고, 학급 밴드에 올려 친구들과 재밌게 활동하였다. 성취감을 느낀 아이들은 그 이후로도 자기 주도적으로 뭔가를 해보려고 하였다.

교사로서 아이들의 웃는 얼굴을 보는 것보다 더 즐거운 일이 없을 것이다. 그런데 놀이를 진행하는 이유가 단지 즐거움을 위해서만은 아니다. 놀이를 통해 관계를 쌓고, 규칙을 익히며 창의성과 자기 주도성, 협업 능력 등을 기를 수 있다는 교육적인 효과를 믿기 때문이다. 물론 학생들이 등교해서 다양한 신체적 놀이를 할 수 있으면 진정한 의미의 전인적 성장이 가능하겠지만, 등교가 어려운 상황에서는 온라인 교실놀이가 대안이 될 수 있다. 아이들이 친구들과 함께 웃으면서 놀고, 그 과정에서 힘을 얻어 주도적으로 활동할 수 있도록 온라인 수업을 놀이로 시작하자.

학생
참여
블렌디드 수업

임선아

충남에 있는 상월초등학교에서 근무하며 아이들과 만나고 있다. 2016년부터 미래교실네트워크 주번으로 활동하며 거꾸로교실, 프로젝트 수업 등을 공부하고, 교사학습공동체를 만들어 동료 교사들과 나누고 있다. 미래교실네트워크 초등 주번들과 『초등 거꾸로교실 자료집』(미래엔)을 함께 엮었으며, 충청남도교육청 교사교육과정 연수, 프로젝트 수업 강사로 활동하였다. 미래교실 네트워크에서 주관하는 거꾸로수업 캠프(2016~2020), 교육부와 한국과학창의재단 주관 온라인 수업 연수(2020~2021), 서울시교육청 블렌디드 수업 연수(2021) 강사로도 활동하였다.

블렌디드 수업이라는 용어가 생소할 수도 있지만, 이것은 온라인 기술이 학습에 활용되면서 더 좋은 교육을 위해 시도되어온 수업 방법이다. 블렌디드 수업의 한 방법이 거꾸로수업이며 나는 거꾸로수업을 시작한 지 5년이 되어가고 있었다. 하지만 코로나19로 인해 블렌디드 수업을 시작하게 되었을 때, 우리가 선택한 게 아니라 어쩔 수 없는 상황이었기에 당황스러웠다. 이왕 하게 된 만큼 블렌디드 러닝을 활용한 좋은 수업을 디자인해야 했다. 지금까지 해오던 거꾸로수업은 학생들이 미리 제공된 디딤영상을 보며 공부하고, 교실에 와서는 친구들과 협력적으로 활동하는 방식의 수업이었다.

　학생들이 일주일에 2, 3일만 등교하게 된 상황에서 온라인 학습과 대면 수업의 장점을 살려서 수업 디자인을 더욱 섬세하게 해야 했다.

아이들은 배우며 성장하고 싶어 한다

학습에 대한 의욕 없이 무기력하게 앉아 수업에 참여하려고 하지 않는 학생을 만났을 때 교사들은 어려움을 느낀다. 그런 아이들을 보면 때로는 학생에게 책임이 있어 보이기도 한다. 사람은 누구나 성장에 대한 욕구와 다른 사람에게 인정받고 싶은 욕구가 있어 배우고 싶어 한다. 그럼 왜 교실에는 배움을 포기한 것 같은 학생들이 있는 걸까?

아이들은 특정 단계를 공부하기 위한 준비가 덜 되었거나 자신에게 맞는 적절한 도움을 받지 못했기 때문에 배움에 흥미를 잃게 되는 것이다. 기초학력이나 의사소통 능력이 부족하거나 학습 방법을 모르기 때문이다. 이런 아이들에게 교사는 비고츠키가 말한 적절한 비계, 즉 발판을 제공해서 아이들이 그것을 밟고 성장할 수 있도록 해주어야 한다.

배움은 교사의 가르침뿐만 아니라 동료와의 수업 대화를 통해 일어나기 때문에 친구들과 협력하고 소통할 수 있는 계기를 제공해야 한다. 아이들이 배운 지식이 삶에서 어떻게 활용되는지까지 고려하여 배움이 삶과 연결될 수 있도록 수업을 디자인해야 한다. 또한, 아이들이 배움을 표현할 수 있도록 해야 한다. 성취기준을 분석한 후 말하기, 토론, 보고서, 발표회, 포트폴리오, 영상, 글쓰기, 연극 등의 다양한 수행 과제를 통해서 아이들이 자신이 배운 지식을 표현할 수 있도록 수업이 설계되어야 한다.

블렌디드 수업 살리기

아이들이 소통하고 참여하며 표현하는 수업을 디자인하기 위한 첫 단계는 성취기준을 확인하는 것이다.

> [6사02-01] 인권의 중요성을 인식하고 인권 신장을 위해 노력했던 사람들의 활동을 탐구한다.
> [6사02-02] 생활 속에서 인권 보장이 필요한 사례를 탐구하여 인권의 중요성을 인식하고, 인권 보호를 실천하는 태도를 기른다.

예를 들어 5·6학년군 사회과 성취기준을 살펴보면, 인권의 개념과 중요성에 대한 '지식'을 배우고, 인권 신장을 위해 노력했던 사람들의 활동과 인권 보장이 필요한 사례를 탐구하는 등 '기능'을 익히며 인권 보호를 실천하는 '태도'를 기르는 것이다. 지식, 기능, 태도를 평가하기 위해 수행 과제를 설정한다. 이러한 성취기준을 달성하기 위해 온라인 수업과 오프라인 수업에 적합한 활동을 구분해보았다.

온라인 수업

- 인권의 개념과 중요성, 인권 인식의 태동에 관한 디딤영상 시청하기
- 인권 신장을 위해 노력했던 인물들을 조사하고 홍보 포스터 만들기
- 생활 속에서 인권 보장이 필요한 사례를 조사하여 홍보 포스터 만들기
- 인권 침해가 일어나는 이유에 대해 토론하기

오프라인 수업

- 인권 보호 활동 계획 세우기
- 인권 보호의 중요성을 알리는 캠페인 활동, 퀴즈대회 개최 및 활동 평가

온라인 도구를 활용하면 교실에서 자료를 인쇄하여 오리고, 붙이고, 손으로 쓰던 것보다 편리하다. 또한, 모든 학생이 동시에 프레젠테이션에 접속하여 의견을 내면서 활동에 참여할 수 있어서 무임승차를 방지할 수 있다. 비캔버스, 구글 프레젠테이션과 같은 온라인 도구를 사용하면 결과물이 예쁘고 깔끔하게 나오기 때문에 아이들의 만족도가 높아진다. 학생들은 완성도를 높이려는 욕

심에 수업이 끝난 뒤에도 온라인상에 모여서 모둠 활동을 마무리하려는 모습을 보였다. 온라인 도구로 인해 자발성이 높아진, 좋은 현상이다.

활동 중에서 '인권 존중 활동'은 직접 사람들을 만나 알리면 더 실제적인 활동이 될 것으로 생각했다. 코로나 상황에서 사람들이 못 모이니 어떻게 할까 고민이었고, 거의 포기한 상황에서 아이들과 토의를 하였다. 아이들은 제작한 포스터를 학교 곳곳에 게시하고, 각 교실로 찾아가서 퀴즈쇼를 진행하며 인권의 중요성을 알리겠다는 아이디어를 냈다. 열정이 정말 대단했다. 아이들은 진행 계획을 세운 후 골든벨 판을 쉬는 시간마다 소독하여 옮기고, 각 반에 들어가서 퀴즈쇼를 진행하였다. 꽤 힘들었을 텐데, 소감을 나누는 시간에는 "다른 사람들 앞에 서는 게 떨리고 힘들기도 했지만 중요한 일을 한 것 같아 뿌듯하다.", "선후배들이 잘 들어주어서 고마웠다."라고 말했다. 그새 어려움은 잊고, 다음 프로젝트를 준비할 힘을 얻은 듯했다.

온·오프라인 수업의 특성을 살려서 이런 식으로 수업을 계획한다면 보다 효과적이고 활동적인 수업이 될 것이다. 블렌디드 수업을 갑작스럽게 하게 되었지만, 오히려 이 상황을 활용해서 수업의 질을 높이는 방법을 모색할 필요가 있었다.

블렌디드 수업 시간 운영

온라인상에서 조사탐구 수업을 하기 위해서는 시간표의 구성에 신경을 써야 한다. 우선, 가르쳐야 하는 내용에 따라서 쌍방향 수업이나 콘텐츠 제공형 수업, 대면 수업 중 어떤 방식으로 진행하면 좋을지를 판단해야 한다. 학교마다 상황이 다르므로 전담 선생님과도 시간 운영을 협의해야 할 것이다. 쌍방향 수업이 좋다고 생각하지만 매일 이루어지는 수업 전체를 쌍방향으로 진행하기에는 어려움이 있다. 따라서 꼭 쌍방향 수업을 해야 하는 과목과 차시를 선택해서 진행하는 것이 좋다. 나는 오전에는 쌍방향 수업을 하고, 오후에는 2시간 동안 콘텐츠 제시형 수업을 하기로 계획을 세웠다. 초등학생 아이들이 6시간 내내 핸드폰이나 태블릿 화면을 보고 있는 것은 힘들 거라 판단했기 때문이다. 오후에는 다음 수업을 위한 영상을 제작하거나 수업 준비를 할 시간이 필요했으므로 나로서도 너무 무리하지 않기 위해 내린 결정이었다.

시간표 만들기

아침에 4시간 동안 쌍방향 수업을 한다고 계획했다면, 이제 구체적으로 시간 계획을 세워야 한다. 온라인 도구가 아무리 좋다고 해도 대면 수업에서만큼 의사소통이 원활하지는 않다. 그러므로 40분한 차시로 수업을 운영한다면 시간에 쫓기게 된다. 이는 학생 참여 수업을 하면 교사 주도의 수업보다 많은 시간이 필요한 것과 같다. 수업을 블록타임으로 구성하면 영상 하나에 두 시간의 분량이 들어가게 되므로 아이들이 집에서 봐야 하는 영상의 개수도 줄어들어 학습 부담을 줄일 수 있다. 초등학교의 경우 앞 차시와 뒷 차시의 내용이 수준 차이가 크지 않으므로 앞 차시에서 배운 개념을 활용하면 뒷 차시의 내용을 친구들과 함께 탐색하며 스스로 학습할 수 있다. 그래서 코로나 이전에도 블록타임으로 운영하였고, 아이들은 하루에 한 과목, 많으면 두 과목의 디딤영상만 보면 되었다. 온라인 수업에서도 국어, 사회, 수학 과목은 블록수업으로 운영하여 활동 시간을 충분히 확보해주었다. 과학 전담 선생님은 콘텐츠만 올려주시기 때문에 오후 시간으로 배치하였다.

국어, 사회, 도덕, 음악, 영어, 체육 과목에는 쌍방향 수업을 배치하였다. 국어, 사회, 도덕은 주제 중심 프로젝트 수업으로 구성하였기 때문에 친구들과 협력하고 토론하는 과정이 필요했다. 영어 시간에는 아무래도 말하기 연습을 많이 하므로 게임 활동 중심의 쌍방향 수업을 자주 하였다. 음악 시간에는 코로나 상황으로 인해 교실에서 마스크를 벗고 노래 부르거나 리코더를 불 수 없으니 집에서 리코더를 불도록 했다. 메인 화면에서 함께 리듬과 박자를 익히고, 소회의실에 들어가서 친구들과 연습한 후 각자 배경 음악에 맞추어 연주를 녹음해서 학급 SNS에 올리도록 하였더니 아이들의 연주 실력이 좋아지는 것이 눈에 보였다. 온라인상에서의 악기 연습은 개별 교육의 효과를 톡톡히 보았는데, 아이들이 소프라노 리코더 연주를 너무 잘해서 알토 리코더를 사주고 연습하게 할 정도였다. 체육 시간에는 아이들이 자리에서 일어나 건강 체조를 하였다. 하루 종일 집 안에서 뒹굴거리고 있는 아이들을 어떻게든 움직이게 하고 싶어서 유튜브에 올려져 있는 건강 체조를 틀어놓고 아이들과 함께 따라 하였다. 각자 움직이는 모습이 한 화면에 보이면 나는 "○○야~ 손을 더 쫙 펴야지. 다리를 더 구부리고…"라고 말하며 구령을 붙여주었다. 30~40분을 체조하고 쉬기를 반복하면 땀이 흥건하게 젖을 정도로 운동을 할 수 있었다. 온라인으로 체육활동을 제대로 하기는 어렵지만, 집에서 신체를 움직일 수 있게 하면서 아이들의 건강 관리를 할 수 있었다. 함께 몸을 움직이며 모두가 즐거운 시간이었다.

쌍방향 수업의 효과 높이기

쌍방향 수업을 시작하기로 결정하고 처음 한 수업은 파워포인트로 하는 강의였다. 화면 공유를 하면서 자료를 보여주면 되겠다 싶었지만, 2~3시간 수업을 해보고 이건 아니다 싶은 생각이 바로 들었다. 나는 원래 거꾸로수업을 하면서 수업 중에 강의를 최소한으로 하고, 학생 활동 중심 수업을 해왔다. 사전에 디딤영상을 만들어 제공하면 아이들이 집에서 영상을 보고 와서 학교에서는 다양한 활동에 참여하는 방식이다. 그런데 내가 줌에서 강의를 하고 있는 것이었다. '아이들을 이렇게 어렵게 만났는데 내가 왜 혼자 떠들고 있는 거지?'라는 생각이 번뜩 들었다. 쌍방향 수업도 거꾸로수업으로 진행해야 한다는 결론을 내렸다.

디딤영상이 기존과는 조금 달라야 했다. 교실 수업을 할 때는 디딤영상을 간단하게 만들었어도 아이들을 직접 만나 영상에 대한 피드백을 줄 수 있는데, 온라인상에서는 그렇게 하기가 어렵다. 특히 콘텐츠만 제공하는 수업은 영상만으로 수업이 이루어져야 하므로 디딤영상 제작에 좀 더 공을 들일 필요가 있었다. 기존에는 펜으로 쓱쓱 써가며 설명했다면 비대면 상황에서는 이미지나 영상 등을 넣어서 좀 더 친절하고 자세히 설명하는 디딤영상을 만들었다.

수업의 진행 과정은 다음과 같다. 아이들이 온라인 교실에 들어온다. 그날 학습할 내용과 방법을 먼저 설명하고, 미리 업로드되어 있는 영상을 정해진 시간까지 보고 공책 정리를 해서 학급 SNS에 올린 후 줌에서 다시 만나기로 약속한다. 디딤영상을 보고 공책 정리하는 시간은 대략 20~30분 정도로 여유 있게 준다. 아이들이 영상을 보고 다시 모이면 그때부터 퀴즈나 토의·토론, 조사 활동, 글쓰기 활동 등을 통해서 학생들이 참여하는 수업이 이루어진다. 이렇게 하니 교실에서와 마찬가지로 아이들이 수업의 주체로 참여하고 협력하는 수업을 만들 수 있었다. 오히려 온라인 도구를 사용하여 조사 활동이 더 편해지고, 학습의 결과물을 만들기가 쉬워졌으며, 교사가 학생들의 활동을 가까이에서 보며 즉각적인 피드백을 주기 좋았다. 몇몇 학생이 주도하는 수업이 아니라 모두가 참여하는 수업을 만들어갈 수 있었다.

우리 학교는 내가 맡은 5학년에 한 학급만 있어서 모든 영상을 혼자서 다 만들어야 하는 상황이었는데, 그건 사실 무척 부담되는 일이다. 거꾸로수업을 할 때도 체육 과목 등은 다른 선생님께서 제작하여 유튜브에 올려주신 영상을 디딤영상으로 활용하였고, 사회과에서도 역사 단원에서 설명할 내용이 너무 많은 차시는 다른 선생님의 강의 영상이나 EBS에 있는 좋은 영상을 찾아서 올려주기도 하였다. 그런데 더는 그렇게 할 수 없게 된 계기가 있었다. 우리 반의 아주 성실한 학생이 내게 "선생님, 저는 선생님께서 직접 만들어주신 영상이 더 이해가 잘 돼요."라고 말한 것이다. 그 이후 나는 되도록 영상을 직접 제작하려고 노력할 수밖에 없었다. 우리 반 아이들에 대해 가장 잘 알고, 친밀한 관계가 맺어진 담임교사의 영상이 최고임은 당연한 일이다. 하지만 전 과목의 영상을 혼자 다 만들기는 아무래도 힘드니 동학년 교사들과 나누어서 제작하면 좋을 것이다. 모르는 선생님의 영상보다는 우리 학교 선생님이 설명하는 영상을 아이들은 더 열심히 보게 될 것이다. 그렇다고 모든 차시의 영상을 제작할 필요는 없다. 예를 들어 사회과나 국어과는 개념 학습이 들어가는 부분은 영상을 제공하지만, 조사탐구 학습이나 토의·토론, 글쓰기를 하는 차시는 영상 없이 직접 온라인 교실에서 만나서 수업을 하면 된다.

블렌디드 수업의 실제 1.
온라인 박물관 만들기 프로젝트

학생들이 지난 학기에 온라인 도구에 적응했을 것으로 판단해 등교해서도 온라인 도구를 활용해서 수업하였다. 이 수업은 교과융합 수업으로 미술과와 사회과를 융합하여 재구성하였다.

이 성취기준에 도달하기 위해서 아이들이 문화재에 대해 각자 조사하고, 모둠에서 문화유산의 우수성을 함께 찾아본 후 우리의

온라인 박물관   고구려

-장군총-

위치: 고구려
시기: 고구려 20대 장수왕
생김새: 돌이 층층 쌓아져 있다.
이야기: 장군왕에 무덤인 이유에는 두가지 이유가 있다. 첫째, 고구려의 수도 였던 국내성에 남아 있는 가장 큰 무덤이어서. 둘째, 광개토 대왕의 무덤으로 추측되고 있는 태왕릉이 장군총 가까이 있었고 또 그 근처에 광개토대왕릉비가 있기 때문이다.

-고구려 무용총-

무용총이란? 무용총은 중국 지린 성 (길림성) 지안현(집안 현)에 있는 무덤이다. 고구려 귀족의 무덤일 것이라고 짐작할 수 있을 뿐, 이 무덤이 언제 말들어졌고 누구의 무덤인지는 지금도 알지 못한다. 그런데 이 무덤 이름이 왜 하필 무용총일까? 무덤 안쪽 벽에 춤을 추는 사람들의 모습이 그려진 무용도가 있기 때문이다. 무용총에는 벽화들이 많이 남아 있어서 그 당시 고구려 사람들이 어떻게 살았는지 추측할 수 있는 좋은 자료가 되고 있다.
무용총에는 어떤 벽화들이 있을까? 무용총 안으로 들어가면 어떤 벽화들이 보이는지 순서대로 알아보자 먼저, 무용총의 정면 벽에는 무덤의 주인공이 손님을 맞이하는 모습을 담은 접객도가 있다.

온라인 박물관에 올린 자료

문화가 어떻게 우수한지를 알리는 활동을 해보고 싶었다. 그래서 작년에는 조사 활동과 문화재 제작하기 활동은 예년과 같이 진행하였고, 학교에서 박물관 큐레이터가 되어 다른 학년들을 초대해서 발표회를 열었다. 올해는 코로나 상황을 고려하여 온라인 박물관을 만들어보자는 계획을 세웠다.

온라인 박물관 만들기 수업 진행 순서

① 모둠별로 백제, 신라, 가야, 고구려, 고려를 나누어 맡은 후 문화재를 조사한다.
② 모둠별로 조사한 내용을 구글 프레젠테이션에 정리한다.
③ 조사한 내용을 친구들에게 알리기 위한 발표문을 쓴다.
④ 조사한 유물 중 하나를 선택하여 제작 방법을 탐색한 후 작품을 만든다.
⑤ 반 친구들에게 발표한다.
⑥ 모둠별로 발표한 내용을 구글 사이트로 옮겨 정리한다.
⑦ 사이트의 주소를 학교 홈페이지에 올린다.

이 중에서 꼭 교실에 모여서 해야 하는 것은 미술 작품 만들기였다. 일단 재료를 받아야 하기도 하고, 친구들의 도움이 필요한 학생도 있기 때문이다. 자료 조사와 발표문 작성 등의 활동은 온라인상에서 오히려 더 편하게 진행할 수 있었으며 완성도도 높아졌다. 아이들이 1학기 때부터 온라인 도구를 사용했으니 충분히 자신감이 있을 것 같아서 구글 사이트를 안내해주었다. 나는 홈페이지를 제작할 수 있는 사이트가 있으니 친구들과 탐색해서 만들어보라고만 말했다. 아이들은 살펴보더니 프레젠테이션에 만든 내용을 알아서 옮겨서 사이트를 만들었다. 학생들은 환경이 주어지면 스스로 학습할 수 있다는 이론이 현장에서 실현되는 느낌이었다.

블렌디드 수업의 실제 2.
토론 수업

사회과는 민주시민으로서의 자질을 갖추도록 하는 교과로 창의적 사고력, 비판적 사고력, 의사소통 및 협업 능력을 기르는 데 중점을 둔다. 토론은 이러한 능력을 향상시키기 위한 중요한 수업 방법이다. 블렌디드 수업에서 온라인 도구들을 적극적으로 활용하면 모두가 참여할 수 있어 의미 있는 토론 수업을 할 수 있다.

　5학년 1학기 과정에 헌법에 대한 교과 내용이 있다. 헌법은 국민의 기본권을 지키는 최고의 법으로서 학생들이 자신의 권리를 스스로 지키기 위해서 헌법을 알고 있어야 한다고 생각한다. 헌법과 관련된 성취기준은 다음과 같다.

[6사02-03] 인권 보장 측면에서 헌법의 의미와 역할을 탐구하고 그 중요성을 설명한다.
[6사02-04] 헌법에서 규정하는 기본권과 의무가 일상생활에 적용된 사례를 조사하고, 권리와 의무의 조화를 추구하는 자세를 기른다.

학생들이 헌법의 요약된 내용을 간접적으로 배우기보다 원문을 읽어보면 헌법이 국민의 인권을 지켜주기 위해 있음을 더 잘 알 수 있다고 생각한다. 그래서 먼저 디딤영상으로 헌법의 의미와 중요성, 헌법에 나와 있는 국민의 권리와 의무를 분류하여 설명하였다. 쌍방향 수업에서 학생들과 만났을 때는 헌법을 직접 읽어볼 수 있도록 수업을 디자인하였다.

비캔버스(BeeCanvas)의 포스트잇 기능을 활용하여 헌법 조문의 권리와 의무 부분을 하나씩 써서 카드 형식으로 만들었다. 아이들이 모둠별로 이 조문들을 읽고, 제시된 국민의 권리와 의무로 분류해보도록 하였다. 헌법 조문을 읽으면서 해당 조문이 무슨 권리에 해당하는지 토의가 이루어지게 되고, 아이들은 헌법이 국민의 권리와 의무를 정한 최고의 법이라는 것을 알게 된다. 사실 이 활동은 작년에 교실에서도 종이에 복사하고 오려서 카드를 만든 후 진행했었다. 온라인 도구를 사용하니 그럴 필요가 없어 더 쉽게 할 수 있게 되었다.

비캔버스를 활용하여 헌법 조문의 권리와 의무 부분을 정리한 자료

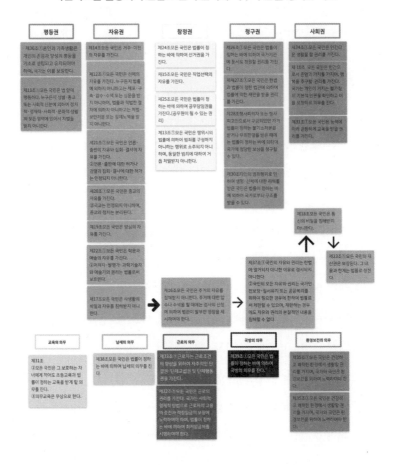

교실생존비법

다음 활동으로는 권리와 권리, 권리와 의무가 충돌했을 때 우리는 어떤 선택을 할 것인지에 대해 모둠에서 토론하도록 하였다.

예를 들면 '학교에서 급식을 다 먹어야 하는가?', '눈이 나쁜 학생은 자리를 앞으로 옮겨주어야 하는가?', '공익을 위해서 개인의 재산권 행사를 막는 것은 정당한가?'와 같이 실생활에서 권리와 의무가 충돌하는 상황을 제시하고 토론을 하게 하는 것이다.

이 활동을 위해 비캔버스에 문제 상황을 제시해주었다. 모둠별로 들어가서 문제 상황을 읽고 토론한 후 그 내용을 기록하게 하였다. 토론이 끝나면 반 전체에게 공유하는 시간을 가졌다. 교실에서는 다른 모둠의 활동 때문에 시끄러워서 소리가 잘 안 들리기도 하는데, 이렇게 소회의실에서 토의·토론을 하면 그런 문제가 없어서 토론에 더 집중할 수 있다는 장점이 있다. 또한, 교사는 토론의 내용이 기록되는 것을 보며 수업이 잘 진행되고 있는지 실시간으로 체크하고, 토론이 잘 이루어지지 않는 모둠이 있으면 그 소회의실에 들어가서 도와줄 수 있다.

우리 국어 교과서에는 토론이 디베이트 토론방식으로 제시되는 경우가 많은데, 토론은 다른 사람을 설득하고 이기기 위해 하는 활동이 아니라 다른 사람의 생각을 듣고 자기의 생각을 좀 더 확장해나가는 데에 의미가 있다고 생각한다. 초등학교에서는 다양한 방법의 토론으로 학생들이 자신의 의견을 편안히 말하고, 다른 사람의 생각을 듣고 받아들이는 경험을 많이 할 수 있도록 하는 것이 중요하다.

온라인 도구는 수업을 도울 뿐

코로나19로 인해 갑자기 블렌디드 수업을 해야 하는 상황을 헤쳐나가기 위해 여기저기 연수를 찾아다니며 온라인 도구들을 배워서 수업에서 활용하였다. 처음인지라 어설프게 배워서 적용했던 것을 인정하지 않을 수 없다. 내가 그 과정에서 힘들었던 만큼 아이들도 새로운 것을 배우느라 힘들었을 텐데 다행히 잘 따라와주었다. 아이들이 함께해주었기에 나도 성장할 수 있었다.

그렇게 정신없이 지내다가 어느 날 정신을 차리고 내 수업을 돌아보았다. 다양한 온라인 도구들은 수업을 재미있게 만드는 데 많은 도움이 되었지만, 도구를 사용하느라 너무 많은 힘을 쏟고 있는 것은 아닐까 반성하였다. 결론은 '도구는 수업을 도울 뿐'이라는 것이었다.

온라인 도구를 배우는 것 자체가 목적이 되어서는 안 되고, 최소한의 도구를 적재적소에 사용해서 최고의 수업을 만드는 것이 중요하다. 그러기 위해 내 수업의 목적지가 어디인지 길을 잃지 않고 방향을 잡아야 했다. 교사가 주도하는 수업이 아니라 아이들과 함께 만들어가는 수업, 더욱 빠르게 변화하는 사회를 살아갈 아이들이 주도적으로 배우며 세상의 문제에 도전하는 사람으로 성장하는 것이 내 수업의 목표이다. 오늘도 그 길에서 방황하지 않고, 아이들과 함께 행복한 수업을 만들고 싶다.

소통과 협업을
촉진하는
블렌디드 수업

정명근

함께한 학생들이 학교를 즐거운 공간으로 기억하길 바라는 인천의 초등교사이다. 거꾸로 교실을 통해서 학생 중심 수업을 만들어가고 있으며, 교육과정 디자인을 통해 학생의 삶과 배움이 맞닿는 것을 목표로 하고 있다. 2015년부터 미래교실네트워크 주번으로 활동 중이다. 애플우수교육자(ADE)와 구글공인트레이너(GCT), 구글공인교육자(GCE)로서 학생들의 역량 강화를 위해서 노력하고 있다. 2021년에는 인천시교육청 교육과정 지원단으로 활동하고 있다.

'스마트폰이 갑자기 사라진다면?'

최근 워크숍에서 애기를 나눈 주제이다. 엉뚱한 주제를 정해 다양한 생각을 펼쳐보기 위한 시간이었는데, 나를 비롯한 같은 조 선생님들은 대부분 현실적인 답변을 했다. 생활 속에서 여러 가지 불편한 점들이 생기고, 답답함, 곤란함, 심심함 등을 느끼게 될 거라는 공통된 의견들을 듣다 보니 우리가 스마트폰 없이 어떻게 살았는지 그 시절이 이제 잘 떠오르지 않을 정도로 온라인 세상과 연결되어 있으며 스마트폰은 이미 삶의 일부라는 걸 느낄 수 있었다.

나에게 블렌디드 수업도 마찬가지이다. 온라인상의 생활이 삶에서 큰 부분을 차지하고 있듯이, 교육 역시 이 사실을 받아들이고 활용할 수 있어야 한다. 수업은 교실 속에서 이루어지지만, 그렇다고 교실 안에 닫혀있으면 곤란하다. 교실에서의 배움이 지식으로만 머무는 것이 아니라 활용될 때 좀 더 가치 있고, 그러기 위해서는 지금의 삶과 연결될 필요가 있다.

블렌디드 러닝을 통해 온·오프라인 환경을 함께 활용할 수 있을 때, 수업은 교실에 한정되지 않을 수 있다. 거꾸로교실 수업을 하면서 다양한 프로젝트를 진행하곤 하는데, 학생들은 문제 해결 방법을 교과서에서만 찾진 않는다. 인터넷에서 다양한 정보를 검색하기도 하고, 때로는 등하굣길에서 혹은 집에서 문득 프로젝트에 관한 아이디어를 얻기도 한다. 그렇게 떠오른 생각을 종이에 메모해뒀다가 교실로 가져올 수도 있지만, 요즘에는 바로 온라인에 접속해서 선생님과 친구들에게 자신이 찾은 정보나 아이디어를 공유하고, 실시간으로 소통하는 것이 가능하다.

이것이 내가 블렌디드 수업에서, 아니 좀 더 정확히는 그런 의미조차 몰랐던 시절부터 추구해오던 수업과 교육의 방향이다. 언제 어디서나 소통하고 협업하며 삶의 문제를 해결해가는 수업. 앞서 말했듯, 온라인 세상은 이미 우리 삶에서 큰 비중을 차지하고 있으므로 교육에서도 온·오프라인 환경이 융합되어 활용되는 모습은 자연스럽다고 생각한다.

블렌디드 수업 준비하기

블렌디드 러닝을 위해서는 소통과 협업을 위한 공간이 필요하다. 수많은 선택지가 있겠지만, 나의 경우에는 학급의 공지사항 등을 전달하고 간단히 소통하기 위한 플랫폼을 하나 선정하고, 학습활동을 주로 관리하는 학습용 플랫폼을 추가로 선정하여 활용해왔다. 이렇게 운영했을 때의 장점은 각각의 플랫폼에서 알람이 울리면 학생들이 알람만으로도 대충 어떤 내용의 공지나 새 소식이 있는지 짐작할 수 있다는 것이다.

학습용 플랫폼으로는 주로 구글 클래스룸을 2017년부터 활용해오고 있다. 구글 클래스룸의 알람이 울리면 학생들은 학습에 대한 새로운 소식이 왔다는 걸 알 수 있고, 클래스팅이나 클래스123 등의 알람이 울리면 수업 외의 새 소식이 있다고 짐작할 수 있다. 이때 중요한 것은 학생들과 학부모가 쉽게 참여할 수 있는 플랫폼으로 정해야 한다는 점이다. 최근 몇 년 동안 주로 고학년을 맡다 보니 구글 클래스룸을 활용하는 데 문제가 없었다. 교실에서도 스마트폰이나 태블릿 등의 모바일 기기를 활용해 과제를 수행할 수 있어서 효율적이었다. 이처럼 교사는 온라인 학습플랫폼을 결정할 때 학생이 쉽게 참여할 수 있는지를 반드시 고려해야 할 것이다. 이 점은 수업에서 활용할 다양한 온라인 도구를 결정할 때도 유념해야 한다. 학생들이 물리적 여건으로 인해 사용하기가 어려운 온라인 도구를 선택한다면, 수업에서의 상호작용이 오히려 저하되어 블렌디드 러닝의 강점을 잃어버릴 테니 말이다.

학습플랫폼이나 온라인 도구의 준비가 물리적인 환경의 조성과 관련된다면, 실제 수업을 채워나갈 방법으로는 거꾸로교실을 적용해왔다. 교사가 수업의 주요 내용을 담아 사전에 디딤영상을 제공하면, 학생들은 그 내용을 바탕으로 다양한 수업 활동을 통해 배움을 심화하게 된다. 원격수업이 이루어지는 기간에는, 학생들이 디딤영상을 시청한 후에 실시간 쌍방향 수업이나 과제제시 수업을 했고, 중간중간 대면 수업을 할 때도 거꾸로교실 수업을 하였다. 수업은 학습 주제에 맞게 다양한 형태로 실시하였으나 모든 수업에서 교사 주도의 일방향적 강의가 아니라 학생과 학생, 학생과 교사 간의 소통을 추구했다.

거꾸로교실 수업은 크게 3단계로 이루어진다. 먼저 디딤영상을 제공한다. 보통, 수업 전에 학생들이 영상을 시청할 수 있도록 전날 즈음에 제공했는데, 내용이 이해가 안 되는 학생들은 반복 시청을 하면서 스스로 이해하는 시간을 확보할 수 있기 때문이다. 수업을 시작하면서 영상을 보여줄 수도 있지만, 그러면 사전에 시청하는 것에 비해서 내용을 이해하기 위한 충분한 시간을 갖기 힘들

교실생존비법

것이고, 영상을 보는 시간만큼 수업에서의 활동 시간도 줄어들게 된다. 블렌디드 러닝에서는 학생 각자의 속도에 맞춰서 학습이 이루어질 수 있도록 하는 것도 하나의 중요한 요소이다. 디딤영상을 사전에 제시함으로써 학생들의 개별화 학습이 가능하다.

다음으로는 배움 활동인데, 이 단계가 가장 중요하다. 교사가 말로 설명할 내용을 영상으로 담았기 때문에, 학생들은 이미 학습 내용과 문제를 알고 있는 상황에서 바로 수업 활동으로 진입할 수 있다. 첫 활동으로는 보통 영상에 대한 이해 정도를 확인하는 활동을 한다. 지식적인 부분이 중요한 주제라면, 이 활동만으로 수업 전체를 채우기도 하지만, 보통은 간단하게 활동을 한 후, 디딤영상에서 제시된 지식을 실제로 활용해보는 수업 활동을 계획하여 학생들이 더 깊이 배우고 체득할 수 있도록 수업을 디자인하는 편이다.

마지막은 평가 및 정리 단계인데, 사실 이 부분은 배움 활동 중에도 가능하다. 교사가 주도하여 계속 강의하는 것이 아니라, 학생들에게 시간을 준 후, 학생들의 학습활동이나 결과물을 실시간으로 체크하면서 어느 정도 이해했는지를 기록한다거나, 필요한 피드백을 바로 전달하는 과정에서 평가와 정리가 이루어지기 때문이다. 온라인 수업 상황에서는 오프라인 수업에 비해서 학생들에 대한 개별적인 관찰이 어려우므로 수업을 마무리하기 전 퀴즈로 간단한 형성평가를 준비하거나, 구글 설문 등의 여러 방식으로 평가를 하기도 했다.

사실, 코로나로 인해 원격수업을 하게 된 작년 초반에만 하더라도, 온라인으로만 수업이 진행될 경우, 과연 거꾸로교실이 가능할지에 대한 고민과 두려움이 있었다. 그러나 직접 수업해보고, 주변의 여러 선생님들의 수업을 보면서, 알지 못해서 걱정이 많았을 뿐, 가능하다는 걸 깨달았다. 대화를 나누는 방식이 교실에서 모둠활동을 하는 것과 조금 다르고, 기능도 익혀야 하지만 온라인상에서도 의사소통이 가능하고, 그 안에서 공유문서나 채팅, 음성 대화를 통해 협업을 할 수도 있었다. 이렇게 소통과 협업을 통한 상호작용을 일으키는 것이 거꾸로교실의 핵심이다.

블렌디드 러닝을 활용한 거꾸로교실 수업 사례

온라인 수업에서 학생들이 수업의 흐름을 확인할 수 있다면 수업에 참여하기 편해지고, 교사 역시 수업을 진행하기 수월해진다. 6학년 학생들과의 수업에서 패들렛의 셀프 형태를 이용해 수업의 흐름에 따라 각 칼럼(카테고리)을 미리 준비하고, 그 안에 필요한 자료 등을 담아가며 수업을 원활하게 진행할 수 있었다.

교실생존비법

셀프 서식을 활용해 수업 활동을 흐름에 따라 구성한 모습

디딤영상의 내용을 정리하는 칼럼을 만들고, 수업 중에 순차적으로 칼럼을 만들어 학생들이 해당 칼럼에 학습활동 내용을 기록하도록 구성할 수 있는 것이다. 수업을 시작할 때 학생들에게 패들렛 링크를 공유하여 내용을 수집하고 정리하도록 하면서 다양한 수업을 할 수 있다. 어떤 수업에서는 수업의 도입부터 정리 부분까지 하나의 패들렛에 다 담기도 하고, 때로는 특정 활동의 진행을 위한 패들렛을 별도로 구성할 수도 있다. 사회 과목처럼 다뤄야 할 내용이 많아서 디딤영상이 길거나 지식 습득이 중요한 수업이라면, 디딤영상의 내용을 이해하는 활동 위주로 패들렛의 칼럼을 구성할 수 있다.

사회 수업에서는 다음의 화면처럼 모둠별 칼럼을 만들어준 후, 디딤영상에서 기억에 남는 내용이나 교과서를 읽고 알게 된 내용을 기록해보도록 하였다. 실시간 쌍방향 수업에서 모둠별로 소회의실을 열어주면 마치 교실에서 모둠 활동을 하듯이 학생들끼리 이야기를 나누면서 중복된 내용을 올리지 않도록 소통할 수 있고,

사회 수업에서 패들렛을 활용한 모습

그 과정에서 자연스레 서로 가르치고 배우는 시간을 갖게 된다. 궁금한 내용이나 친구들과 더 생각해볼 만한 내용이 떠오르면 그런 질문을 패들렛에 추가하도록 안내한다. 이때, 패들렛 게시물의 색깔을 바꿔놓음으로써 교사나 다른 학생들이 쉽게 알아볼 수 있도록 하면 좋다. 이렇게 학생들이 모둠별로 정리한 내용을 패들렛에 모으면 학급 전체가 함께 정리한 내용을 손쉽게 볼 수 있고, 답글

교실생존비법

기능 등을 통해서 잘못된 내용을 수정해주거나 더 많은 내용을 추가, 정리하며 보충해갈 수 있게 된다.

패들렛을 활용한 과학 수업 사례

이제 패들렛을 활용해서 수업을 어떻게 진행할 수 있는지 사례를 통해 살펴보자. 본 수업은 6학년 [과학] 에너지의 종류 및 전환에 대해 학습한 내용이다. 수업은 '디딤영상의 내용 확인 → 에너지의 종류 알아보기 → 에너지의 전환 찾아보기' 순으로 진행됐으며, 패들렛에 디딤영상의 내용을 정리해보는 칼럼과 에너지별 칼럼들을

과학 수업에서 패들렛을 활용한 모습

구성해놓았다.

수업의 첫 활동으로 학생들은 디딤영상을 통해서 알게 된 사실이나 궁금한 점 등을 한 가지씩 해당 칼럼에 기록하는 시간을 가진다. 여러 사람이 동시에 쓰다 보니 중복되는 내용이 있을 수 있는데, 이는 자연스러운 일이며 서로가 정리한 내용을 살펴보면서 다시 한번 내용을 숙지하는 기회로 삼으면 된다. 더 많은 내용이 기억나는 학생들은 더 적어보도록 격려함으로써 내용을 정리할 수 있도록 이끌어주면 좋다. 오개념이 나오거나, 중요한 내용인데 정리가 안 된 부분이 있다면 다음 활동으로 넘어가기 전에 교사가 설명해주거나 관련하여 발문을 해봄으로써 학생들이 생각해볼 수 있도록 하는 것이 필요하다.

다음으로 학생들은 다양한 에너지를 종류별로 찾아서 패들렛에 정리해보는 시간을 가진다. 교과서에도 종류별로 몇 가지의 사례들이 제시되고 있지만, 그 정도의 내용은 디딤영상에서 이미 설명했기 때문에 학생들은 본인이 이해한 내용을 바탕으로 스마트기기나 PC를 활용해 에너지 활용의 다양한 사례를 조사하고 수집하도록 한다.

온라인 협업 도구를 이용할 때의 장점이 하나 있는데, 어떤 것을 해야 할지 잘 모르는 친구들도 다른 친구들이 조사한 내용이 쌓이는 것을 보면서 무엇을 해야 할지 참고하고, 활동에 좀 더 참여할 수 있게 된다는 점이다. 학생들은 교사에게 직접 질문을 하거나, 채팅이나 댓글로 질문을 남기기도 한다. 예를 들어 "전구는 전기에너지이기도 하고, 빛 에너지이기도 한데 어디에 올려야 하나요?" 같은 질문이 나왔었는데, 일단 스스로 판단해서 어느 칼럼에 올리면 좋을지 생각해보라고 한 후에, 다음 주제인 '에너지 전환'으로 자연스럽게 넘어갈 수 있었다.

마지막 활동은 각자 수집하고 조사한 에너지의 종류들을 살펴보고, 다양한 에너지 전환 사례들을 댓글로 남겨보는 것이다. 전구의 전기에너지가 빛 에너지나 열에너지로 전환되듯이, 해당 에너지가 어떻게 전환되는지를 학급 전체가 조사한 자료를 활용해서 정리해보도록 한다. 친구의 댓글 등을 통해서 에너지의 종류가 굉장히 다양하며, 여러 형태로 전환되면서 활용되고 있다는 사실을 쉽게 배우게 된다.

평가활동으로는 패들렛의 캔버스 형태를 활용한 다단계 OX 퀴즈를 실시했다. 여러 단계에 걸쳐서 푸는 OX 퀴즈 이미지를 만들어서 패들렛의 배경화면으로 설정해준다. 학생들이 패들렛에서 이름표를 만든 후 교사가 제시한 단계별 OX 퀴즈를 풀면서 본인의 이름표를 화살표를 따라 이동시켜가면서 특정 번호에 도달하

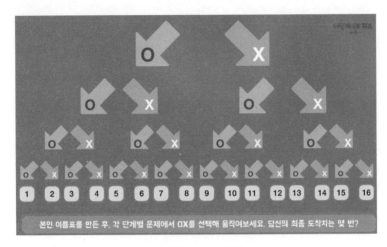

다단계 OX 퀴즈 화면

는 활동이다. 세 문제를 다 맞힌 학생은 정답인 번호에 도착하게
된다. 이 퀴즈를 통해 학생들의 성취 수준을 간단하지만 재미있게
알아볼 수 있다.

모바일 기기에서는 캔버스 형태의 패들렛 배경화면을 한눈에
보기 힘들어서 직접 이름표를 만들고 이동시키기가 힘들 수 있
다. 이런 경우에는 교사가 화면을 공유해서 보여준 후, 학생들이
줌에서 주석을 작성하거나 혼자 메모해가는 방식으로 운영해도
좋다. 실제 평가로서 좀 더 의미 있으려면 다른 사람들의 진행
과정이 안 보이게 할 필요가 있으므로 학생들이 화면을 보면서

교실생존비법

기억하고 있다가 교사에게 비밀채팅을 보내는 등 개인별 활동으로 진행하면 좋을 것이다. 대부분의 학생이 PC 환경에서 접속한다면, 패들렛의 환경 설정 중 관리자 승인 필요 항목을 켜서 학생들에게 본인 이름표만 보이게끔 한 후에 자신의 이름표를 단계별로 이동하도록 하면서 개별화된 평가를 진행할 수도 있다.●

블렌디드 러닝이 가져온 기회

코로나로 인해 교육환경이 바뀔 수밖에 없었던 와중에 어떤 선생님은 우리 모두가 신규교사가 된 것 같다고 이야기하셨다. 어느 누구도 겪어보지 못한 상황을 맞이하게 되면서 지난 경험을 통해 쌓아온 익숙함과 능숙함보다는 마치 신규교사가 된 것처럼 낯설고 어려운 상황에서 많은 것들을 처음부터 배워나가야 한다는 의미였을 것이다. 한편, 나는 신규교사 하면 '열정'이 떠오른다. 다행히도 내 주변에는 이런 상황을 헤쳐가기 위해서 머리를 맞대고 고민하시는 선생님들이 많았고, 그 모습을 보며 많이

● 패들렛의 설정 중 '컨텐츠 필터링'-'승인 필요' 옵션을 켜두면 패들렛 관리자가 승인하기 전까지는 다른 사람들이 작성한 내용을 볼 수 없다.

배울 수 있었다. 꽤 오래전부터 패들렛, 멘티미터, 구글 클래스룸 등을 수업에서 활용해왔고, 거꾸로교실을 통해서 블렌디드 러닝을 나름대로 실천해오고 있어서 주변 선생님들에게 기술적인 부분에서의 지원을 많이 해드렸었다. 어느 정도 시간이 지나면서부터는 선생님들이 수업에서 학생들과 상호작용하면서 잘 활용하시는 모습을 보면서 오히려 내가 많은 걸 배우고 영감을 얻기도 했다.

그런 모습을 보면서 느낀 것은 블렌디드 수업을 어쩔 수 없이 하게 되었다기보다 블렌디드 러닝이어서 가능한 상호작용과 수업이 생겨났다는 것이다. '원격수업이니까', '거리두기 상황이니까' 모둠 활동을 못 하는 것이 아니라, 공유문서를 통해 언제 어디서나 의견을 나누는 모습, 학생들이 피드백을 반영해 학습 결과물을 보완해가는 모습 등을 보았다.

이러한 과정을 겪으신 선생님들은 나중에 모든 학생이 항상 학교에 나왔던, 코로나 이전의 모습으로 돌아가더라도 학습 주제에 따라서 이런 방법들을 계속해서 활용해야겠다고 이야기를 하신다. 그런 모습이 참 좋다. 예전엔 교실이라는 공간과 수업 시간의 좀 더 제한된 틀 안에서의 수업이었다면, 블렌디드 러닝을 통해서 좀 더 폭넓게 소통하고 상호작용하는 수업을 상상할

교실생존비법

수 있게 된 것이다.

코로나로 인한 어려움을 블렌디드 수업 때문이라고 오해하지 않고, 이 시간을 기회로 삼아 신규교사가 된 것처럼 새롭게 배워가면서 계속해서 채워간다면, 교사나 학생이 성장할 수 있는 또 하나의 계기가 될 수 있지 않을까.

상호작용을 촉진하는 블렌디드 그림책 수업

박미정

현재 초등학교 교사로 재직하며 학생들과 배움의 즐거움을 찾아가는 수업을 연구하고 있다. 미래교실네트워크의 선생님들과 함께 수업에 대해 생각하고 나누는 과정에서 배우며 성장하고 있다. 거꾸로교실과 그림책 수업, 질문 수업에 관심을 갖고 실천하는 중이다. 지금은 좀 더 맥락 있는 블렌디드 수업과 학생들의 주도성을 세우는 지속 가능한 수업루틴이 어떤 방식으로 가능할지 고민하고 있다.

소통과 협력 중심의 거꾸로교실 수업이 코로나19 상황의 교실에
서도 가능할까? 가능하다면 어떤 방법으로 실현되어야 할까? 모
든 학생들이 마스크를 쓰고 칠판을 향해 있는 교실에서 소통과 협
력을 통해 배움을 만들어가는 수업을 구현한다는 것은 어려운 과
제였다. 그러던 중 실시간 쌍방향 수업은 모두가 마스크를 벗고
자유롭게 이야기를 나눌 수 있는 통로가 되었다.

학습자 배움 중심의 수업이라는 맥락에서는 원격수업 또한, 학
생 스스로 문제를 발견하고 적극적으로 지식을 습득하며 다양한
자기 주도적 활동과 협업을 통해 문제를 해결하는 일련의 과정들
을 지원하는 수업이어야 한다. 블렌디드 수업에서 이를 실현하기
위해서는 여러 시도와 노력이 필요했다.

이때, 그림책을 활용한 국어 수업은 교사와 학생이 감성을 나누며 관계를 맺게 하는, 삶과 배움의 연결고리가 되어주었다. 친숙한 그림책을 통해 활동을 구성하고, 온라인 수업 도구를 활용하여 상호작용을 촉진하는 배움 중심의 수업을 만들어갈 수 있었다.

독서 단원의 원격수업은 학생들이 그림책을 바탕으로 질문하고 소통하며 생각과 배움을 주도적으로 정립해나갈 수 있는 역량을 키우는 데 초점을 두었다. 교육과정을 유연하게 재구성하여 수업 운영에서 창의성을 발휘할 수 있는 국어 독서 단원 수업과 창의적 체험활동 수업에서 그림책을 주로 활용했다. 학습 주제 및 내용의 특성에 따라 원격수업이나 등교수업으로 진행하며 기존의 수업 방식과는 다른 블렌디드 수업을 구성하게 되었다. 질문 기반의 상호작용을 촉진하는 활동을 통해 학생들이 사고력과 문제해결력을 기르며 지혜를 얻는, 의미 있는 수업을 만들고 싶었다. 그 과정에서 실수를 통해 쌓인 경험치는 수업을 개선시켰다.

그림책 수업 설계

왜 그림책 수업일까?

블렌디드 수업에서 그림책을 활용한 이유는 관계 속에서 배움이 일어나게 하고 싶어서였다. 코로나19 이후 변화된 교육환경에서 교사는 학생들과 원활한 관계를 맺을 방법을 생각해야 했다. 수업은 학생과 교사, 학생과 학생의 관계 속에서 이루어지기 때문이다.

'학생들과의 만남을 어떻게 시작할까?', '해주고 싶은 얘기가 많은데 어떻게 풀어놓을 수 있을까?', '주제를 효과적으로 전달하는 방법은 무엇일까?' 등의 고민을 했는데, 다양한 이야기가 담긴 그림책은 수업에서 언제든 갖다 쓸 수 있는 보물창고였다. 또한, 그림책은 학생들에게도 친숙하다는 장점이 있다. 그림책을 수업에 활용하여 학생들과 적극적으로 상호작용을 하고 편안한 관계를 맺으며 배움을 만들어갔다.

1학기 중반에 쌍방향 수업을 시작하면서 단계적인 독서 활동으로 수업을 구성하였다. 학생들에게도 변화된 환경에 적응하고 수업을 준비할 시간이 필요하다고 생각했다. 우리는 그림책 수업을 통해 책에 대한 느낌과 질문을 나누며 소통했다. 이렇게 상호작용을 촉진하는 그림책 질문 수업을 통해 학생들과의 관계와 원격수업의 질을 개선하는 활동들을 시작하게 되었다.

성취기준 구체화하기
등교수업과 원격수업이 번갈아 진행되는 상황에서는 블렌디드 수업 설계가 필요했다. 먼저, 독서 단원의 성취기준을 살펴본 후 우리 반 수업 활동의 구성에 맞춰 수정하였다. 수행 과제 활동과 평가 시 반영할 수 있는 내용을 고려하여 성취기준을 보다 구체적이고 상세하게 작성했다.

[6국02-03] 글을 읽고 글쓴이가 말하고자 하는 주장이나 주제를 파악한다.
[6국02-06] 자신의 읽기 습관을 점검하며 스스로 글을 찾아 읽는 태도를 지닌다.
[6국02-01] 문학은 가치 있는 내용을 언어로 표현하여 아름다움을 느끼게 하는 활동임을 이해하고 문학 활동을 한다.

■ 환경과 관련된 책을 읽고, 글쓴이가 말하고자 하는 주장이나 주제를 질문과 모둠 비경쟁 토론을 통해 파악하여 자신의 생각을 다짐 일기로 쓴다.
■ 독서 태도 점검표를 통해 자신의 읽기 습관을 점검하며 스스로 환경 관련 책을 찾아 읽고 독서기록장에 기록하는 태도를 지닌다.
■ 책 내용에서 의미 있는 장면과 문장의 표현에 관해 느낀 점을 이유와 함께 발표하고, 발견한 문학적 가치와 언어 표현의 아름다움을 친구들과 상호 피드백하는 활동을 한다.

수업 계획하기

6학년 독서 단원은 1, 2학기에 각 10차시로 구성되어 있다. 지도서를 보면 단원의 주요 활동 내용이 제시되어 있다. 이것을 바탕으로 재구성 방향을 설정하여 1, 2차시를 한 블록으로 묶고, 두 차시 동

블렌디드 수업 계획				
차시	그림책	활동 내용	수업 형태	온라인 툴
1-2	『치킨 마스크』	키워드 찾기 질문 만들기 칭찬 엽서 쓰기	등교	구글 프레젠테이션
3-4	『투발루에게 수영을』	가르칠 걸 그랬어 느낌 & 키워드 나누기 비경쟁 독서토론 참여를 바라는 글쓰기	원격	줌, 구글 프레젠테이션, 슬라이도
5-6	『플라스틱 섬』	느낌 & 키워드 나누기 비경쟁 독서토론 플라스틱 줄이기 방법 알림 게시판 만들기	등교	구글 프레젠테이션
7-8	『탁한 공기 이제 그만』	느낌 & 키워드 나누기 비경쟁 독서토론 모둠 협력 상상의 나래 글쓰기	원격	줌, 구글 프레젠테이션, 슬라이도
9-10	『맑은 하늘 이제 그만』	느낌 & 키워드 나누기 비경쟁 독서토론 나의 다짐 일기쓰기	원격	줌, 구글 프레젠테이션, 슬라이도

안 한 권의 그림책을 활용하도록 구성하였다. 독서 준비 단계, 독서 단계, 독서 후 단계로 활동이 순차적으로 연결되도록 수업을 디자인하고 싶었다. 적합한 활동들을 모아 정리한 다음, 학생들과 다뤄보고 싶었던 환경 관련 주제의 그림책을 활용하여 수업 내용을 준비하였다.

1~10차시 내용을 블렌디드 수업 형태로 설계하였다. 먼저, 질

문을 만들어보는 연습이 필요하다고 생각해서 등교수업 때, 키워드를 찾는 방법과 찾은 키워드로 질문을 만드는 방법을 설명해주었다. 쌍방향 수업에서는 구글 프레젠테이션을 사용하여 학생들과 상호작용하는 활동을 계획하였다. 학생들이 온라인 도구 사용에 점차 능숙해져서 이후 등교수업에서도 온라인 도구를 활용한 수업이 가능했다.

블렌디드 수업은 원격수업과 등교수업의 장점을 살려 디자인한 수업 방법으로 교사는 교육과정을 재구성하고, 학생 참여 협력 수업과 과정중심평가를 진행할 수 있다. 학년 협의를 통해 원격수업과 등교수업에 적합한 활동을 구분 지어 수업을 진행하였다. 수업활동을 함께 고민하면서 어떤 소통 및 협력 도구를 사용하고, 결과를 어떻게 공유할지 결정하였다. 또한, 교육과정 재구성과 과정중심평가를 일관성 있게 진행하는 교-수-평-기 일체화를 위해 피드백과 평가가 언제 이루어져야 하는지도 고민하였다.

그림책 수업 방법

그림책을 활용한 질문 수업을 통해 학생들과의 관계와 원격수업의 질을 개선할 수 있는 요소를 탐구하여 적용하였다. 그림책 한

교실생존비법

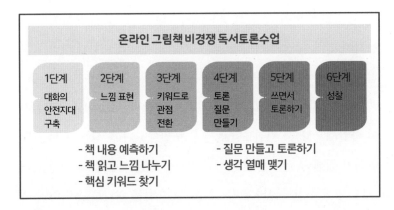

온라인 그림책 비경쟁 독서토론수업

1단계	2단계	3단계	4단계	5단계	6단계
대화의 안전지대 구축	느낌 표현	키워드로 관점 전환	토론 질문 만들기	쓰면서 토론하기	성찰

- 책 내용 예측하기
- 책 읽고 느낌 나누기
- 핵심 키워드 찾기

- 질문 만들고 토론하기
- 생각 열매 맺기

권을 가지고 2차시로 진행했던 수업 사례를 소개하고자 한다.

활동의 대략적인 흐름은 위와 같다. 그림책의 표지와 제목을 보고 궁금한 것을 질문으로 만든 후 내용이 어떻게 전개될지를 예측해보았다. 책 속 그림들의 순서도 맞춰보고 질문들에 대해 함께 얘기해보았다. '경험 질문'과 '방법 질문'● 등을 활용해서 학생들과 이야기하고 그림책에 대한 느낌을 나누었다.

느낌과 그렇게 느낀 이유에 대해 말해보는 활동은 매우 중요하다. 그 과정에서 학생들이 자신의 경험과 생각을 진솔하게 얘기하기 때문이다. 평상시 교실에서 붙임종이를 활용하여 생각을 나누

● 방법 질문은 구체적인 방법을 물어보는 질문이다. 예를 들어, '어떻게 이 문제를 해결해 볼 수 있을까요?' 등의 질문이 이에 해당한다.

는 활동을 했듯이 구글 프레젠테이션의 삽입-도형 이미지를 활용하여 인상 깊거나 기억에 남는 그림에 자신의 느낌과 그 이유를 남기도록 했다.

또한, 그림책을 읽고 떠올린 키워드를 슬라이도(Slido)를 활용하여 확인해보고, 그 키워드들로 질문을 만들었다. 학생들은 '물을 절약하기 위해 우린 어떻게 해야 할까?'와 같은 질문을 여러 개 만들고, 그중에서 친구들과 얘기해보고 싶은 질문 하나를 선택하여 줌의 각 소회의실에서 비경쟁토론을 진행했다. 이야기를 이어주는 여러 질문을 활용하여 풍성한 대화를 나눌 수 있도록 안내했다.

구글 프레젠테이션을 능숙하게 사용할 수 있는 학생 혹은 PC를 사용하고 있는 학생이 '기록이'가 되어 친구들의 대화 내용을 요약하여 정리하였다. 토론 후에는 누구나 발표자가 되어 토론한 내용에 대해 대표로 이야기하도록 했다. 마지막으로, 그림책과 활동들을 통해서 어떤 생각의 열매들을 맺었는지, '다짐 일기'로 일기를 써보는 활동을 했다. 배운 내용을 성찰하기 위해 책을 통해 알게 된 가치와 그 가치를 저금하고 싶은 이유를 쓰는 '가치 동전' 활동을 하고, 친구들과 생각을 공유하며 배운 내용을 되짚어보도록 하였다.

교실생존비법

그림책 수업 활동

생각 열기(상상 질문)

그림책 수업을 시작하는 활동이다. 생각을 열 수 있는 질문을 제시한다.

> **(예시)** Q. 신이 나에게 특별한 능력을 하나 허락한다면 어떤 능력을 갖고 싶나요?

생각 열기(궁금 질문)

그림책의 제목이나 그림, 문장, 단어들을 보고 궁금한 내용을 질문으로 만든다.

> **(예시)** Q. 왜 시험을 보고 있을까? 아이는 왜 마스크를 쓰고 있을까? 왜 치킨일까? 왜 하필 치킨 마스크일까? 등

질문이 겹치지 않는지 살펴봐도 좋지만, 중복되게 작성되어도 괜찮다. 학생들은 친구가 자신과 같은 생각을 하고 있으며 공감되는 부분이 있음을 알게 된다. 친구들과 왜 그것이 궁금한지 더 깊이 있게 얘기를 나눌 수도 있다. 영상 자료가 있다면 함께 시청해도 좋다. 선생님이 그림책을 직접 읽어줘도 좋고, 학생들과 번갈아 읽는 것도 한 방법이다. 읽기 방법을 다양하게 시도하여 학생들이

집중하게 하면 좋을 것이다. 경험적으로는 선생님이 직접 읽어줄 때 학생들의 집중도가 높았다.

책 읽고 느낌 나누기(경험 질문)

책을 읽다 보면 이야깃거리가 있는 지점이 있다. 이 부분을 기억해서 함께 얘기를 나누는 시간을 가지면 좋다. 학생들이 자연스럽게 본인의 경험과 관련된 이야기를 함으로써 친구들이 그 친구에 대해 몰랐던 부분도 알게 되고, 공감하기 때문이다. 그러한 과정에서 우리는 관계를 맺게 된다.

> (예시) Q. 내가 다른 사람들보다 뭔가를 잘 못한다고 생각해서 속상했던 적이 있었나요?

책 읽고 느낌 나누기(느낌 질문)

학생들에게 느낌을 말해보라고 하면 어떻게 이야기해야 할지 어려움을 느낄 수도 있다. 그런 경우에는 몇 가지의 느낌 단어들을 제시해주면 도움이 된다. 느낌의 종류는 다양하다고 이야기해준다. 이후 느낌 질문을 만드는 활동을 한다. 그림책을 읽은 후의 느낌에 해당하는 단어를 고르고, 그렇게 느낀 이유가 담긴 이미지를 찾아 느낌 해시태그와 이유를 적고 공유하는 활동을 했다.

[느낌 질문] 책을 읽으면서 어떤 느낌이 들었나요?

감동적인	설레는	차분한	걱정되는	미안한	억울한	나눔
고마운	신기한	친근한	궁금한	부끄러운	예민한	지친
기대되는	안심되는	편안한	귀찮은	부담되는	외로운	몰입하는
기쁜	여유있는	홀가분한	답답한	부러운	조심스러운	즐거운
다정한	열정적인	흐뭇한	당황스러운	서운한	허전한	행복한
반가운	자신있는	흥미로운	두려운	실망스러운	화나는	간절한
뿌듯한	짜릿한	힘이나는	망설이는	안타까운	혼란스러운	불안한

[느낌 질문] 그렇게 느낀 이유는 무엇인가요?

자신의 느낌과 이유를 모둠에서 돌아가며 공유해주세요.
=> (순서) 소회의실에 가장 늦게 들어온 사람이 1번
=> (발표) 0번 슬라이드로 가서… 저는 … 하다고 느꼈어요…. 왜냐하면…

이때, 이음질문으로 친구들과 상호작용해보세요.(랜덤 공유)

기대되는

예시)
생각만으로 끝날 수 있으나 작은 일이라도
바로 행동으로 옮기는 모습이 인상적이었다.

핵심 키워드 찾기

책의 핵심 키워드를 슬라이도의 워드클라우드 기능을 활용하여 확인하는 시간을 갖는다. 다른 친구들은 어떤 주제에 대해 생각하고 있는지 확인해볼 수 있고, 그 키워드를 작성한 사람의 관점에서 설명해보며 다양한 관점에서 바라볼 수 있게 된다.

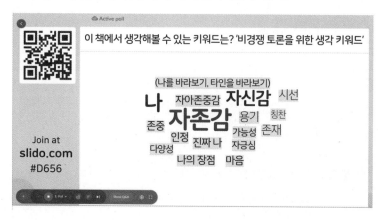

질문 만들고 토론하기

학생들과 뽑은 키워드로 질문을 만든다. 질문은 가장 많이 나온 키워드로 만들거나 각자 키워드들 가운데 관심이 가는 주제를 선택하여 만들 수 있다.

(예시) Q. 나는 나 자신을 잘 알고 있을까?

비경쟁토론에서 얘기해보고 싶은 질문을 투표를 통해 정하도록 한다.

이 질문을 가지고 모둠 친구들과 함께 비경쟁토론을 하게 된다. 비경쟁토론은 주어진 질문에 대해 자유롭게 대화를 나누며 서로의 생각을 공유하는 활동이다. 각 모둠에서 나눈 이야기는 이후에 발표를 통해 전체 학생들에게 공유하도록 한다.

생각 열매 맺기

마무리 활동으로는 생각의 열매를 맺을 수 있는 활동을 한다. 『치킨 마스크』를 읽은 날에는 '나에게 칭찬과 용기를'이라는 주제로 칭찬 엽서 쓰기를 했다. 엽서에 자기 이야기를 쓰면서 스스로에게 칭찬과 용기를 줄 수 있는 활동을 한 것이다.

그림책은 내용이 그리 길지 않아서 수업 시간에 적절히 활용하기 좋다. 또한, 그 자체가 종합 예술로서 그림, 메시지, 질문 등 학생들에게 전할 수 있는 것들이 무궁무진하다. 이야기 안에 상상할 여지가 많고, 교훈적인 부분도 들어있다. 좋은 내용이라도 교사가 전하면 때론 잔소리가 될 수 있는데, 이야기로 풀어내면 학생들이 스스로를 돌이켜보고, 깊이 있게 생각하는 시간이 될 수 있다. 그림책을 통해 원격수업을 시작하고, 학생들과 소통할 수 있었다. 또한, 다양한 교과 수업과 활동에도 그림책을 활용할 수 있다는 점을 확인하였다.

배움과 성장이 있는 수업을 꿈꾸며

교육과정을 재구성하고, 학생 배움 중심 활동과 협력적 프로젝트 수업을 준비하며 첫걸음을 내딛는 시점에서 코로나19라는 상황에 직면하였다. 원격수업이 낯선 상황에서 어떻게 수업을 효과적으로 구성하고, 등교수업과 조화롭게 병행해나갈지 합리적인 고민이 필요했다.

교사가 가진 콘텐츠는 그가 자신만의 수업을 디자인하고 만들어가는 중요한 원천이자 그 자체로 교사의 브랜드가 된다. 교사의 관심과 특성에 따라 학생들과 상호작용할 수 있는 수업의 다양한 소재와 도구를 찾고, 주어진 상황에서 그것을 실현해나갈 방법을 탐색하는 것이 중요할 것이다. 함께 만들어갈 원동력은 교사들의 집단지성에서 얻을 수 있다. 시시각각 변화하여 예측이 어려운 상황에서도 힘을 낼 수 있었던 것은 동료 선생님들과 함께 고민하고 소통했기 때문이다. 교사들은 이 위기를 기회로 삼아 공동체를 이루었고, 더욱 단합하며 서로 도왔다.

올해는 여러 고민을 바탕으로 성장할 수 있었던 것 같다. 코로나19 상황에서 불가피하게 원격수업을 진행하게 되었지만, 안정적인 플랫폼을 기반으로 학생들이 소통하고 참여할 수 있도록 블렌디드 수업을 디자인하며 미래교육을 준비하게 되었다.

협력적 문제 해결 과정에서 학생들이 책임감과 리더십, 의사소통 능력을 기를 수 있는 블렌디드 교육과정을 운영하기 위해서는 온라인 도구 사용법을 익힐 필요가 있었다. 하지만 무엇보다 중요한 것은 지금까지 해보지 않은 것과 부딪혀 시행착오를 경험하는 것이다. 결국 교사의 실패와 성공 경험들이 배움과 성장이 있는 진짜 수업을 만들어내기 때문이다. 집단지성을 활용해 자신만의 수업 경험을 쌓다 보면 우리가 지향하는 교육에 한 발 더 가까이 갈 수 있을 것이다.

삶과
연결된
배움

정혜선

초등학교 교사의 길을 걷기 시작한 지 어느덧 20년이 훌쩍 넘은 지금도 여전히 수업에 대한 고민이 많다. 좋은 답을 찾기 위해 미래교실네트워크를 통해 전국의 선생님들과 소통해 나가고 있으며 학생들과도 교감하며 모두를 동료로 생각하고 소중히 여긴다. 교과서 속에만 머무는 죽은 지식이 아니라 삶과 연결된 배움을 지향한다. 배우면서 즐기는 아이들이 될 수 있도록 늘 다양한 시도를 하고 있다. 그 과정에서의 잦은 실패와 작은 성공의 경험을 선생님들과 나누며 오늘도 조금씩 성장 중이다.

교사가 빈틈없이 모든 활동을 구성하여 물 흐르듯이 진행하면 학생들이 스펀지처럼 흡수하는 수업, 그런 수업을 최고라고 여기던 때가 있었다. 학생들이 즐겁게 참여하면서도 배움이 깊어지는 수업을 만들겠다고 생각했다. 성공적인 수업을 위해 활동을 준비하는 데 많은 에너지를 쏟았고, 빈틈없이 준비하려 애썼지만, 수업은 자주 실패했다. 아이들은 내가 개발한 활동을 대체로 재미있어했지만, 때로는 그다지 흥미를 끌지 못했다. 아이들이 열심히 참여했지만, 활동에 그칠 뿐 배움이 일어나지는 않을 때도 있었다.

왜일까? 나는 그동안 '교사는 생산자이고, 학습자는 소비자'라고 생각했다. 멋진 수업을 준비하여 가르치면 학생들이 의미 있는 배움을 경험할 수 있을 거라고 믿었다. 하지만 교사인 나의 가르침과 학생의 배움이 때로는 일치하지 않았다.

어느 날 급식에 버섯탕수육이 나왔다. 평소에 버섯이라면 맛도 보지 않고 버리던 아이들이, 탕수육의 옷을 입은 버섯은 맛있게 먹는 모습을 보면서 영양 선생님의 지혜에 감탄했다. 나도 내 수업을 이렇게 요리해야겠다는 생각이 들었다. 버섯을 싫어하는 아이들도 즐겁게 먹을 수 있는 탕수육 같은 활동을 준비해야겠다고 말이다.

나는 아이들이 공부해야 하는 '버섯'에 '탕수육'의 옷을 입혀 밥상을 차리는 데 노력을 쏟았다. 다행히 내 밥상에 초대된 아이들은 '버섯탕수육'을 맛있게 먹어주었다. 하지만 수업할수록 여전히 뭔지 모를 공허함이 있었다. 알맹이가 빠진 것 같았다. 당장은 탕수육의 옷을 입혀 아이들에게 버섯을 먹일 수 있지만, 버섯의 효능을 알고 쫄깃한 식감을 좋아하길 바라는 내 목표와 달리 아이들이 버섯 요리를 만들고 즐기는 어른으로 성장할 수는 없을 것 같았다. 언제까지 누군가가 그들의 '버섯'을 '버섯탕수육'으로 요리해서 상을 차려줄 수는 없는 노릇이었다.

한때 '일못', '고스펙'이라는 말이 매스컴에 자주 오르내렸다. 이 단어들은 높은 학벌을 자랑하는 인재들이 정작 사회에서는 아무것도 할 수 없는, 무능력한 사람이 되어버리는 우리나라 교육의 현실을 꼬집는 말이다. 높은 성적을 받고, 각종 자격증을 취득한 유능한 인재들이 왜 정작 사회에 나와서는 작은 문제 하나도 스스로 해결하지 못하는 무능한 존재가 되었을까? 학교에서의 배움은 왜 그들의 삶과 연결되지 못했으며 그들이 삶 속에서 맞닥뜨리는 문제를 해결할 수 있는 도구로 확장되지 못했을까?

학교 수업 시간의 배움은 학생들의 삶과 연결되고, 확장되어야 한다. 학교에서의 배움이 삶에서 만나는 다양한 문제 상황에 꺼내어 쓸 수 있는 든든한 도구와 재료가 되어야 한다.

우리 반에서는 수업 시간에 배운 수학적 원리를 생활 속의 상황과 연관 지어서 문제를 만들고, 해결해보게 하는 방식으로 수학 평가를 하는데, 한 아이가 제출한 평가지가 나를 깊은 고민에 빠지게 했다. 세 분수의 곱셈이 실생활에서 쓰이는 예를 아무리 생각해도 못 찾았던 모양이다. 어떤 문제 상황을 주면 식을 세우고 계산 원리에 따라 문제를 잘 풀어내는 학생이었다. 하지만 정작 이 계산 원리가 활용되는 실제 상황은 만들지 못한 것이다. 얼마나 고민하면서 풀었는지 몇 번을 지우고 쓰고, 지우고 다시 쓰고를 반복하다 결국은 '판타지 수학'이라며 가상의 상황을 만들어냈다. 이 아이의 배움은 그의 삶과 연결되고 확장되지 못했던 것이다.

예전에 '냉장고를 부탁해'라는 TV 프로그램이 있었다. 누군가의 냉장고를 스튜디오에 그대로 가지고 와서 그 안에 있는 재료로

만 요리하는 예능 프로그램이다. 셰프들은 의뢰인이 원하는 음식이 무엇인지, 평소 취향은 어떤지를 들어보고 짧은 시간 안에 맞춤 요리를 뚝딱 해냈다. 그 음식을 맛본 냉장고의 주인은 다들 '이게 정말 내 냉장고의 재료로 만들어진 요리가 맞냐'며 놀라워한다. 그 음식으로 위로를 받고 감격하기도 하고, 응원을 받은 것 같다며 마음을 다잡기도 한다.

나는 아이들이, 차려놓은 밥상에 초대되는 손님이 아니라, 자신의 냉장고 속에 어떤 재료들이 있는지 알고, 스스로 밥상을 차릴 줄 아는 셰프가 되길 바란다.

이렇게 나를 향한 두 가지 질문(1-가르침은 배움과 일치하는가?, 2-배움은 즐거움과 성장을 의미할까?)을 통해 내 수업이 나아가야 할 방향을 찾을 수 있었다. 삶과 연결된 배움을 향해, 또 아이들이 배움을 만들어가며 즐거워하는 모습을 위해 나아가고자 했다.

삶과 연결된 수업 사례 1.
우리 곁에 있는 수학 – 똑똑한 장보기

2015 개정 교육과정에서 수학 교과서는 '수학은 내 친구'로 시작하여 '수학으로 세상 보기'로 끝난다. 학생들이 학습한 내용을 실

생활과 관련지어 생각해보며 수학의 가치를 인식하고, 긍정적인 마음을 갖도록 구성된 차시이다.

첫 수학 시간에 아이들에게 질문해 보았다.

"'수학은 내 친구다.'라고 느낀 적 있는 친구?"

우리 반 학생 중 수학을 친구로 인식하는 학생은 없었다.

"그럼 수학이 나에게 도움이 된 적이 있다고 느낀 적 있는 친구?"

이마저도 한둘 정도가 손을 들 뿐, 서로 눈치만 보고 있다. 그러다 한 아이가 "더하기, 빼기 이런 것도 다 수학이잖아!"라고 말하자 그제야 하나둘 손을 드는 친구들이 늘어났다.

"수학이 싫어?"

"네!"

이번에는 모두 망설임 없이 입을 모은다.

"왜?"

"문제가 너무 어려워요…."

"정말? 앞에서 배운 것만큼만 문제로 나오는데…?"

"아니, 사실 어렵다기보다는 너무 재미가 없고, 또 앞에서 배워도 문장제가 나오면 어떻게 푸는지 하나도 모르겠어요."

수학을 아이들의 삶과 연결 지어 주어야 했다. 수업에서 다루는 문제를 실생활에서 만날 수 있는 상황으로 제시하였다.

소수의 나눗셈 기본 계산 원리를 배운 아이들에게 물었다.

"우리가 배운 소수의 나눗셈을 생활에서 어떻게 쓸 수 있을까?"

아무 대답도 못 하고 있던 아이들 사이로 한 아이가 "학원에서 수학 시험 100점 맞는 데 쓸 수 있어요."라고 말하자 야유가 나온다.

"얘들아, 소수의 나눗셈을 이용하면 장 볼 때 부모님을 도와드릴 수 있어."

의아해하는 아이들에게 언젠가 읽은 뉴스 기사 이야기를 해주면서 소수의 나눗셈을 이용하여 단가를 계산하면 대용량 상품에 속지 않고 가장 싼 제품을 고를 수 있다고 말해주었다. 아이들의 눈이 반짝였다.

"어떻게 하는 거예요?"

"우리가 이번에 공부한 소수의 나눗셈을 이용하면 되지요."

"오~~~"

일단 낚시(?)는 성공! 먼저 맛보기 문제로 가장 싼 만두를 찾아보기로 했다. 당일의 상품 가격을 화면 공유로 보여주고, 1kg 기준으로 단가를 구하는 식을 세우고 계산해보게 하였다. 물론 처음부터 잘 구하지는 못했다. 아이들은 계산 결과가 다르면 서로의 풀이를 비교해보며 단가를 계산하는 올바른 방법을 찾아 나갔다.

등교수업일에는 6학년 전체가 '똑똑한 장보기' 활동을 하였다.

교실생존비법

학교 곳곳에 문제를 숨겨두어 보물찾기 하듯이 문제지를 찾아서 거기에 적힌 물건의 단가를 1kg 기준으로 구하는 식을 세우고, 가장 싼 물건을 찾아 구글 설문지로 각 반의 담임 선생님에게 전송하도록 했다. 아이들은 한 문제라도 더 풀려고 바삐 학교 곳곳을 수색했다. 개인 활동이었지만 같은 문제를 찾은 아이들끼리 서로 묻고 알려주기도 하고, 이미 푼 문제의 답을 비교해보며 답이 다른 경우에는 어떻게 계산한 것인지 이야기를 나누었다. 자연스럽게 협력하며 문제 해결력이 키워지고 있었다. 담임 선생님들은 아이들의 활동 모습을 관찰하기도 하고, 개인적으로 질문해오는 아이들에게 도움을 주기도 하였으며, 스마트폰으로 아이들이 전송한

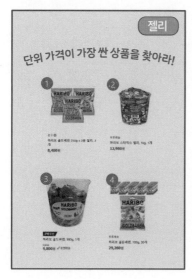

'똑똑한 장보기' 활동지

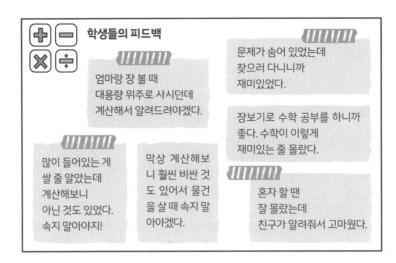

문제가 숨어 있었는데
찾으러 다니니까
재미있었다.

엄마랑 장 볼 때
대용량 위주로 사시던데
계산해서 알려드려야겠다.

장보기로 수학 공부를 하니까
좋다. 수학이 이렇게
재미있는 줄 몰랐다.

많이 들어있는 게
쌀 줄 알았는데
계산해보니
아닌 것도 있었다.
속지 말아야지!

막상 계산해보
니 훨씬 비싼 것
도 있어서 물건
을 살 때 속지 말
아야겠다.

혼자 할 땐
잘 몰랐는데
친구가 알려줘서 고마웠다.

구글 설문지의 답을 바로바로 확인하며 실시간으로 피드백을 주었다.

  삼겹살, 라면, 젤리 등 평소 많이 구입하던 물건들의 단가를 구해보는 '똑똑한 장보기' 활동을 통해 수학은 더 이상 교과서 속의 지루한 문제 풀이가 아니라 생활 속의 문제를 해결하는 데 도움이 되는 '우리 곁의 수학'이 되었다. 이제 아이들은 물건을 살 때 단가를 비교해보는 '똑똑한 장보기'를 할 것이다.

교실생존비법

삶과 연결된 수업 사례 2.
소중한 우리말 – 우리말 사용 설명서

가장 합리적이고 과학적인 문자라고 평가받는 한글. 그런데 정작 우리는 우리말을 바르게 쓰고 있을까? 우리말이 훼손되어 쓰이는 사례를 조사하여 우리말을 소중히 여기고 바르게 쓸 수 있도록 실천 의지를 다지고, 캠페인 활동을 통해 좋은 변화를 이끌어내기 위한 프로젝트를 기획하였다. 프로젝트는 국어, 수학, 미술 교과를 융합하고 재구조화하여 일상생활에서 잘못 쓰이고 있는 우리말의 사례를 찾아 알리는 조사·홍보 활동과 바른 우리말 사용을 위한 '우리말 겨루기' 퀴즈 활동으로 구성하였다.

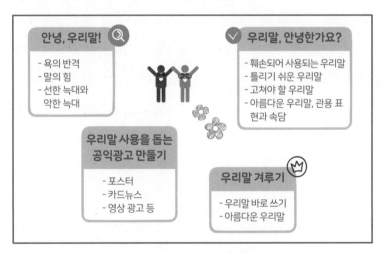

'우리말 사용 설명서' 프로젝트

'안녕, 우리말!'에서는 일상생활에서 우리말을 바르게 써야 하는 까닭을 생각해보았다. 다양한 영상 자료를 통해 무의식중에 습관적으로 사용하는 욕이 우리에게 미치는 영향에 대해 알아보고, 말이 가지는 힘에 대해 생각해보았다. 또 짧은 동화를 통해 우리 마음속의 선한 늑대와 악한 늑대 중 어느 늑대에게 먹이를 주고 있는지 스스로를 돌아보는 시간도 가졌다. 영상에 대해 온라인 수업 시간에 토론하고, 이야기를 나누면서 우리말 사용에 대한 생각을 다듬을 수 있었다.

'우리말, 안녕한가요?'에서는 우리말의 사용 실태에 대해 알아보았다. 훼손된 채 사용되는 우리말과 틀리기 쉬운 우리말 등을 조사하였다. 잘못된 표기의 상품명이나 대중가요의 가사 등을 조사하는 과정에서 아이들은 우리 일상에서 잘못된 채로 굳어져 사용되는 말이 생각보다 많다는 사실에 놀라며 이를 더 많은 사람들에게 알리기 위한 캠페인 활동에 더욱 의욕적으로 참여하였다. 아름다운 우리말 표현과 관용 표현, 속담 등도 함께 알아보고, 배운 표현을 활용한 말놀이를 하며 말의 재미를 느껴보기도 하였다.

이 프로젝트의 핵심은 우리의 배움을 교실 안에서 끝내는 것이 아니라 교실 밖으로 퍼뜨리는 것이었으므로, 아이들은 우리말 사용에 대한 생각을 다양한 방법으로 많은 사람들에게 알리기 위한

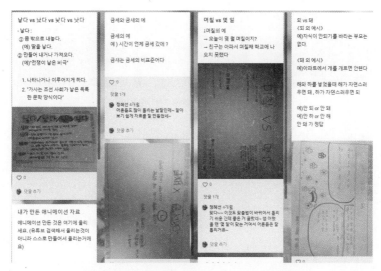

틀리기 쉬운 우리말을 바로 알리기 위해 만든 자료

캠페인 활동을 계획하였다. 먼저, 틀리기 쉬운 우리말과 고쳐야 할 우리말 목록을 만들고, 그중에 한 가지씩 맡아 사람들에게 알리는 자료를 만들었다.

그리고 언어 사용 태도와 방법 등 자유 주제로 캠페인 자료를 만들었다. 저학년 동생들에게 욕을 사용하지 말자는 주제로 동화책을 만들기도 하였고, 헷갈리기 쉬운 말을 알려주는 영상 자료나 우리말 사용 태도에 대한 공익광고를 만드는 등 다양한 방법으로 캠페인 활동을 하였다.

특히, 저학년 동생들을 위해 만든 동화책 『욕쟁이 새우』는 동생

저학년 학생들을 위해 만든 동화책

들 교실로 찾아가 읽어주기도 하였고, 직접 찾아가기 어려운 온라인 수업 상황에서는 동화 영상을 전해주기도 하였다. 실제로 이 동화를 읽어주고 난 뒤, 저학년 동생들이 고운 말을 쓰기 위해 노력했다고 담임 선생님들께서 말씀해주셨고, 그 소식을 전해 들은 우리 반 아이들은 매우 뿌듯해했다.

우리 학년 안에서의 '우리말 겨루기' 퀴즈 활동도 지속적으로 운영했는데, 골든벨 퀴즈나 OX 퀴즈 외에도 퀴즈 배틀, 라이브워

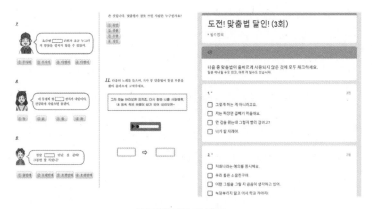

'우리말 겨루기' 퀴즈

크시트, 구글 설문지 등 다양한 온라인 도구들을 온·오프라인 블렌디드 상황에서 활용하였다.

이 프로젝트에서 학생들은 단순히 교사에 의해 짜여진 활동에 수동적으로 참여하는 것이 아니라 프로젝트의 방향성을 공유하고, 공동의 목표를 위해 서로 의견을 주고받으며 세부적인 활동들을 직접 구성하고 참여하는 배움의 주체로서 활동하였다. 이 모든 과정을 통해 학생들은 조금씩 성장해가는 자신을 발견할 수 있었다.

코로나 때문에? 코로나 덕분에!

2020년, 모든 것이 참으로 낯선 한 해였다. 20년의 경력이 무색하게도 이제까지 겪어보지 못했던 상황에서 수업 방법을 찾지 못하고 방황하고 있었다. 학생들 간의 의사소통과 다양한 협업 활동이 중심이었던 나의 수업을 온라인 상황에선 어떻게 구성해야 할지, 온·오프라인 상황에서 프로젝트 수업은 어떻게 진행할 수 있을지 막막하던 시간이 있었다. 이렇게 나는 시대의 변화에 적응하지 못하고 멸종하고 마는 것인가 우울감에 사로잡히기도 했다.

그러다가 한 선생님이 "2020년, 우리는 모두 신규가 되었다"라고 말씀하시는 것을 들었다. '그래, 신규의 마음으로 다시 시작해보자' 하는 마음으로 용기를 내어 온라인 수업에 필요한 도구들을 배우기 시작했다. 낯선 도구들은 만만치가 않았다. 익숙해지는 데 많은 시간과 연습이 필요했다. 계획한 대로 실행하지 못했고, 나는 자주 실패했다. 잦은 실패들은 나를 점점 움츠러들게 했다. 그러다 문득, 내가 아이들에게 평소에 많이 했던 말이 떠올랐다.

"실패해도 괜찮아. 잘 못하는 것을 잘하는 방법은 딱 한 가지뿐이야. 잘할 때까지 해보는 것!"

아이들에게는 실패를 두려워하지 말라고 해왔는데 정작 나 자신의 실패는 두려워했다. 아이들이 실패할 때는 지치지 않고 기다려주며 격려해왔는데, 정작 내 실수에는 너그럽지 못했던 것이다. 완벽한 모습으로 아이들 앞에 서야 한다는 부담감을 내려놓았다. 대신 아이들에게 솔직하게 말하고 양해를 구했다. 선생님도 처음이라서 많이 서툴다고, 같이 해나가자고. 나는 평소에 아이들의 실패에 관대한 편이라고 생각했는데, 아이들은 나의 실수나 실패에 훨씬 더 관대했다. 때로는 나도 몰랐던 부분을 알려주기도 하고, 나의 부족함을 채워주는 아이들도 있었다. 우리는 그렇게 '동료'가 되었다. 많이 실패했지만, 실패하면서 수업은 점점 나아졌고, 그렇게 우리는 정말로 '우리'가 되었다.

동료 선생님들과 각자의 교실에서 아이들과 함께 만들어간 수

교실생존비법

업을 공유했다. 매일 부딪치는 크고 작은 벽을 넘기 위해 사례를 나누고 방법을 함께 고민하며 그 어느 때보다 활발한 협업이 이루어졌다. 코로나 때문에 힘겨운 한 해를 보냈다고 생각했지만, 돌아보건대 어쩌면 코로나 '덕분에' 더욱더 성장할 수 있지 않았을까 생각한다. 앞서 말했듯 코로나 덕분에 동료 교사들과도, 학생들과도 '우리'라는 유대감을 바탕으로 함께 성장할 수 있었다.

코로나로 인해 어쩔 수 없이 온라인 수업을 해야 해서 필요한 도구들을 배워 사용하게 되었지만, 그렇게 알게 된 온라인 수업 도구들은 수업을 더욱 풍성하게 해주었다. 오프라인 상황에서는 하기 어려운 협업 활동이나 공유 활동들을 시간적, 공간적 제약 없이 할 수 있었다. 한 예로, 방학 때 각자가 읽은 책의 제목과 내용, 그 안에서 감명 깊었던 문장이나 읽은 소감을 구글 프레젠테이션을 이용해 소개하는 발표 자료를 만들고 공유하는 활동('네가 읽은 책은 뭐니?')을 했는데, 발표 자료를 금방 만든 후 온라인 공유회를 통해 우리 반뿐 아니라 6학년 전체 학생의 발표 자료를 손쉽게 둘러보고 댓글과 답글을 통해 소통할 수 있었다. 오프라인 상황에서였다면 발표 자료를 만들고 학생들끼리 공유하는 데 한계가 있었을 것이다.

적절한 도구들을 활용한 블렌디드 수업을 통해 적은 시간과 노

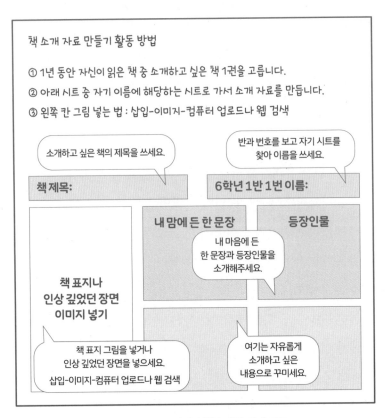

'네가 읽은 책은 뭐니?' 활동 방법 안내 자료

력으로도 학습 결과물을 멋지게 만들고, 자료를 공유할 수 있었다. 배움의 기회가 확대되고, 배움의 공간이 확장되면서 더욱 깊이 있는 배움이 가능해졌다. 코로나라는 외부적인 요인에 의해 내 의지와 상관없이 블렌디드 수업을 시작하게 되었지만, 앞으로는 나의 선택으로 계속할 것이다.

See? 作!
미래를 보고, 미래를 만들어가다!

나는 변화에 둔감한 사람이다. 변화를 두려워하고, 새로운 것을 배우는 것이 더딘 사람이다. 어쩌면 나는 변화의 물결에서 밀려나 두려워하다가 자연스럽게 도태될 운명이었는지도 모른다. 하지만 사상 초유의 팬데믹을 겪으면서 피할 새도 없이 변화의 물결에 휩쓸리고 말았다. 두려웠지만 눈을 뜬 채로 맞닥뜨릴 수밖에 없었다. 자발적인 의지는 아니었지만, 다행스럽게도 모두와 함께 그 변화를 맞을 수 있었고, 두려웠지만 동료들과 함께 적응 방법을 찾아나갈 수 있었다.

우리는 다가오는 미래를 보고 있다. 누군가는 미래를 만들고, 누군가는 다른 이가 만든 미래를 현재로 살아간다. 이제는 우리가 이 아이들이 미래를 상상하고 만들어나갈 수 있도록 어떤 역할을 해야 하지 않을까?

성취기준 중심
블렌디드 수업

이혜천

아이들에게 의미 있는 수업을 하기 위해 교실 현장에서 노력하는 교사이다. 미래교실네트워크 교사 단체 회원으로 거꾸로교실을 실천하고 있으며, 미크 선생님들과 함께 관련 분야에서 교사 대상 직무연수 강사로 활동 중이다. 21세기 급변하는 사회에서 수업도 바뀌어야 한다는 생각을 가지고 교육 방법을 계속 고민하고 연구해나가고 있다.

작년에 새로 학교를 옮겼는데, 주로 5, 6학년 담임을 맡다가 십여 년 만에 3학년 담임을 맡았다. 새로운 학교와 교실, 아직은 낯선 동료 선생님. 곧 만날 학생들에 대한 기대감과 설렘으로 가득해야 하는 3월 학기 초, 코로나19 팬데믹 상황에서 기대감과 설렘은 두려움과 걱정으로 바뀌었다.

이제 갓 저학년을 벗어난, 병아리 같은 아이들. 평상시 컴퓨터라면 한글 문서와 파워포인트 사용이 전부인 나. 낯선 장소에서 둥지를 잃어버린 새처럼 아이들과 나는 원격수업과 교실 수업을 정신없이 오갔다.

처음으로 학습 동영상을 제작하고, 구글 설문지와 패들렛 등을 활용해 온라인 과제와 평가를 진행하였으며, 10월부터는 아이들과 온라인 쌍방향 수업도 시작하였다. 모든 것이 새로운 도전이어서 처음에는 낯설고 막막했다. 하지만 먼저 경험해본 교사로서 이제 블렌디드 수업을 시작해보려는 선생님들께 분명하게 말씀드릴 수 있다.

"야, 너두 할 수 있어."(광고 문구를 인용해서 넣은 멘트이니 너라는 호칭을 이해해주시길.)

온·오프라인 수업 유기적으로 연결하기

원격수업과 교실 수업이 혼합된 형태의 수업을 보통 블렌디드 수업이라고 한다. 블렌디드 수업은 종류가 다양한데, 한 차시에 온·오프라인 수업이 동시에 진행되거나 연차시 수업이 온·오프라인 수업으로 나누어지는 경우, 단원이나 주제에 따라 온·오프라인 수업이 구분되는 경우 등이 있다. 또한, 온라인 수업의 형태(콘텐츠 제시형, 과제 제시형, 쌍방향 원격수업)에 따라서도 구분된다.

만약 수학 시간에 무게의 단위를 알아보는 수업을 원격으로 진행하고, 물체의 무게를 어림하는 수업을 교실에서 진행하였다면, 블렌디드 수업을 했다고 말할 수 있을까? 지금까지의 수업을 온라인 수업과 오프라인 수업으로 나눠서 한 것뿐이지, 온전한 블렌디드 수업이 이루어졌다고 하기에는 부족하다. 두 수업의 연결고리가 없기 때문이다. 이때, 온라인 수업에서 사용한 자료를 활용해 오프라인 수업을 진행한다면 상황은 달라진다. 수업 자료를 매개로 온·오프라인 수업을 유기적으로 연결할 수 있다.

집에 있는 물체를 하나 골라 무게의 단위에 대해 서로 문제를 내고 맞히는 온라인 수업을 진행하였다면, 오프라인 수업에서는 그 물체를 직접 교실로 가지고 와서 무게를 어림하고 단위를 사용해 표현해보는 활동을 진행할 수 있을 것이다. 온라인에서 학습한 내용을 바탕으로 오프라인에서 작품 만들기 등의 창작 활동을 하는 것도 두 수업의 연결고리가 될 수 있다.

이렇게 고민하다 보니 블렌디드 수업은 차시별로 계획하기보다 주제나 단원, 성취기준을 중심으로 계획하는 편이 좀 더 수월하다는 것을 알게 되었다. 같은 주제와 내용으로 일련의 수업을 디자인하면, 온·오프라인에서 학습 자료를 함께 사용하거나 이전의 수업 내용과 결과물을 다음 차시의 수업에 활용하기가 쉽고, 두 수업이 자연스럽게 연결된다.

온·오프라인 수업 구분하기

단원이나 주제, 성취기준을 중심으로 블렌디드 수업을 계획할 때, 먼저 어떤 내용을 원격수업으로 또는 교실 수업으로 할지 정하게 된다. 차시별 수업 내용 및 방법에 따라 어떤 형태의 수업이 적합한지를 구분한다.

수업 내용을 지식, 기능, 태도의 세 범주로 나눠본다면 주로 '지식'에 해당하는 수업 내용은 온라인 콘텐츠, 과제 제시형 수업으로 진행하고, '기능'에 해당하는 수업 내용은 교실 수업으로 진행할 수 있다. 지금과 같은 코로나 팬데믹 상황에서는 교실 수업에서 하기 어려운 짝, 모둠 활동을 온라인 쌍방향 수업으로 대신하여 운영할 수 있다. 그 밖에도 교사의 적극적인 피드백이 필요한 수업, 학생들이 많이 어려워하는 내용의 수업, 가정에서 준비물을 갖추기 어려운 수업 등은 교실 수업으로 진행할 수 있다. 수업 내용이 어떤 형태의 수업에서 잘 구현될 수 있는지를 고려해서 구분해주는 것이 좋다.

3학년 [국어] 교과 '마음을 전하는 글을 쓰는 방법 알아보기'와 '마음을 전하는 글쓰기'가 수업 내용일 때 다음과 같이 블렌디드 수업으로 진행할 수 있다. 1차시 '마음을 전하는 글을 쓰는 방법 알아보기'는 지식과 관련된 수업 내용이므로 온라인 콘텐츠 수업으로 진행한다. 2차시 '새로 만난 짝에게 나의 마음을 전하는 글쓰기'는 기능에 해당하는 내용으로, 글쓰기를 어려워하는 학급 학생의 특성에 맞게 교실에서 수업한다. 3차시 '내가 쓴 글 짝에게 읽어주기'는 모둠 및 짝 활동을 위해서 온라인 쌍방향 수업으로 계획할 수 있다.

온라인 수업과 오프라인 수업을 구분하는 기준은 학교, 학급, 학생의 특성에 따라 다양하게 바뀔 수 있다. 저학년 학생들은 온라인 도구 사용에 익숙하지 않으므로 표현 활동 수업을 교실 수업으로 진행할 수 있다. 고학년이거나 학생들 대부분이 온라인 도구 활용에 능숙하다면 다양한 온라인 도구를 활용해 포스터 만들기나 엽서 꾸미기, 영상 만들기 등과 같은 표현 활동 수업을 온라인으로 진행할 수 있다. 블렌디드 수업을 하면서 교사와 학급, 학생의 특성에 맞게 나름의 기준을 만들어나가는 것이 가장 좋다.

온라인 수업의 실제

온·오프라인 수업 계획까지 준비가 되었다면 이제 차시별로 수업 준비를 해야 한다. 수업의 형태를 교실 수업, 온라인 콘텐츠 제시형 수업, 온라인 과제 제시형 수업, 온라인 쌍방향 수업으로 나눴을 때, 가장 고민되는 부분은 온라인 쌍방향 수업이다.

온라인 쌍방향 수업을 위해서는 오프라인 수업을 잘 디자인해야 한다. 오프라인 수업 계획을 먼저 세우고 난 뒤에 이것을 어떻게 온라인에서 구현할 수 있을지 스스로에게 질문을 던지며 수업 준비를 시작한다. 평상시에 하던 오프라인 수업을 온라인 수업으로 바꾸는 것이다.

3학년 [국어] 교과의 '여러 가지 마음이 들었던 경험 떠올리기' 수업 내용을 예로 살펴보자. 교실 수업에서는 1) 여러 가지 마음을 찾아 마음 카드 만들기와 2) 카드 놀이 활동을 할 수 있다. 첫 번째 활동은 개별 활동이고, 두 번째 활동은 모둠 활동이다. 먼저, 각자 마음을 나타내는 단어를 찾아 카드를 만든다. 만든 카드를 모둠별로 모아 뒤집어놓고, 돌아가면서 카드를 한 장씩 고른다. 카드를 고른 사람은 카드에 적힌 단어를 보고 관련된 경험을 이야기하고, 다른 친구들은 이야기를 듣고 단어를 맞히는 활동이다.

본 수업을 온라인 쌍방향 수업으로 구현한다면, 가장 간단한 방법은 오프라인과 동일하게 하는 것이다. 온라인 소회의실에서 모둠별로 구글 프레젠테이션을 이용해 카드 뒤집기 놀이를 진행할 수 있다.

단, 이 수업은 학생들이 온라인 소회의실 활동에 익숙하고, 프레젠테이션 도구를 사용할 수 있으며, 교사가 프레젠테이션으로 카드 뒤집기 놀이 자료를 만들 수 있는 상황에서만 가능하다. 만약 오프라인 수업의 활동 방법을 그대로 적용하기 어려운 경우에는 교사와 학생이 사용할 수 있는 온라인 수업의 형태와 도구를 고려하여 방법을 조금씩 수정한다.

이 수업을 할 당시 온라인 쌍방향 수업을 시작한 지 얼마 되지 않은 상황이었고, 그전까지 온라인 과제 제출에 활용했던 패들렛 도구만 사용할 줄 아는 상황이었다. 마음 카드 만들기 활동 대신, 줌에서 '거꾸로 너도나도 놀이'•로 여러 가지 마음을 찾아보는 전체 활동을 진행하였다. 모둠별 마음 맞추기 카드놀이도 전체 활동으로 바꾸고, 마음과 관련된 각자의 경험을 패들렛에 쓰면 다른 친구들이 댓글로 마음을 맞춰보는 수업을 진행하였다. 이렇게 온라인 수업을 진행해보니 반 전체 아이들의 생각을 한눈에 볼 수 있었고, 수업 활동 결과를 패들렛 게시물과 댓글로 남길 수 있다는

• 이 놀이는 나와 같은 생각을 하는 사람을 알아보는 너도나도 놀이의 반대 버전으로, 독창적인 생각을 해보도록 해서 참여자들의 다양한 생각을 알아보는 놀이이다. 본 수업에서는 마음을 나타내는 단어를 다양하게 찾아보기 위해서 이 놀이를 활용하였다. 학생들은 마음을 나타내는 단어를 각자 10개씩 찾아서 적은 후 한 명씩 적은 단어를 이야기한다. 이때, 내가 말하는 단어와 같은 단어를 쓴 사람은 "나도!"라고 외치며 손을 든다. 너도나도 놀이는 같은 단어를 쓴 사람이 많을수록 점수를 얻을 수 있지만, 거꾸로 너도나도 놀이에서는 내가 말하는 단어와 같은 단어를 쓴 사람이 적을수록 많은 점수를 얻는다.

장점이 있었다.

성취기준 중심의 블렌디드 수업 사례

성취기준을 중심으로 블렌디드 수업을 진행했던 구체적인 사례를 공유해보고자 한다. 3학년 2학기 [사회] 교과에서 '옛날과 오늘날의 혼인 풍습과 가족 구성을 비교하고, 시대별 가족의 모습과 가족 구성원의 역할 변화를 탐색한다.'가 성취기준인 수업이었다. 해당 내용은 교과서를 기준으로 총 7차시로 구성되어 있다. 당시 우리 학교는 오프라인 수업, 온라인 콘텐츠 제시형 수업, 온라인 쌍방향 수업을 혼합하여 운영하고 있었다.

단원도입인 1차시는 당시 학사 일정에 따라 오프라인 수업으로 진행하였다. 학생들은 교과서의 삽화를 보며 삽화에 등장하는 수업 내용 요소를 찾아보는 게임을 하고, 이 단원에서 배울 내용을 예상해보았다.

2~3차시 수업 내용은 '옛날과 오늘날의 결혼 풍습 비교하기'이다. 결혼 풍습을 알아보는 것은 지식에 해당하는 수업 내용으로 온라인 콘텐츠 제시형 수업으로 진행하였다.

4차시는 '옛날과 오늘날의 가족 형태 비교하기'가, 5차시는 '옛

교실생존비법

날과 오늘날의 가족 구성원의 역할이 변화한 까닭 알아보기'가 주제이다. 가족의 형태와 가족 구성원의 역할을 아는 것을 목표로 하는 수업이라면 콘텐츠 제시형 수업으로 진행해도 좋겠지만, 가족의 형태가 바뀌고 가족 구성원의 역할이 변화한 이유를 아이들이 스스로 찾아보고 친구들과 다양한 생각을 나누길 바랐다. 교실에서 모둠 활동을 할 수 없는 상황이므로 온라인 쌍방향 수업으로 진행하였다.

6차시는 '가족 구성원 역할 간의 갈등 상황 알아보기'를 주제로 한다. 가족 구성원 간의 갈등 상황을 찾아보고, 그 상황에서 어떤 역할들이 충돌하는지 알아보았다. 역할 갈등으로 생기는 문제를 찾는 데 어려움을 느끼는 학생들이 많아 오프라인 개별 활동 수업으로 진행하였다.

7차시의 주제는 '내가 원하는 가족의 모습을 위해 내가 할 수 있는 일 생각해보기'이다. 이전 차시 수업에서 찾아보았던 갈등 상황을 해결하기 위해서 어떤 말과 행동을 할 수 있는지 모둠별로 토의해보는 활동을 계획하고, 온라인 쌍방향 수업으로 진행하였다.

'옛날과 오늘날의 가족 형태 비교하기'를 주제로 하는 4차시 온라인 쌍방향 수업을 좀 더 자세히 살펴보자. 이 수업을 교실에서 한다면, 다음의 세 가지 활동이 가능하다. 1) 교과서 삽화를 보면서 옛날 가족 형태의 특징 찾아보기, 2) 우리 학교 학생들의 가족 형태 조사하기(모둠별 설문조사 과제 제시), 3) 옛날과 오늘날의 가족 형태가 달라진 까닭에 대해 모둠별로 창문 열기 토의·토론● 진행하기.

이 수업을 다음과 같이 바꾸어 온라인 쌍방향 수업으로 진행하였다. 1) 전체 활동으로 교과서의 그림을 화면에 공유하고, 그림에서 옛날 가족 형태의 특징을 찾아 이야기하며 정리하기, 2) 구글 설문지 도구를 활용하여 우리 반의 가족 형태를 조사하고, 함께 통계를 보면서 오늘날 가족 형태의 특징을 알아보기, 3) 가족의 형태가 달라진 이유에 대해 모둠별 온라인 소회의실에서 토의를 진행하고, 토의 결과는 구글 문서 도구를 이용해 정리하기.

완벽하지 않아도 괜찮아

여기서 소개한 수업들이 한 번에, 원만하게, 계획한 대로 척척 진행되었을까? 다시 한번 상기시켜 드리자면 나는 평상시 한글과 파

● 모둠 내에서 생각이나 의견을 나누고 정리하는 토의·토론 방식. 각자 의견을 제시하고 의견에 동의하는 사람의 수를 세어 숫자 1, 2, 3, 4가 써있는 창문 모양이 그려진 활동지에 의견을 정리한 후 의사결정을 한다.

교실생존비법

워포인트만 사용하던 사람이었다. 나도 매일 새롭고 당황스러웠는데 초등학교 3학년 아이들은 오죽했겠는가. 처음 온라인 쌍방향 수업에서 패들렛을 사용할 때, 여기저기서 들린 아이들의 다급한 외침이 아직도 생생하다. "선생님, 글씨가 안 써져요." "선생님, 저는 안 보여요." "이거 어떻게 하는 거예요?" 1학기 동안 온라인 과제를 해보았으니 도구를 익숙하게 사용할 수 있을 것이라 생각했는데 큰 착각이었다. 알고 보니 교사가 공유한 화면과 학생이 사용할 인터넷 창을 구분하지 못하고, 기본 브라우저를 크롬으로 설정해놓지 않아서 생긴 문제였다(패들렛은 인터넷 익스플로어에서는 잘 작동하지 않는다).

대혼란의 장 속에서 먼저, 화면 공유를 해제하여 아이들이 창을 구분하기 쉽도록 안내하고, 패들렛에서 글쓰기와 댓글 달기 활동을 할 때 크롬 브라우저를 사용하지 못하는 학생들은 줌 채팅 기능을 이용해서 내용을 쓰게 하였다. 자판이 익숙하지 않아 그마저도 어려운 학생들은 교사에게 내용을 말하면 교사가 대신 적는 방식으로 수업을 진행했다. 정신없이 수업이 끝나고 나서야 문제를 겪었던 친구들을 따로 모아 기본 브라우저를 설정하는 방법을 안내하였다.

한편, 학생들 간의 활발한 소통을 위해 모둠 활동을 계획하였는데, 막상 소회의실에 들어가면 너나 할 것 없이 너무 조용했다. 조용히 뭔가를 하거나 아무것도 하지 않고 멀뚱히 있어 굉장히 당황스러웠다. 아이들은 자기 모니터를 보면서 각자 적기 바쁘거나 자판에 익숙하지 않은 학생들은 하릴없이 멍하니 있던 것이다.

여러 번 수업을 하면서 모둠 활동을 할 때 한 사람의 창을 공유하여 같은 화면을 보며 생각을 나누어야 활발한 소통이 이루어진다는 것을 알게 되었다. 또한, 저학년의 경우 자판에 익숙한 학생을 한 명씩 정해서 기록하는 역할을 주고 모둠 활동을 하는 것이 좋다는 것도 알게 되었다. 그래서 지금은 화면을 공유하고 기록하는 역할 외에도 모둠 활동을 진행하는 역할이나 활동 시간을 재는 역할, 칭찬해주는 역할 등을 모둠원에게 부여한 후 온라인 모둠 활동을 하고 있다.

특히, 저학년 학생들은 본격적인 온라인 쌍방향 수업 1~2주 전부터 조회 시간이나 창의적 체험활동 시간 등을 이용해서 온라인 수업에 들어오는 것부터 다양한 기능을 하나씩 익히는 시간이 꼭 필요하다. 나는 온라인 놀이를 활용해 기능을 익히는 시간을 가졌고, 수업에 필요한 새로운 기능은 직전 수업의 마지막에 미션을 제시하는 형태로 소개하였다. 미션을 수행하지 못하는 학생을 한 명씩 살펴봐주며 아이들의 이해도를 파악하였으며 이를 고려하여 모둠을 조직하고, 수업 활동을 조절하였다.

 작은 것부터 하나씩 시작해보는 것을 추천한다. 도구는 시간이
지나면 익숙해지기 마련이다. 중요한 것은 수업에 교사의 철학과
방향성이 담는 것이다. 교실에서 강의식 수업을 주로 하고, 학생
활동을 거의 진행하지 않는다면 블렌디드 수업도 마찬가지일 것
이다. 그간 축적해온 선생님들의 수업 노하우를 바탕으로 학생이
중심이 되는, 자신만의 블렌디드 수업을 만들어가길 응원한다.

제4장

블렌디드

수업 사례

중등 편

내 수업을
온·오프라인에서
똑같이 구현하기

문용우

화성동화중학교 과학 교사로 재직 중이다. 2014년에 거꾸로교실을 접하게 되어 지금까지 미래교실네트워크 주번으로 활동하고 있다. 미래교실네트워크에서 주관한 거꾸로교실 캠프(2014~2019)에 강사로 참여하였으며, 경기도교육연수원 공모연수(2019~현재) 거꾸로교실 강사로 활동하고 있다. 2020년에는 한국과학창의재단에서 주관한, 교원의 원격수업을 위한 역량 강화 연수에 강사로 참여하여 원격수업 노하우를 소개하였다. 학생의 역량을 키우기 위한 수업 디자인에 대해 고민하고, 거꾸로교실 수업을 해오고 있다.

2020년 2월부터 코로나19의 확산세가 거세지면서 개학이 연기되었고, 원격수업이 도입되었다. 학교에서는 3월 내내 이에 대한 논의가 지속되었다. 처음으로 일제히 진행되는 원격수업으로 인해 학교 현장은 다소 혼란스러웠으며, 학부모들의 문의 전화도 계속 걸려왔다. 각 학교에서는 원격수업을 어떤 형태로 진행할지 수시로 회의를 진행하였으며, 우리 학교는 구글 클래스룸을 활용한 콘텐츠 활용 수업을 하기로 결정했다.

나는 이미 다년간 거꾸로교실을 운영해왔던 터라 큰 어려움은 없었다. 이미 여러 해 동안 거꾸로교실을 위해 수업 영상(이하 디딤영상)을 제작해본 경험이 있었기에 콘텐츠를 제작하는 데에는 어려움이 없었다. 초창기에는 구글 클래스룸에 디딤영상을 올리고,

학습지를 구글 문서로 만들어서 과제를 부여하는 방식으로 수업을 진행했다. 수업 후 학습지를 제출한 학생들의 출결을 확인하면 수업이 끝나는 구조였다.

그런데 무엇이 문제였을까? 나는 점차 공허함을 느끼게 되었다. 막상 수업을 진행하다 보니 거꾸로교실 수업의 목표로 삼았던 소통과 협업이 사라진 것이었다. 수업을 디자인하면서 구상했던 것은 학생들이 구글 클래스룸에 접속해서 디딤영상을 본 후에 학습지를 성실하게 풀어 제출하는 것이었다. 그러나 사람은 환경에 적응하기 마련인지라 학생들은 학습지를 먼저 열어놓고 디딤영상을 건너뛰면서 질문에 대한 답만 찾아 적고 있었다. 수업이 시작하자마자 10분도 안 돼 학습지를 완성하여 제출하였다. 원격수업을 이대로 진행해도 괜찮을까? 이것이 원격수업의 한계인가? 이렇게 진행하는 것이 최선일까? 혼란스러웠다.

동료 교사와 논의해보기도 했지만 뚜렷한 해결책을 찾지는 못했다. 그러던 중 미래교실네트워크에서 원격수업의 비결을 알려주는 연수가 있다고 해 참여하게 되었다. 그 연수에서 쌍방향 원격수업을 접하게 되었고, 활용할 만한 온라인 협업 도구도 알게 되었다. 그동안의 문제에 대한 해결의 실마리를 찾은 것 같았다.

온라인 협업 도구를 활용한 쌍방향 원격수업을 진행해보아도 문제는 발생했다. 학생들이 디딤영상을 통해 학습 내용을 미리 파악하지 않고 수업에 참여한다는 것이었다. 그러다 보니 모둠별 소회의실에서 대화가 없어져버렸다. 수업 시간은 흘러가는데 진도를 나가지 못하는 상황이 발생한 것이다. 대면 수업의 경우 학생들을 어르고 달래서라도 수업을 진행할 수 있겠지만, 원격상황이다 보니 교사가 할 수 있는 것이 제한적이었다.

이를 해결하기 위해 디딤영상을 본 후에 PMI를 작성하게 했다. 거꾸로교실에서 사용하던 방법이었는데, 이번에는 패들렛을 이용하여 제출하게 하였다. 기존의 학습지를 온라인에서 사용하기 위해서 라이브워크시트(Liveworksheets)를 활용하였다.

디딤영상을 이해했는지 확인하는 활동

코로나19 이전부터 거꾸로교실을 운영하면서 디딤영상을 만들었다. 수업 전에 학생들에게 디딤영상을 제공하여 본 수업에서는 교사의 설명을 빼고 학생들의 활동으로 채우는 것이다. 거꾸로수업에서 디딤영상은 중요한 요소이다. 디딤영상의 시청 여부에 따라 참여도가 달라진다. 교사가 문제를 제시하면, 디딤영상을 보고 온 학생들은 활발하게 토론하면서 문제를 해결한다. 그렇지 않은 학생들은 문제 해결에 어려움을 겪고 말수가 줄어든다. 따라서 학생들에게 디딤영상을 꼭 시청하고 올 것을 당부할 필요가 있다.

PMI로 시동 걸기

PMI란, 디딤영상을 본 후 그 내용을 정리하는 과제로, 작성하는 과정이 공부가 된다. 학습 과정에서 새롭게 알게 된 것과 이미 알고 있던 것을 정리해보는 것은 중요하다. 효과적인 학습을 위해서는 내가 알고 있는 것과 모르는 것을 명확히 인지해야 하며, 메타인지가 바로 그러한 것을 의미한다. 메타인지 능력이 좋은 학생일수록 공부를 잘하는데, 모르는 것에 더 집중해 보완할 수 있기 때문이다.

한편, PMI는 학생들이 디딤영상을 보고 왔는지 확인하는 용도로도 유용하다. 패들렛 서식을 활용하면 과제를 제출한 학생과 그렇지 않은 학생을 구별하기 좋다. 작성하는 데에 어려움이 있는 학생은 친구가 제출한 내용을 참고할 수도 있다. 한편, 대충 작성한 친구의 것을 보고 '어! 나도 이만큼만 해야지'라고 생각하는 학생이 있을 수 있다. 학생들은 PMI가 공부에 도움이 된다고 생각하기보다는 귀찮은 숙제라고 여기기 때문이다. 이럴 때는 교사의 피드백이 필요하다. 'PMI를 작성해보니 너에게 도움이 되었니?', '다른

교실생존비법

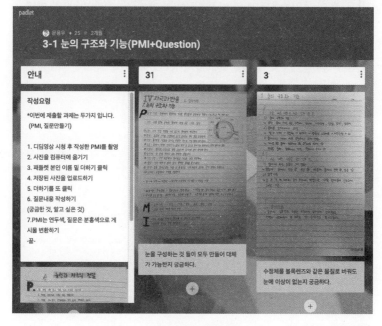

P(Plus): 새롭게 알게 된 것을 적는다.

M(Minus) : 이미 알고 있던 것을 적는다.

I(Interest) : 자신의 진로나 흥미와 관련 있는 것을 적는다.

패들렛에 PMI 올리기

친구의 PMI와 무엇이 다른 것 같니? 어떤 게 더 효과적이라고 생각하니?', '선생님이 PMI를 작성하게 한 이유는 뭘까?' 이런 식의 질문을 하면 자연스럽게 효과적으로 지도할 수 있다.

질문 만들기

PMI 과제를 내주면서 질문도 같이 만들 것을 주문한다. 학생들이 만든 질문 중에서 수업과 연관되어 있고 중요한 질문은 따로 모아 '질문에 답하기' 패들렛을 만든다. 대단원 마무리 시간에 학생들은 검색을 통해서나 기존에 갖고 있던 지식을 이용해 질문에 대한 답을 댓글로 단다. 이 활동을 통해 학생들은 좀 더 심화된 내용을 공부할 수 있고, 자기 주도적 학습 능력을 향상할 수 있을 뿐만 아니

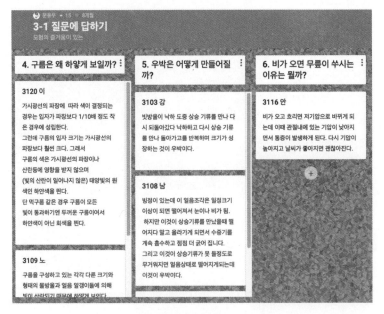

패들렛으로 질문에 답하기

라 협력해서 공부하는 방법을 배우게 된다. 물론 이 활동을 대단원 마무리 시간에만 진행하지 않고, 매시간 질문을 선별하여 질문이 있는 수업을 구성해도 좋다.

라이브워크시트를 활용한 학습지 활동

라이브워크시트는 기존에 만들어둔 학습지를 수정 없이 그대로 사용할 수 있는 도구다. 교사는 학생들이 작성한 학습지를 확인하면서 피드백할 수 있다. 사용법이 무척 간단하여 쉽게 만들 수 있으며, 학생들도 개인정보 없이 쉽게 계정을 만들 수 있어 편리하지

로그인 및 학습지 업로드 순서

① 교사로 로그인하면 왼쪽 그림처럼 팝업창이 뜬다.
② My students를 클릭하여 그룹을 만들고,
   add students를 클릭하여 학생 계정을 만든다.
※ 학생들이 로그인하기 위해서는 username과
   password가 필요하다. username의 경우,
   이름이 같으면 생성되지 않으므로 학번과 이름으로
   만들면 좋다. (예- 3101 홍길동)
③ 학습지는 pdf, jpg, png 파일로만
   업로드할 수 있으므로 한글 파일을 pdf로
   미리 저장해놓는다.

④ Make interactive worksheets를 클릭한 후 Get started를 선택하여 학습지 파일을 업로드한다.

만 구글 문서처럼 공유되지는 않는다는 단점이 있다. 라이브워크시트는 worksheets와 workbooks로 구성되어 있다. worksheets는 차시별로 배부하는 학습지이고, workbooks는 단원별 학습지를 한 권으로 묶은 책이라고 보면 된다.

학습지 생성 순서

① 학습지에서 학생들이 답을 적을 부분에 아래와 같이 사각형 칸을 만든다. 칸 안에 단답식의 경우에는 정답을, 다른 형식의 경우에는 해당하는 명령어를 입력한 후 저장한다.

② My workbooks를 만들고 Add to my workbooks를 클릭하여 학습지를 workbooks에 추가한다.

③ My students에서 Assign workbooks를 클릭하여 학생들에게 workbooks를 제공한다.

체세포 분열 결과 염색체 수와 유전 정보가 모세포와 같은 ▓▓▓▓▓▓ 개의 딸세포가 생긴다.

⇨ 세포가 분열하기 전 모세포의 핵 속에 들어 있는 유전 물질은 복제되어 두 가닥의 염색 분체가 되고, 세포 분열 과정에서 염색 분체가 분리되어 ▓▓ 개의 딸세포에 전달되기 때문이다.

학습지에서 사각형 칸 생성하기

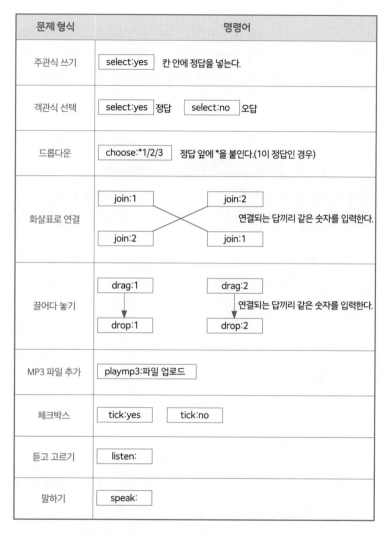

문제 형식	명령어
주관식 쓰기	select:yes 칸 안에 정답을 넣는다.
객관식 선택	select:yes 정답 select:no 오답
드롭다운	choose:*1/2/3 정답 앞에 *을 붙인다. (1이 정답인 경우)
화살표로 연결	join:1 join:2 연결되는 답끼리 같은 숫자를 입력한다. join:2 join:1
끌어다 놓기	drag:1 drag:2 연결되는 답끼리 같은 숫자를 입력한다. drop:1 drop:2
MP3 파일 추가	playmp3:파일 업로드
체크박스	tick:yes tick:no
듣고 고르기	listen:
말하기	speak:

라이브워크시트에서 학습지를 만들 때 입력하는 명령어

피드백

라이브워크시트는 학생이 worksheets를 작성한 후 Finish를 눌러야 교사에게 제출되므로 이 점을 안내해야 한다. My students → Group results에 들어가면 학생들이 제출한 내용을 볼 수 있다. 학생의 worksheets를 클릭하면 상단에 다음과 같은 도구들이 보인다.

이 도구를 활용하여 학생들에게 피드백해줄 수 있다. 학생 개개인의 worksheets를 확인하고 피드백을 하려면 많은 시간과 노력이 필요하다. 반복적으로 사용할 문장은 메모장 등에 미리 적어 놓고 복사-붙여넣기를 하면 품이 조금 덜 든다.

지속 가능한 블렌디드 수업

코로나 상황으로 인해 원격수업을 하게 되면서 교사들은 다양한 콘텐츠 제작 방법을 알게 되었고, 학생들은 온라인 협업 도구 사용법을 익히게 되었다. 코로나19가 종식되면 다시 예전의 수업 방식으로 돌아가야 할까? 그렇지 않다. 예전에는 '학생들이 교과 내용을 어떻게 효과적으로 학습하게 할 수 있게 할 것인가?'를 주로 고민했다면, 이제는 '학생들이 내 수업을 통해 무엇을 얻게 될까?'에 초점을 맞추어야 한다고 생각한다. 이것은 미래교육의 핵심이기도 하다. 나는 학생들이 내 수업을 통해 소통과 협업 능력을 얻길 바란다. 단기간에 가능한 것은 아니므로 이 능력을 기르기 위한 과정이 수업 전반에 포함되어야 한다. 이를 위해 학습지 질문을 친구와 번갈아 가며 질문하고 답하도록 하는 것을 추천한다. 이는 거꾸로수업에서 가장 기본이 되는 수업 방법으로, 블렌디드 수업을 이어갈 수 있다는 장점이 있다.

수업을 디자인하고 이끌어가는 사람은 교사이므로 수업 디자인이 좋아도 교사가 번아웃된다면 수업은 지속될 수 없다. 온라인 수업과 오프라인 수업을 구분해서 둘 다 준비해야 한다면 금방 지칠 수 있다. 지치지 않고 수업 목표를 이루기 위해서는 하나의 수업 디자인을 온·오프라인에 똑같이 적용해야 한다. 온라인상에서는 소회의실에서, 오프라인상에서는 모둠 내에서 '학습지를 기반으로 친구와 묻고 답하기'를 진행한다면 지속 가능한 블렌디드 수업이 가능할 것이다.

수학 시간
면역력을 키워주는
블렌디드 수업

김희자

2015년, 거꾸로교실 집중캠프 참가를 계기로 전국의 교사들과 활발한 수업나눔을 시작하며 창의적인 수업 디자인을 하게 되었다. 방정식·부등식 역할극, 함수송1·2, 로봇과 함께 푸는 연립방정식 등 아이들의 눈높이에 맞는 오감활동 탐구수업을 만들어 모든 아이들이 즐겁게 참여하는 수학 수업이 되도록 노력 중이다. 2016~2018년에는 『거꾸로교실 수업 활용서』총 4권을 공동 집필하였으며 미래교실네트워크 경북 거꾸로교실 자율연수회를 7년 동안 운영해오고 있다. 2018 대한민국 수학교육상을 수상하였으며, 2019 EBS 최고의 수학교실 3화 <수학적 탐구력을 키우는 오감활동수업>에 출연한 바 있다. 2020년에는 한국과학창의재단이 주관하는, 실시간 쌍방향 원격수업 교사 역량 강화 연수 강사로 활동하였다.

몇 년간의 짧은 교직 생활 후 5년 동안의 육아 휴직기가 있었다. 두 명의 아이를 키우는 동안, 아이 친구 엄마들의 모임에 참석하고 육아서를 읽으며 교사가 아닌 학부모의 입장에서 교육에 대해 생각해보았다. 특히 엄마로서 아이의 수업을 참관할 기회가 많았고, 직접 일일 강사로 참여하기도 하면서 많은 것을 느꼈다. 아이들의 눈높이에 맞게 오감을 활용하는 다채로운 수업에 놀랐고, 이에 대비되어 흑백영화 같은, 그동안의 나의 수업이 부끄러워졌다. 이제 초등학교를 갓 졸업한 아이들을 마치 대학생처럼 대하며 가르치고 있었던 게 아닐까 생각하며 그동안의 나의 수업을 반성하게 되었다.

휴직을 끝내고 학교로 돌아왔을 때, 복도에서 아이들이 욕설을 내뱉는 모습에 충격을 받았고, 이 광경을 보고도 별다른 지도 없이 자연스럽게 받아들이는 분위기에 놀랐다. 그리고 수업에서 표정이 없는 아이들, 선생님의 어떤 행동에도 반응하지 않는 아이들을 만나고 더욱 큰 충격을 받았다. 과연 이 아이들에게 초등학교 6년 동안 어떤 일들이 있었던 것일까 궁금했다. 표정과 반응이 없고, 심지어 무기력한 아이들을 보는 것 자체가 너무 힘들었고, 아이들이 행복하지 않은 것이 결국 내 책임이라는 생각이 나를 힘들게 했다.

더욱이 그 당시 우리 학교는 창의·인성 연구학교였다. 창의와 인성은 단지 공문으로만 외치고 실제로는 그 반대의 방향으로 교육하고 있는 것은 아닐까 하는 의구심이 들었다. 이대로 가다가는 우리나라의 미래가 없다는 생각까지 하게 되면서 수업을 바꾸고, 교육의 방향을 바꿔야 한다는 마음이 싹트기 시작했다.

이후 인성교육 및 학급경영 관련 연수를 찾아 수강하였고, 몇 년 동안 학급경영에서 실패를 거듭한 후, 중2 아이들과 함께했던 어느 해 마침내 스스로 자부심을 느낄 만한 학급경영을 하게 되었다. 학급에서 실시한 프로그램을 바탕으로 '성공적인 학급경영이란?'을 주제로 글을 써 전국 수기대회에 입상하게 되면서 아이들과의 관계 형성과 인성교육에 나름대로 자신감을 얻게 되었다.

그런데 담임과 반 학생으로서의 관계는 아주 좋았지만, 같은 아이들을 수업에서 만날 때면 새로운 문제가 발생했다. 수업 방법이 문제라는 결론을 내기까지는 그리 오랜 시간이 걸리지 않았다. 교사 주도의 일방적인 강의로 진행되는 수업을 바꿔야 한다는 생각으로 이것저것 시도를 해보던 중 나에게 기적 같은 기회가 찾아왔다. 당시 오픈과 동시에 매진되었던 거꾸로교실 캠프에 추가로 참여할 기회가 생긴 것이다. 캠프와 거꾸로교실 연구회 밴드• 에 동시에 참여하여 전국의 초중고 교사들의 거꾸로교실 수업을 한눈에 보면서 나는 수업을 생각보다 쉽게 바꿀 수 있다는 사실을 알게 되었고, 아이들이 협업을 통해 배우며 즐기는 수업으로 조금씩 바꿔나가게 되었다. 내가 고민하여 만든 수업을 구현해내는 이 창의적인 작업을 통해 이전에는 맛보지 못한 삶의 희열을 느끼게 되었다. 아이들이 친구와 함께하며 기뻐하는 모습을 보면서 나도 행복한 교사가 되어가고 있었다.

● 미래교실네트워크 팀버스의 전신으로 거꾸로교실 연구회를 시작할 당시 전국의 초중고 교사들의 활발한 수업나눔 및 소통의 장이 되었고, 이를 바탕으로 현재의 미래교실네트워크 전국 교사 연구회와 지역별 교사연구회가 탄생할 수 있었다.

3-백신 연구소 설립 배경

아이들에게 제일 힘든 과목이 무엇인지 물어보았더니 아이들은 수학이 가장 힘들며 수학 시간 때문에 학교 오기가 싫다고까지 했다. 갈수록 어려워지는 수학은 아이들에게 가장 고통스러운 과목이 되었다. 그래서 수학 시간에 대한 면역력을 키워줄 세 가지 백신을 만들 생각을 하게 되었다.

어릴 적 수학을 포기했던 사실이 어른이 되어서도 아픈 기억으로 남을 수 있으므로 아이들에게 수학 시간을 행복한 기억으로 채워주는 것이 수학 교사로서 나의 사명이 아닐까 생각했다. 이러한 배경하에 수학에 대한 면역력이 떨어져있는 아이들을 도울 백신 연구소를 설립하게 되었다. 아이들에게 접종해야 할 백신을 크게 세 가지로 나누어 보았다.

> '백신'의 종류
>
> -수학에 대한 트라우마로 인해 삶의 의미를 잃어버린 아이들을 위한 자존감과 자신감 백신
> -수학 시간에 끝까지 집중하기가 힘든 아이들을 위한 수업 몰입력 백신
> -어려운 문제로 괴로워하는 아이들을 위한 협력 백신

자존감과 자신감 백신으로 회복탄력성 기르기

2020년 4월부터 원격수업이 시작되고 또 점점 장기화되면서 교실이라는 물리적 공간을 벗어난 제3의 공간에서 교수학습활동이 이루어지게 되었다. 직접 대면할 수 없는 상황에서 수업이 진행되므로 관계를 쌓을 수 있는 시간이 더욱 필요하다고 생각했다. 이에 매년 학기 초에 실시하던 첫 만남 소통 활동과 인성 수업을 온라인으로 진행하였다.

첫 만남 소통 활동

원격수업을 하든 대면수업을 하든 첫 소통 활동은 이후의 협력 수업의 성패를 좌우하는 중요한 활동이다. 이 활동을 통해 아이들은 서로 친해지고, 신뢰하는 관계를 세워나가게 된다.

1) 초성 게임 & 활동지 학습

반별 수학 카톡방을 개설하여 줌 회의 아이디와 링크를 공유했다. 구글 스프레드시트 활동지에 접속해서 초성을 보고 단어를 유추해보게 했다. 빈칸을 점점 채워가는 아이들의 활동 모습을 보면서 칭찬하고 격려해주었고, 이에 아이들은 점점 더 의욕적으로 게임에 참여하면서 긴장되고 어색했던 분위기가 단번에 풀어지게 되었다.

그런데 몇 주 동안의 줌 수업에서 불안정한 접속환경이나 스마트폰으로 접속할 때의 문제 등 여러 어려움이 있어서 아이들에게 이제 줌 수업을 그만하고 구글 설문지를 활용한 1:1 형성평가를 하는 것이 어떨지 물어보았다. 줌에서는 아이들의 이해도를 일일이 파악하기가 쉽지 않았고, 그때만 해도 줌이 익숙하지 않아 다양한 활용법을 알지 못하는 상태였다. 그런데 그때 한 학생이 친구들과 퀴즈를 푸는 게 너무 재밌었다며, 줌 수업을 계속하자고 했다. 그 말에 계속할 힘을 얻게 되었고, 줌에서 실시간 쌍방향 수업을 더 잘할 수 있는 방법을 연구하게 되었다.

교실에서 개별로 활동지를 작성하는 활동을 온라인에서 구현하기 위해 개인별 시트로는 개별활동지를, 모둠별 시트로는 모둠 활동지를 만들었다. 거꾸로교실 지도자료집•에서 찾은 자료를 구글 스프레드시트로 복사해 온라인 활동지로 만들어 사용하기도 했다.

● 미래교실네트워크가 미래엔과 협력하여 만든 거꾸로교실 지도자료집은 전학년 통합본, 중1, 중 2, 중3 의 총 4권으로 구성되어 있다. 미래엔 엠티처 사이트에서 국어, 영어, 수학, 사회, 과학 등 과목별로 검색할 수 있다.

2) 릴레이 이름 외우기

등교수업 첫날, 아이들을 강당에 원 대형으로 앉게 했다. 이름 앞에 자신을 나타내는 형용사를 넣어 소개하면, 옆 친구는 그걸 그대로 말한 후에 자기를 소개하게 하니 활동이 끝날 즈음에는 반 전체 친구들의 이름을 자연스럽게 익히게 되었다. 첫 만남에서 서로의 이름을 익힌 아이들은 이후의 협력 수업에 적극적이고 긍정적인 자세로 임하게 되었다.

온라인 인성 수업

1) 삶 되돌아보기

출발을 연상시키는 영상을 패들렛에서 보여주면서 '아기가 태어났을 때(When a child is born)'라는 노래를 들려주었다. 아이들이 눈을 감고 지금까지의 삶을 돌아보는 시간을 갖게 하였다. 이 시간을 통해 아이들이 자신을 소중히 생각하고, 새 출발의 꿈을 키울 수 있는 의지를 다지기를 바랐다.

2) 마음 세우기

어려운 환경에서도 훌륭하게 성장한 사람의 이야기와 노래를 영상으로 함께 감상하고 각자 자신의 생활에서 감사한 부분을 찾아

써보게 했다. 아이들은 대부분 부모님께 감사하다고 적었고, 자기도 꿈을 향해 최선을 다하겠다는 각오를 밝혔다.

감사하는 마음을 지속시키기 위해 매 수업 초반에 '오늘의 감사 문장 쓰기' 활동을 했다. 아이들은 감사의 말 한마디를 쓰고 나면 집중할 힘을 얻는다고 했다. 한 학기를 마친 아이들은 "수학 시간마다 쓰는 이 감사문장으로 나도 모르게 감사한 마음이 가득해져서 자꾸 쓰고 싶어진다", "감사문장을 쓰면서 더 단단한 나 자신이 되어가고 있는 것 같아 기분 좋다"라는 소감을 적어주었다.

3) 꿈 세우기

아이들이 스스로 자신의 꿈을 세워 주체적으로 살기를 바라는 마음으로 학기 초에는 꿈 세우기 활동을 하였다. 먼저 패들렛에서 오바마의 삶에 대한 영상을 시청한 후 '힘든 상황 속에서도 그를 대통령으로 만든 건 과연 무엇일까?'라는 질문을 던졌다. 이후 e-학습터에 올려둔 꿈 용지에 각자의 꿈을 적고, 그걸 수학 노트(자기주도 배움플래너) 첫 장에 부착하여 매일 확인하며 자신의 꿈이 실현된 모습을 상상하라고 주문했다.

지필고사 한 달 전에는 각자의 목표 점수를 쪽지에 적은 후 타임캡슐 단지에 보관했다가 시험 직후에 타임캡슐 개봉식을 가지

교실생존비법

며 목표 달성 정도를 스스로 확인하고, 다음 목표를 쓰도록 했다. 이를 통해 학기 초에 세운 꿈과 목표를 잊지 않도록 하였다.

> **TIP** 긍정적인 반응을 부르는 교사의 말
>
> 아이들이 꿈 용지 작성을 마무리하면 꿈 상담을 간단히 진행했다. 수학 노트를 확인하면서 첫 장에 있는 꿈 용지를 확인하고 도장을 찍어주면서 이야기했다. 우선, 아이가 자신을 나타내는 형용사를 적은 것을 보고 장점을 칭찬해주었다. 아이의 꿈과 진로에 대해 이야기를 나누고, 꿈을 응원한다는 의미로 하이파이브를 했다. 짧은 시간이지만, 아이들은 선생님이 자신을 진정으로 응원해준다고 느끼면서 교사에 대한 신뢰가 싹트게 된다. 이 활동 이후 수업에서도 교사의 말에 긍정적으로 반응하는 모습을 보여주었다.
>
> 사실 교사는 아이들과 1:1의 관계도 맺지만 반 전체로 만나게 되는 경우가 훨씬 많다. 아이들이 자신을 나타내는 형용사를 정한 것처럼 각자의 반을 나타내는 형용사를 하나 정하게 한 후 그 형용사를 붙여서 부르면서 수업을 진행하였는데, 특히, 수업 중에 칭찬할 일이 있을 때 불러주었다. 예를 들어, 2반 아이들이 카톡방에서 대답을 잘했을 때 "와 정말 적극적이구나. 적극적인 2반 최고!"라고 하고, 3반 친구들이 QR코드를 잘 만들었을 때는 "정말 IT 능력이 우수한 3반이구나!"라고 했다.
>
> 교사가 해당 반을 어떻게 정의 내리는가에 따라 반 아이들의 행동이 달라지는 것을 확인할 수 있었다. 아무리 힘든 상황이라도 부정적인 말은 되도록 삼가고 장점을 찾아 칭찬하고 기다려주었더니 결국 긍정적인 변화를 만들 수 있었다.

수업 몰입력 백신으로 수학 학습 의욕 높이기

거꾸로교실로 수업 방식을 바꾼 후, 초반에는 EE(Explain Everything) 앱을 이용하여 디딤영상을 만들었다. 함께 연구했던 동료 선생님들이 몇 컷의 만화를 제작하여 디딤웹툰으로 제공하기도 하였는데, 영상보다 아이들의 사고를 더욱 촉진할 수 있겠다는 생각이 들어서 나도 수업에 적용해보았다. 최근에는 수업의 핵심 개념 이해를 위한 탐구과제 등을 제공하는 미션카드와 수업의 전체 흐름을 단계별로 제시하는 활동미션카드를 만들어 활용하는 데까지 발전했다.

미션카드

오프라인 수업에서는 미션카드를 나눠준 후 탐구할 시간을 주는데, 원격수업에서도 탐구 시간을 충분히 제공해 아이들이 몰입할 수 있는 환경을 조성했다. 아이들은 직접 미션카드를 붙이면서 적극적으로 참여했고, 스스로 탐구해서 해결했다는 성취감을 느끼며 심화 단계까지 쉽게 나아갈 수 있었다.

미션카드 활동 순서

[온라인]
① 망고보드에서 다음과 같은 슬라이드를 제작한다.
　　슬라이드 1: 탐구하며 미션 해결하기 단계
　　슬라이드 2: 주제와 목표 확인 후 학습 내용 정리하기 단계
　　슬라이드 3: 적용하며 문제 풀기 단계
② 슬라이드 1이 미션카드에 해당한다. 이후 슬라이드 자료를 활용해 EE로 디딤영상을 녹화한다.
③ 미션카드는 e학습터에 한글 파일로도 첨부한다.

[오프라인]
① 미션카드를 탐구하는 시간을 제공한 후 질문을 받는다.
② 개별 질문은 개별로 답해주고, 공통질문은 전체적으로 짚어준 후 미션카드 정답을 노트에 정리하도록 한다.
③ 이후 '오늘의 핵심 내용'으로 자연스럽게 넘어가고, 단원에 맞는 활동 수업을 진행한다. 수업의 전체 흐름을 미션카드에 단계별로 적어 활동미션카드로 제공하기도 하는데, 모둠별로 힘을 합쳐 주도적으로 미션을 해결해나가게 된다.

Mission 4. 부채꼴의 넓이와 호의 길이

Step 1. [실험] 부채꼴의 중심각과 호, 넓이의 관계
    -원색지를 8등분으로 접어 접은 선을 그려 실험하기
    -부채꼴 모양 조각의 중심각을 계산하여 적기
Step 2. 노트에 실험 결론 적기
    -부채꼴의 중심각의 크기와 호의 길이의 관계는?
    -부채꼴의 중심각의 크기와 넓이의 관계는?
Step 3. 우리 모둠의 피자를 만들어 완성하라!
    -네 조각 낸 피자 조각을 하나씩 선택하기
    -자신의 피자 조각에 토핑 올리기 (풀이과정 적기)
    -칠판에 모둠별로 피자를 완성하며 부착하기

Mission 9. 다항식의 덧셈과 뺄셈

*아래 그림과 같이 소운동장이 딸려 있는 직사각형 모양의 운동장에서 주어진 길이를 이용해 다음을 나타내보자.

1. 전체 운동장의 가로의 길이를 구하고 이를 이용해 운동장 전체의 넓이를 식으로 나타내보자.
2. 두 운동장의 넓이를 각각 구하고 이를 이용해 전체 운동장의 넓이를 식으로 나타내보자.

활동 미션 카드

> ### TIP 학생들이 지속적인 학습 의지를 갖게 하는 법
>
> **1. 아이들이 직접 선택하게 하기**
> - 모둠 활동 시 비슷한 유형의 네 문제 중에서 모둠원들이 하나씩 선택해 풀게 한다.
> - 수준별 학습지 세 종류 중에서 하나를 선택해서 풀게 한다.
> - 수학 체험활동 만들기 과제를 두 가지 이상 준비해서 하나를 선택하도록 한다.
> - 똑같은 문제도 다른 색깔의 색지에 인쇄하여 아이들이 골라 가져갈 수 있도록 한다.
>
>   이렇게 직접 선택하게 하면 아이들은 존중받고 있다고 느끼게 된다. 이후 수업이 마칠 때까지 학습 의지를 갖고 적극적이고 긍정적인 자세를 유지하게 되어 수업 분위기도 좋다.
>
> **2. 손으로 하는 활동 제시하기**
> - 수업 시작 시 미션카드를 노트에 붙이도록 한다.
> - 미션카드 탐구 결과를 노트에 정리하게 한다.
> - 수업 중에 사용된 활동지와 힌트미션지 등을 모두 노트에 붙이도록 한다.

무한 반복 형성평가

원격수업 초창기에는 마치 깜깜한 터널 속에서 수업하는 듯 혼자 허우적대는 기분이었다. 아이들의 이해도를 정확히 확인할 수 없어 답답함을 느꼈고, 1:1 개별평가를 해보자는 생각에 구글 설문지로 형성평가 문제를 만든 후 e학습터-강좌관리에 들어가 외부 URL 칸에 올렸다.

풀이 과정을 단계별로 나누고 객관식 보기로 구성하여 과정을 중요시하면서 문제를 풀 수 있도록 했다. 그런데 첫 시험 결과를 엑셀 통계표로 받아보니 평균 점수가 낮아 적잖이 놀랐다. 아이들

이 제출과 동시에 자신의 점수와 오답 문항을 알 수 있게 설정을 바꿔서 재시험을 치르도록 했다. 이렇게 학생들이 세 번째 재시험을 쳤는데, 또 한 번 더 치고 싶다고 요구하는 것이었다. 한두 문제를 틀렸는데 자신의 점수와 오답 항목을 확인하였으므로 한 번만 더 치면 만점이 될 것이라는 기대감에서였다. 원하는 만큼 무한 반복해서 시험을 쳐도 된다고 대답하며 내심 쾌재를 불렀다. 이후부터는 아예, 만점이 될 때까지 계속 치는 무한 반복 형성평가라고 소개하고, 여러 번 응하도록 안내했다. 여러 번 시험 치며 노력한 아이들을 카톡방에서 칭찬하고 매주 상점을 주었더니 아이들도 굉장히 만족해했다.

TIP 무한 반복 형성평가를 만들고 활용하는 법

[형성평가 설문지 만드는 방법]
구글 설문지 우측 상단의 설정- 퀴즈- '제출 후 바로 공개'에 체크
아이들이 제출과 동시에 틀린 문제와 자신의 점수를 알 수 있다. 따라서 시험을 다시 쳐보고 싶은 마음이 저절로 생기게 된다.

[활용 방법 및 효과]
2주간의 원격수업을 마치고 등교한 아이들은 며칠 후 바로 중간고사를 볼 예정이었다. 원격수업 동안 구글 설문지로 풀었던 형성평가 문제들을 다시 종이 시험지로 나눠주며 풀어보게 하였다. 이미 무한 반복했던 문제들이라 아이들은 아주 가뿐하게 풀어냈다. 며칠 후 치른 중간고사에서 내가 담당하는 두 반 중 한 반이 만년 꼴찌에서 탈출하는 쾌거를 이뤘다. 수업 몰입력 백신의 효과라 생각하니 아주 뿌듯했고, 원격수업에 대한 자신감이 생겼다.

협력 백신으로 수학 시간 즐기기

소회의실 모둠토의

온라인 개학을 하고 두 달여 간 원격수업으로 진행된 후 등교수업을 하게 되었으나 사회적 거리두기 2단계로 인해 다시 원격수업에 들어가게 되었다. 마침 아이들이 어려워하는 방정식 활용 단원이고 활동지를 배부한 상태라 모둠 친구들의 도움이 필요한데 원격으로 수업을 해야 해서 고민이 되었다. 우선, 등교수업에서 형성돼 있던 그룹 그대로 줌 소회의실에 배치했다. 한 반을 대여섯 개의 수학 그룹으로 나누어 소회의실에서 서로 협력하면서 방정식 활용 문제를 풀어보도록 했다. 소회의실에 살짝 들어가 보았더니 아이들이 비디오를 켠 채로 모둠토의를 활발하게 하고 있었다. 한 아이는 자신이 작성한 활동지를 찍어서 화면 공유로 모둠 친구들에게 보여주면서 설명하고 있었다. 역시 아이들은 항상 기대 이상을 해낸다고 생각했다. 토의를 마치고 메인 세션으로 나온 아이들은 확실히 표정이 밝았고, 그 모습에 나 또한 행복해졌다.

모둠토의에서 아이들끼리 해결하지 못한 한두 문제는 줌 화이트보드에서 풀어주었다. 수업이 어땠는지 채팅창에 소감을 작성하도록 했는데, 오늘 수업 정말 괜찮았다고, 다음에도 이렇게 하자는 의견을 주었다. 중학교에 올라와서 처음 접해보는 어려운 방정식 활용 문제를 풀 때, 아이들은 친구들의 도움이 절실히 필요했던 것이다. 자신에게 의미 있는 존재인 옆 친구에게 설명을 들었을 때 더욱 와 닿고, 기억에 남는다. 협력을 통한 배움이 중요한 이유다.

오프라인 수업에서 활발히 소통하고 협력하던 모습이 온라인 수업에서도 이어지는 모습에 굉장히 뿌듯했고, 교사로서도 자존 감과 자신감을 충전했던 시간이었다.

작도 스탬프 투어 체험전

선분과 각을 옮기는 방법만 알려준 후 삼각형의 작도 방법을 아이 들이 직접 탐구해서 알아내는 프로젝트 수업을 진행해보았다. 네 가지 작도 방법을, 네 명의 모둠원들이 하나씩 선택하여 탐구하게 하였다. 이후, 같은 작도 방법을 선택한 다른 모둠의 친구들과 모여 ('전문가 모임') 토의하면서 작도를 완성해보게 하였다. 마지막 차시 에서는 작도 스탬프 투어 체험전을 열어 네 가지 방법으로 작도해 보는 활동지를 각자 작성하면서 스스로 정리하는 시간을 주었다.

각 전문가 모임에서 만든 작도법 설명 영상을 QR코드로 제작 하여 밴드에 올리게 했다. 이것을 출력해서 수업에서 나눠주었고, 부스별로 QR코드가 포함된 안내판을 제작하여 부스를 꾸미도록 했다. 각 부스의 베스트 도우미가 호스트가 되어 부스를 운영하는

작도 프로젝트 수업 진행 순서

1차시	2차시	3차시
선분과 각을 옮기는 방법을 따라 하며 미션 해결	삼각형 작도 방법을 선택하여 탐구 ⇒ 전문가 모임에서 토의, 작도 완성 ⇒ 작도 영상 제작	작도 스탬프 투어 체험전 개최

① 전문가 모둠에서 부스 안내판 제작하기, 부스 도우미 선정하고 부스 꾸미기
② 각 부스 도우미가 호스트가 되어 체험 부스 운영하고 나머지 학생들은 부스 체험하기
③ 안내판에 있는 QR코드로 영상을 보면서 작도 활동지 완성하기

학생이 만든 작도 영상

작도 영상 QR코드

QR코드 안내판 제작 후 부스 꾸미기

부스 도우미를 호스트로 선정

활동지 작성

친구에게 도움 요청

QR코드를 찍어 친구의 설명 영상 시청

데, 친구들이 부스를 체험하러 오면 활동지 작성을 도와주거나 안내판의 QR코드로 접속해 영상을 보면서 작도하도록 안내했다. 아이들은 자신이 아는 작도법을 알려줄 수 있어서 뿌듯했고, 모르는 작도법은 영상을 보고 친구의 설명을 들으며 배울 수 있어서 좋았다고 소감을 말했다. 이렇게 협력하는 과정을 통해 아이들은 의사소통 능력과 공동체 의식을 자연스럽게 기르게 된다.

잠자는 원격수업 활성화하기

아이들에게 친숙한 카카오톡을 활용해 효율적인 실시간 쌍방향 수업을 하고자 반별로 수학 카톡방을 개설하였다. e학습터에 올라온 강좌를 모두 시청하고 형성평가 문제를 푼 후에 카톡방에 '완료'라고 적도록 했다. 아이들이 '완료'라고 말하면 칭찬하고 응원해주었다. 학생들의 70% 이상이 완료했을 때, 줌 회의 아이디를 카톡방에 공지하고 회의를 열어 수업을 시작했다.

교과서 파일은 구글 드라이브에 미리 저장해두고, 질문이 들어왔을 때 화면 공유를 하면서 문제 풀이를 해주었다. 주 기기인 노트북 외에 아이패드로도 줌에 접속해 화이트보드에서 애플 펜슬을 이용해 문제를 풀어주기도 했다.

원격수업에서의 문제 풀이 흐름도

1. 소단원 수업 이후의 형성평가 문제 풀이 시간
수업 영상 시청 ⇨ 교과서 문제 풀기
⇨ 구글 설문지로 형성평가 ⇨ 줌으로 피드백

2. 대단원 수업 이후의 중, 대단원 마무리 문제 풀이 시간
수업 영상 시청 ⇨ 교과서 중·대단원 문제 풀기
⇨ 어려웠거나 못 푼 문제의 번호 적기(구글 설문지에서 필수문항으로 제작)
⇨ 교사가 해당 문제 풀이 영상을 간단하게 제작하여 반별 밴드에 올리기
⇨ 영상 시청 후 댓글로 응답하기("이해했습니다"라고 말하기)

반별 수학 카톡방에서 아이들이 수학 문제를 질문하면 친구들이 답해주며 주도적으로 공부하는 모습을 보였다. 그 외에도 때로는 개인적이기도 한, 다양한 질문이 오가면서 아이들과 소통의 끈이 만들어졌다. 이렇게 형성된 소통의 끈은 믿음의 끈이 되었고, 이는 등교수업에서도 큰 힘이 되어주었다.

교실생존비법

수학 시간 면역력이 길러진 아이들의
행복한 미래를 꿈꾸며

어느 모임에서든 내가 수학 교사라고 소개하면, 자기가 수학을 어릴 적부터 싫어했고, 아직도 그렇다고 얘기하는 사람들이 있다. 학창 시절 수학 시간에 힘들었던 경험이 아직도 안 좋은 기억으로 남아있는 것이다. 3-백신에 대한 연구는 바로 여기에서 출발하게 되었다.

사상 초유의 원격수업 상황으로 인해 신입생과 얼굴도 못 본 채로 첫 만남을 온라인으로 하게 되어 소통에 답답함을 느낀 나는 실시간 쌍방향 수업의 원활한 진행을 위해 반별 수학 카톡방을 따로 개설하여 운영하였다. 반별 세부 사항을 안내하고, 개인 채팅창을 통해 다양한 질문과 이야기가 오가면서 온라인에서나마 소통의 끈을 만들게 되었다. 마치 어두운 터널 속에서 혼자 수업하고 있다가 따뜻하고 밝은 빛을 본 듯했다. 물론, 카톡 질문의 홍수 속에 SNS 피로도가 누적되어 힘든 부분도 있었지만, 아이들의 마음에 귀 기울일 수 있는 소중한 기회였다. 아이들과 믿음과 신뢰가 어느 정도 쌓인 상태에서 등교수업이 시작되어 그동안 온라인에서 하던 소통이 그대로 오프라인으로 이어지게 되었다. 소통했던 경험은 교사와 학생 간의 탄탄한 신뢰의 토대가 되어 등교수업을 시작할 때 큰 힘이 되었다.

새 출발 온라인 인성 수업 및 온·오프라인 소통 활동은 자존감과 자신감 백신이 되었다. 이 백신을 맞은 아이들에게는 어떤 힘든 일이 생겨도 좌절하지 않고 자신을 사랑하며 꿈을 위해 도전할 수 있는 회복탄력성이 길러졌다. 미션카드로 시작하는 온·오프라인 수업 및 무한 반복 형성평가로 만들어진 몰입력 백신은 수학 학습 의욕을 높여 수업이 끝날 때까지 집중하여 참여할 수 있게 했다. 그리고 온라인 협력 수업 활동 및 프로젝트 수업으로 만든 협력 백신은 수학 문제를 친구들과 함께 해결할 수 있다고 느끼며 수학 시간을 즐길 수 있게 했다.

이렇게 수학 시간 면역력을 키운 아이들은 트라우마 없이 자신감과 문제해결력을 가진, 행복한 성인으로 자라날 수 있을 것이라 믿는다.

참고자료

『공감의 힘』데이비드 호우, 지식의 숲, 2013
『아이들을 살리는 수학수업』문태선, 수학사랑, 2016
『블렌디드』마이클 혼, 헤더 스테이커, 에듀니티, 2017
『강의하지 말고 참여시켜라』권순현, 테크빌교육(즐거운학교), 2015
『거꾸로교실 프로젝트』미래교실네트워크, 에듀니티, 2015
『중학교 수학 1 자습서』『중학교 수학 2 자습서』이준열 등저, 천재교육, 2013, 2014
『수업성장』김현섭, 수업디자인연구소, 2016
『학급긍정훈육법 활동편』테레사 라살라, 조디 맥비티, 수잔 스미사, 에듀니티, 2015

미래교실네트워크 실시간 쌍방향 줌 연수 (2020)
미래교실네트워크 팀버스 (2020)
전국수학문화연구회 밴드 (2020)

학생·입장에서 디자인하는 블렌디드 영어 수업

최희식

2018년부터 미래교실네트워크의 주번과 대구시교육청 중등 수업-평가 지원단으로 활동하고 있다. 『거꾸로교실 수업 활용서 영어 2·3』을 공동 집필하였다. 한국과학창의재단이 주관한, 쌍방향 온라인 플랫폼 활용 교원의 미래형 수업·평가 역량 강화 연수(2·3차, 2020)와 대구시교육청 창의교육 쌍방향 화상 멘토링 직무연수에 강사로 참여한 바 있다. 2021년에는 미래교육으로 함께 성장하는 교원 멘토링(멘토형) 직무연수 강사로 활동 중이다. 2017년부터 자율동아리 학생들과 함께 '사상 최대 수업 프로젝트'를 진행하고 있다. 프로젝트의 성과로는 학교 인근 쉘터형 버스정류장 설치와 학교 내 거리두기 앱 개발 등이 있다.

30여 년의 교직 생활을 하고 정년이 몇 년 남지 않은 지금, 돌이켜 보면 나는 지난 20여 년간 오로지 대입 진학만을 위해 전력투구해왔다. 전달력 높은 수업을 위해 애쓰고, 밤늦게까지 야간 자율 학습 감독도 맡으며 말이다. 2016년, 지금의 중학교로 근무지를 옮겼는데, 예전의 생각과 의지로 할 수 있는 것이 거의 없었다. 교사로서 내가 할 수 있는 것이 무엇일까 고민하던 중 미래교실네트워크에서 주관하는 1박 2일 거꾸로교실 캠프에 참여했는데, 매 순간이 경이로움 그 자체였다. 미크는 교사로서의 내 삶을 바꾸어놓았다.

2020년, 코로나19로 인해 비대면 수업과 대면 수업을 번갈아 해야 하는 상황을 맞았다. 소통과 협업, 창의성을 위해 해오던 모둠 중심 활동에 차질이 생긴 것이다. 종래의 단방향 강의식 수업으로 돌아가야 하나 고민에 빠졌다. 그러던 중에 미크의 〈온라인 교실생존비법〉 연수를 접하게 되었다. 4년 전 거꾸로교실 캠프에서 느꼈던 경이로움에 버금가는 신선함에 놀라며 블렌디드 수업에 대해 제대로 배울 수 있었다. 방법을 알았으니 나의 길을 만들면 된다고 생각했다. 블렌디드 수업은 나를 새롭게 성장시켰고, 이 길은 온전히 나만의 새로운 경험을 쌓아가는 통로가 되었다.

내 경험상 아이들은 비대면 수업과 대면 수업의 방향성이 다르면 혼란스러워한다. 따라서 온·오프라인 수업 환경 간의 이질감을 얼마나 최소화하는지가 수업의 성공 여부를 좌우한다.

온·오프라인 수업을 상호 연계하여
동일한 수업 환경 구축하기

초반에 가장 고민했던 점은 온라인 수업과 오프라인 수업이 순차적으로 전환되는 것이 아니라서 교육부에서 제시한 블렌디드 수업 모형●대로 진행하기가 어렵다는 것이었다. 무엇보다도 온라인 상의 수업 과정을 오프라인 수업에서 어떻게 구현할지가 문제였다. 우선 아이들이 온·오프라인 수업 사이에서 느끼는 이질감을

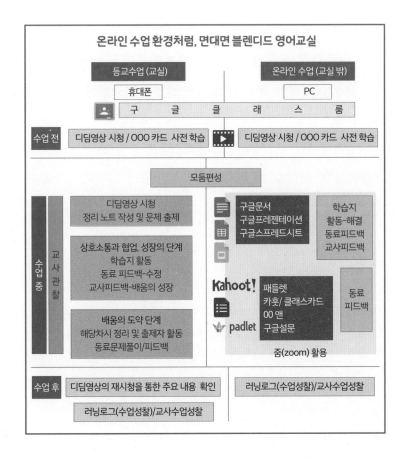

온라인 수업 환경처럼, 면대면 블렌디드 영어교실

등교수업 (교실)	온라인 수업 (교실 밖)
휴대폰	PC

구 글 클 래 스 룸

수업 전 | 디딤영상 시청 / OOO 카드 사전 학습 | ▶ | 디딤영상 시청 / OOO 카드 사전 학습

모둠편성

수업 중 | **교사관찰**

- 디딤영상 시청
  정리 노트 작성 및 문제 출제

- 상호소통과 협업, 성장의 단계
  학습지 활동
  동료 피드백-수정
  교사피드백-배움의 성장

- 배움의 도약 단계
  해당차시 정리 및 출제자 활동
  동료문제풀이/피드백

구글문서
구글프레젠테이션
구글스프레드시트

학습지
활동-해결
동료피드백
교사피드백

Kahoot!
padlet
패들렛
카훗/ 클래스카드
OO 앤
구글설문

동료
피드백

줌(zoom) 활용

수업 후 | 디딤영상의 재시청을 통한 주요 내용 확인 | 러닝로그(수업성찰)/교사수업성찰
러닝로그(수업성찰)/교사수업성찰

최소화해서 수업에 온전히 몰입할 수 있도록 '온라인 수업 기반의

- 원격수업(예습)+등교수업(피드백, 프로젝트 학습)/등교수업(핵심 개념 학습)+원격수업(확인 과제 학습, 피드백)

오프라인 블렌디드 수업'을 만들었다. 말하자면 아이들에게 익숙한 온라인 수업 툴 중심으로 온·오프라인 수업을 상호 연계하여 동일한 학습 환경을 제공함으로써 수업에만 집중할 수 있게 하는 것이었다.

학습관리시스템(LMS)은 구글 클래스룸을 중심으로 하며, 온·오프라인 수업에서 모두 다음과 같이 진행한다.

LMS 활용 수업 진행 방법

-사전에 제공한 디딤영상을 수업 전에 시청한 후에 디딤영상 시청 노트를 작성하도록 한다.
-온라인 활동지를 활용한다.
-(거리두기로 인해) 책상 배치에 의한 모둠 편성이 어려우므로 온라인상의 모둠 활동과 마찬가지로, 줌 플랫폼의 소회의실 기능 혹은 클래스123(Class123)의 그룹 뽑기 기능을 활용하여 모둠을 편성한다.
-개별 활동과 모둠 활동의 활동지는 구글 문서와 구글 프레젠테이션을 기본 도구로 하며 해당 차시의 수업 내용에 맞는 일정한 틀을 만들어 제공한다.

퀴즈를 통해 예습 활동이나 단원 정리 활동을 할 수 있는 툴로는 클래스 카드와 퀴즈앤, 그리고 카훗이 좋다. 휴대폰에서도 코드만 입력하면 참여할 수 있다. 교사가 핵심 내용에 관한 질문을 반복해서 구성하면 아이들이 답을 하는 과정에서 중요한 내용을 자연스럽게 습득하게 된다.

교실생존비법

한 단원을 마친 후에는 아이들이 수업 소감을 남기는 시간을 마련한다. 아이들에게 "이 단원을 공부하면서 느낀 감정이나 생각을 솔직하게 표현해주면 다음 수업을 너희들에게 더 가까이 다가갈 수 있도록 준비할게"라고 말하며 구글 설문지 링크를 구글 클래스룸에 올린다. 이 과정은 내게 대단히 중요한데, 설문 결과를 하나씩 읽다 보면 내 욕심이 과하진 않았는지, 혹시라도 누군가에게 소홀하지는 않았는지 등을 알 수 있기 때문이다.

욕심을 내려놓고 아이들을 기다려주기

아이들이 온라인 수업처럼 대면 수업 시간에도 휴대폰을 사용하는 상황은 아이들에게도 낯설었겠지만, 교사로서도 꽤 당황스러운 일이었다. 그래서 수업 전에 학생의 입장에서 휴대폰으로 수업의 모든 과정을 시뮬레이션하였으며 잘 안 되는 부분을 메모하거나 화면을 캡처하였고 이를 토대로 관련된 설명 자료를 만들었다. 이를 통해 아이들이 집에서 PC로 할 때는 잘 됐는데 휴대폰에서는 안 된다고 질문했을 때 바로 도움을 줄 수 있었다. 이 과정에서 나는 아이들이 새로운 환경에 적응할 수 있도록 더 많이 기다려주어야겠다고 생각했다. 예전에는 "아까 내가 뭐라 했어? 이렇게 하면 됐었잖아"라는 말을 하곤 했지만, 이제는 아이들이 실수하고 좀 틀리더라도 "괜찮아, 다시 설명해줄게"라고 말한다. 준비한 대로 가르쳐야 한다는 욕심을 내려놓자 아이들과 소통할 수 있는 용기가 생겼다.

교사의 관찰은 수업의 출발점

온라인 실시간 쌍방향 수업에서 아이들이 얼굴을 노출하기 싫으니까 비디오를 꺼 놓은 채 수업에 참여하여 처음에는 애를 많이 먹었다. 비디오를 켜서 얼굴을 보여달라고 해도 아이들은 좀처럼 반응하지 않았고, 이런 상황이 반복되면 수업의 분위기가 냉랭해지곤 했다. 그래서 고민한 끝에, 방법은 얼굴 보이기가 쑥스러우면 교과서 혹은 학습지에 필기하는 두 손을 보여달라고 안내하였다. 이 방법은 정말 신의 한 수였다. 아이들이 금방 반응을 보였고, 줌 화면은 순식간에 두 손으로 가득 찼다. 설명을 이해했으면 한쪽 손등을 내밀어 달라고도 부탁했다. 그러자 줌 화면상으로 아이들의 학습 상황을 관찰할 수 있었고, 비로소 소통이 시작되었다.

오프라인 수업의 좋은 점은 교사가 바로바로 관찰할 수 있다는 것이다. 아이들이 디딤영상을 시청할 때 몰입도가 굉장히 높다는 것을 직접 확인할 수 있다. 이렇게 학습 상황을 잘 파악할수록 적극적인 피드백이 가능하고, 이를 통해 아이들의 배움이 깊어지고 성장하는 모습을 눈으로 확인하게 된다. 또한, 아이들과의 관계도 더욱 돈독해짐을 느낄 수 있다. 요즘에야 나는 선생님이 아이들에게 어떤 존재인지를 깨닫고 있다. 참 다행스러운 일이다.

반복 학습이 이루어지는 수업 디자인

나는 학생들이 반복 학습을 통해 해당 수업의 주요 내용을 자연스럽게 인지하도록 수업을 설계한다. 이 반복 학습을 위해서는 우선 아이들이 온 · 오프라인 수업을 넘나들 때 느끼는 이질감을 줄여야 한다. 오프라인상에도 온라인 수업과 비슷한 학습 환경을 만들어줄 때 아이들은 익숙하고 편한 학습 상황에서 온전히 수업에 집중할 수 있게 된다.

반복 학습이 이루어지는 수업 디자인은 다음과 같다. 먼저 디딤 영상을 시청할 때, 영상을 눈으로만 보면 머릿속에서 곧 사라지므로 반드시 행간과 좌우 여백에 중요한 부분을 메모해야 한다고 말한다. 이 과정은 굉장히 중요하다. 아이들이 적극적으로 영상을 시청하고, 그 내용을 정리하는 과정에서 지식이 내재화되기 때문이

디딤영상 시청 정리 노트

2020년 월 일 3학년 반 번 이름	단원명:

성취기준(Achievement Standard):
[9영04-01] 일상생활에 관한 주변의 대상이나 상황을 묘사하는 문장을 쓸 수 있다.

접속사 that이 이끄는 절이 문장에서 ( )나 ( ), ( )로 사용, 즉 명사 역할을 하므로 ( )절

1. She thinks **that she knows the answer**. -> that 절은 ( )역할
2. **That Tim is a genius** were obvious to everybody. -> that 절은 ( )역할
   ↘틀린 곳 고쳐 쓰기

that이 이끄는 명사절이 ( )자리에 올 때는 ( ) ~ ( ) 구문으로 쓰는 게 일반적이다. 이 때 ( )을 가주어, 뒤의 ( ) 절을 진주어라고 한다.

3. That he lost the race was shocking. (가주어, 진주어 구문으로 고쳐쓰기)

= _____ (우리말:)

능동태 문장의 ( )인 that 절이 수동태 구문의 ( )가 된 후에 주어가 길어서 다시 문장 뒤로 도치된 경우

It is said that ~ 의미: ~라고 _____
It is thought that ~ 의미: ~라고 _____
It is believed that ~ 의미: ~라고 _____

4. Many people believe **that Koreans are very diligent.**(능동태)

다. 그다음에 구글 문서로 디딤영상 시청 노트를 작성하게 한다 (1차 반복 학습). 이때, 본인의 이해력과 기억력을 온전히 믿고 작성 해보라고 하며, 틀려도 괜찮으니 중요한 건 혼자만의 힘으로 적는

것이라고 말한다. 틀린 부분이 있더라도 다른 친구가 피드백해주니까 괜찮다고 덧붙여 말한다.

　시청 노트 작성 후에는 댓글 기능을 활용하여 모둠원 간 동료피드백을 한다(2차 반복 학습). 어색하거나 틀린 곳을 정확히 언급하며 피드백해주어야 당사자가 틀린 부분을 쉽게 찾아 수정할 수 있다고 안내한다. 피드백 이후에는 구글 문서, 구글 프레젠테이션, 구글 설문 링크를 통하여 중요한 문제를 풀게 한다(3차 반복 학습). 마지막으로는 배운 내용을 바탕으로 패들렛에서 직접 문제를 만들어보게 한다(4차 반복 학습). 그 문제를 다른 학생이 풀고 댓글로 답을 적도록 하며(5차 반복 학습) 오답인 경우에는 그 이유를 출제자가 댓글로 설명하게 한다(6차 반복 학습). 이와 같은 과정을 거치면서 아이들은 해당 차시의 수업 내용을 자연스럽게 반복 학습을 하게 된다. 한편 구글 설문지의 응답 결과 중에서 오답에 대해서는 각 반의 수업 명장(또래수업도우미)이 오답인 이유를 댓글로 설명하면 아이들끼리 복습하는 시간을 갖는다. 나는 아이들에게 "자신이 아는 것을 말이나 글로 제대로 설명할 수 없으면 온전히 이해한 것이 아니다"라고 항상 말한다.

실시간 대화형 수업 툴 페어덱(Pear Deck) 활용하기

구글 프레젠테이션으로 만든 수업 자료를 페어덱에서 실시간 대화형 퀴즈로 활용하면 좋다. 구글 프레젠테이션의 부가 기능을 이용하면 별도로 페어덱에 가입하지 않고도 대부분의 기능을 사용할 수 있다.

페어덱 설치 순서
구글 프레젠테이션 → 부가 기능 → 부가 기능 설치 → Pear Deck 검색 및 설치
이 과정에서 페어덱 액세스 권한을 부여받기 위해서는 교사 본인의 구글 계정을 입력한다.

페어덱의 세 가지 기능
-TEMPLATE LIBRARY(슬라이드 템플릿 모음)
-ASK STUDENTS A QUESTION(질문 생성)
-ADD AUDIO(오디오 녹음 및 오디오 파일 업로드)
먼저 TEMPLATE LIBRARY는 Beginning of Lesson(도입), During Lesson(전개) 그리고 End of Lesson(정리 및 마무리) 세 단계로 구성되며 각 단계의 슬라이드에는 질문이 이미 입력되어 있다. 이 중에서 원하는 슬라이드를 선택하여 내용을 수정하거나 질문의 형식을 바꾸어 사용할 수 있다.
다음은 페어덱에서 가장 많이 사용하는 기능인 ASK STUDENTS A QUESTION이다. 여기에는 Text(서술형), Choice(선택형), Number(숫자 입력), Website(웹 연동), Draw(그리기), Draggable(아이콘 드래그)● 등 6가지 질문 형태가 있다.

● **Draw와 Draggable**은 프리미엄 유료로, 교사가 처음 가입하면 한 달 동안 무료 사용이 가능하다.

구글 프레젠테이션의 각 슬라이드에 적절한 질문을 입력한다.
주의할 점은 슬라이드에 원하는 질문을 입력한 후에 하단의 'Update slide'를 클
릭해야 해당 질문이 적용된다는 것이다.●●

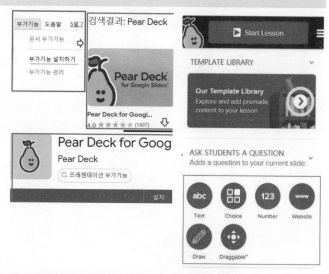

수업 진행 순서
① [구글 프레젠테이션 → 부가 기능 → Pear Deck for Google Slides Add-
on → Open Pear Deck Add-on]

●● 질문이 적용되면 슬라이드의 왼쪽 하단에 페어덱 로고와 질문 유형이 나타난다.

② 화면 오른쪽 맨 위의 Start Lesson를 누르면 Choose Your Lesson Mode가 나타난다. 여기서 Instructor-Paced Activity(교사 주도 활동 모드, 실시간 대화형)를 선택한다.

③ 페어덱과 연동할 구글 계정을 선택한 후, 아이들이 휴대폰에서 크롬 주소창에 joinpd.com을 입력하도록 한다. 이어서 참여 코드 알파벳 철자 6개를 입력하게 한다.

④ 페어덱과 연동할 구글 계정으로 로그인●●●했을 때 "How are you feeling today?"라는 메시지가 뜨면 제대로 접속한 것이다. 이 질문에는 답하거나 Skip 하면 된다.

⑤ 교사의 페어덱 첫 화면의 하단에서는 현재 접속하고 있는 사람의 숫자를 볼 수 있으며(예시: 24 students connected) Start Class를 눌러서 퀴즈를 본격

●●● 사전에 **Start Lesson** 옆의 삼선을 눌러서 수업 코드만 입력하고 학생 로그인이 필요 없도록 설정할 수도 있다.

적으로 시작한다.

학생들은 휴대폰 상단에 있는 문제를 읽고, 하단 오른쪽의 Answer Question 를 클릭하여 답을 한다. 한편 교사는 화면 하단 오른쪽의 Show Responses를 클릭하여 실시간으로 학생들의 응답을 확인할 수 있다.

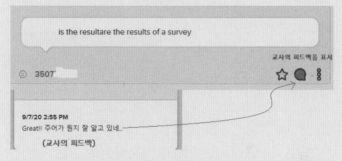

⑥ 퀴즈의 마지막 문항이 끝나면 화면 하단 맨 오른쪽 끝부분의 ' : '을 눌러서 Open Dashboard in Window를 클릭한다. 이것은 교사가 각 문항에 응답한 학생과 일대일로 실시간 대화를 나누며 피드백을 해주는 기능이다. 이 과정은 학습자가 보완해야 할 부분을 제대로 파악하고 수정해나감으로써 스스로 성 장할 수 있는 중요한 시간이다.

구글 클래스룸에서 아이들이 빈번하게 하는 질문

구글 클래스룸에서 아이들이 자주 하는 질문은 "선생님, 문서 보기는 되는데 입력이 안 돼요!"와 "제출은 어떻게 해요?"였다. 구글 문서, 구글 프레젠테이션, 구글 스프레드시트 등의 구글 협력 툴을 태블릿을 포함한 모바일 기기에서 사용할 때는 반드시 앱을 설치해야 한다. 문서를 작성하고 제출할 때 다음의 순서를 지켜야 한다.

① 휴대폰 하단의 내 과제 (꺾쇠 ∧)를 눌러서 바뀐 화면 상단의 과제(구글 문서)를 선택한다.

[왼쪽 화면]

×   3106김정은 - Le...

Lesson 6	One Lucky Sunday	Class		Stude No.	
Stories for All Time					
	Activity	Individual / Group	Name		Works #

/ Words & Phrases

Word	Meaning	Word	Meaning	Word
ch A to B		reproduction		be worth+n
ke it+금액		offer		on one's way to n
not help		dream of		

I~2) 다음 글을 읽고 물음에 답하시오.

hen added, "Hmm, I think I may buy it. The legs of my table at home

cut off the legs of your table and (1)attached them to mine."

I. 윗 글에서 괄호 안의 우리말과 같은 뜻이 되도록 영어로 옮기시오.chfjf

2. 윗 글에서 밑줄 친 (1)을 바르게 고쳐 쓰시오.

I~4) 다음 글을 읽고 물음에 답하시오.

A) On his way to the car, Mr. Boggis couldn't help (a)to smile. (B)The table wi

    dealer dreamed of. He couldn't believe his luck.

3. 윗 글에서 (a), (d)를 어법 상 맞게 각각 고쳐 쓰시오.

I. 윗 글에서 문장 (A), (B)를 우리말로 옮기시오.

(A):

(B): dnfnnf

② 휴대폰 화면 오른쪽 상단의 드라이브 에서 열기 아이콘 ( )을 선택한다.

[오른쪽 화면]

◀ Classroom

◀   음+   ▣   •••

Lesson 6	One Lucky Sunday	
Stories for All Time	Activity	Individual / Group

Key Words & Phrases

Word	Meaning	Word	Mea
attach A to B		reproduction	
make it+금액		offer	
cannot help -ing	(=cannot but 동사원형)	dream of	

※ (1~2) 다음 글을 읽고 물음에 답하시오.

He then added, "Hmm, I think I may buy it. The legs of my table at home (부러져 있다). I can cut off the legs of your table and (1)attached them to mine."

1. 윗 글에서 괄호 안의 우리말과 같은 뜻이 S
   영어로 옮기시오

③ 바뀐 화면의 오른쪽 하단의 편집 아이콘(✐)을 선택하여 해당란에 필요한 내용을 입력한다. (※ 구글 프레젠 레이션에서는 두 번 탭하여 텍스트를 입력한다.)

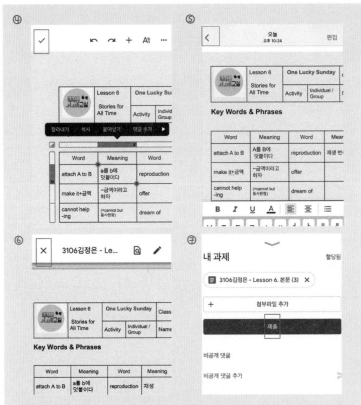

④ 문서 작성이 끝나면 화면 왼쪽 상단의 체크(✓)를 터치한다. 내용은 자동으로 저장된다.

⑤ 체크를 터치하는 순간 이전의 화면 상태에서 왼쪽 상단의 체크(✓) 표시는 꺾쇠(‹)로 바뀐다. 이 꺾쇠 표시가 있는 화면을 드래그하여 닫는다.

⑥ 휴대폰 화면의 왼쪽 상단에 X 표시가 있는 화면을 활성화시킨 후 X 표시를 터치하면 처음의 구글 클래스룸의 내 과제 화면으로 돌아온다.

⑦ 제출을 누르면 과제 제출이 끝난다.

아이들은 수업의 동반자

교육부에서 요구하는 블렌디드 수업 모형이 무엇이든 그것이 교사 본인의 몸에 맞지 않으면 아무 소용이 없다. 또한, 내가 가르치는 아이들의 몸에도 맞아야 한다. 새로운 툴로 수업을 진행하려고 하면 학생들이 잘 안 된다고 해서 한 시간 내내 안내하다가 계획했던 수업을 제대로 하지 못했던 적도 있었다. 다양한 수업 툴을 사용해보고 싶은 욕심에 아이들을 툴 사용의 달인으로 만들고 있지는 않은지 자문해보았다. 이제는 툴 사용을 가능한 한 단순화하고, 해당 차시의 수업 목표를 위해 반복 학습이 이루어지도록 수업을 설계한다.

요즘에 나는 교사로서 무엇을 해야 하는지를 조금 알게 되었다. 블렌디드 수업을 통해 교사로서의 삶을 되돌아보고 성장할 수 있었다. 이제 겨우 철이 들어간다. 욕심을 내려놓으니까 아이들이 보이기 시작했고 그 순간부터 아이들과의 소통이 시작되었다. 이제는 아이들이 편안한 마음으로 웃으며 학습할 수 있다면 그걸로 충분하다. 수업은 나와 아이들이 함께 만들어가는 것이기 때문이다.

집밥 같은
블렌디드
수학 수업

김준형

학습의 개별화와 메타인지 활성화를 목표로 2014년도부터 거꾸로수업을 해오고 있다. 수업 중에 학생들이 스스로 생각하고 성장할 수 있도록 돕고 있다. 온·오프라인 거꾸로수업 방법 정착, 수학 과제 탐구, 수학과 진로를 연계한 평가 방법 연구, 공학도구 수업 연구, 수포자를 위한 무료 유튜브 채널 운영, 강원도형 수학나눔학교 운영 등의 공적을 인정받아 2020 대한민국 수학교육상을 수상했다. 교육부 주관 원격수업 교원 역량 강화 연수(2020), KOICA 아제르바이잔 원격수업 교원 역량 강화 연수(2021) 등 거꾸로수업, 블렌디드 러닝 관련 연수 강사로 꾸준히 활동하고 있다.

일반계 고등학교에서 블렌디드 수업을 진행하려면 온·오프라인 수업에서 공통으로 사용할 수 있는 수업의 틀을 가지고 있는 것이 중요하다. 온·오프라인 수업을 운영하는 방식이 다르면 수업의 전체적인 흐름에서 연속성이 깨진다. 거꾸로수업을 특별한 학생 활동이 주를 이루는 수업이라고 생각하는 경우가 많은데 사실, 학생들끼리 스터디를 하며 서로 묻고 답하는 편안한 분위기의 교실 안에 교과 전문가가 함께하는 수업이다. 이런 수업을 하려면 학생들끼리 협업하여 스스로 과제를 해결할 수 있는 수업 환경을 조성해야 한다. 이때, 교사는 심플한 수업 디자인을 토대로 조력자로서의 역할을 수행한다. 수업을 어떻게 운영하고 있는지 내 경험을 공유해보고자 한다.

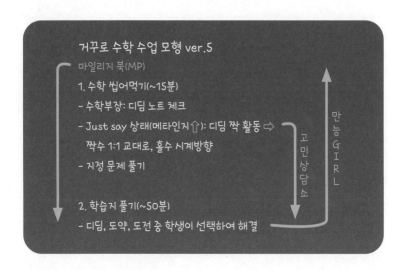

거꾸로교실 수학 수업

처음 거꾸로수업을 시작했을 때는 개인이 수업 활동을 통해 얻은 점수를 팀 점수에 합산하는 방식을 사용했다. 팀원들과 협업하여 배우고 즐기면서 서로에게 도움이 되기를 바라는 마음에서였다. 그러나 요즘 학생들은 자신이 노력해서 얻은 점수를 팀을 위해 쓰는 것에 그다지 매력을 느끼지 못한다는 사실을 깨달았다.

물론, '같이의 가치'에 대해 충분히 설득한다면 달라질 수 있었 겠지만, 학생들이 이를 받아들이고 자신의 내부 동력으로 활용하기까지는 시간이 필요하다는 사실을 알게 되었다. 그래서 방식을 약간 바꿔보기로 했다. 개인의 노력이 팀에 기여하고, 개인이 열심

교실생존비법

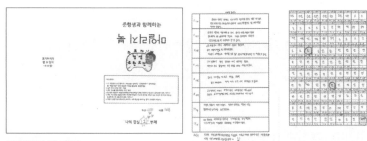

마일리지 북 양식

학생이 작성한 마일리지 북

히 하지 않으면 팀에 영향을 끼치도록 하는 것이었다. 이렇게 하면 팀에서의 자신의 역할에 대해 인지하게 되는 계기가 될 것으로 보았다.

마일리지 북

마일리지 북은 학생들이 자신의 학습량을 확인하는 용도로 사용할 수 있다. 예를 들어, 디딤영상을 보고 필기해온 경우, '디'에 동그라미를 하고, 아래 칸에 서명한 후 밑에 날짜를 적는다. 수업 중에 제시된 과제를 작성했을 때도 MP(마일리지 포인트)를 받을 수 있다. 33, 66, 100 MP를 모으면 간식도 제공한다. '마일리지 북' 안에 있는 '수학 일기'를 다 쓰고 100 MP를 모으면 격려의 메시지를 적은 배지를 선물로 준다. 그리고 팀원 전체가 획득한 MP의 평균을 내 최고의 모둠을 선발한다. 학생 자신이 MP 획득을 위해 노력하지 않으면 팀원에게 피해를 줄 수 있다는 점에서 약간의 긴장감이 발생한다. 이는 학습에 도움이 되는 적당한 긴장감이다.

수학 씹어먹기

1) Just say 상태(저.세.상)

디딤영상을 보고 이해한 내용을 짝에게 말해보는 활동이다. 메타 인지를 작동시켜 자신이 아는 것과 모르는 것을 구별해보고, 아는 것을 더욱 명확히 이해하기 위한 시간이다. 공부할 때 직접 말로 해보는 경험은 굉장히 중요하다. 안다고 착각하는 것을 구별해낼 수 있기 때문이다. 잘 알고 있다고 믿었던 내용을 막상 설명해보라 고 하면 버벅거리는 경우가 많은데, 이는 명확하게 이해하지 못했 다는 방증이다. 직접 말해보면서 디딤영상의 핵심 내용을 '씹어먹 어' 본다.

2) 고민상담소

디딤영상을 안 보고 온 경우에 혹은 핵심 내용을 잘 이해하지 못 했거나 설명을 한 번 더 듣고 싶은 경우 교탁으로 나와 설명을 듣 게 한다. 이때, 교사는 핵심 개념들을 더 쉽게 설명해준다. 개념을 이해했다면 다시 자리로 돌아가 과제를 해결하도록 한다.

수준별 학습지

디딤, 도약, 도전 수준별 학습지를 자신의 학습 상황에 맞게 가져가서 풀게 한다. 디딤 학습지는 교과서 수준의 필수 유형 문제들로, 도약 학습지는 모의고사 3점짜리 기출문제들(2~3개)로, 도전 학습지는 모의고사 4점짜리 기출문제들(2~3개)로 구성되어 있다. 풀이 과정은 제공하지 않고 학습지 뒷면에 답만 아주 작게 적어놓는다. 학생들은 수업을 통해 문제를 어떻게 풀면 되는지 알게 되고, 모여서 풀이 과정을 공유하며 보완한다. 교사는 옆에서 듣고 있다가 설명이 맞으면 적극적으로 칭찬해주고, 틀린 경우에는 개입해서 바로잡아준다.

만능GIRL

해당 차시 과제를 모두 해결한 학생 중 신청자는 만능GIRL 활동을 할 수 있다. 친구들을 가르친다는 개념보다는 직접 말로 설명해보면서 내용을 명확하게 이해했는지 확인하는 차원으로 활용해야 한다고 안내한다. 설명하다가 막히는 부분이 분명 있을 텐데, 이때 오히려 한 단계 성장할 수 있다고 얘기해준다. 그럴 때 교사는 학생과 토의하며 스스로 그 개념을 이해할 수 있도록 도와준다.

코로나 이후의 거꾸로 수학 수업

코로나19 상황에서는 모둠 수업과 같이 비말이 튈 수 있는 수업 활동을 되도록 지양하라는 교육부 지침이 있었기 때문에 안전한 생활 방역 테두리 안에서 진행할 수 있는 수업의 틀이 필요했다. 마일리지 북은 학생이 자신의 학습량을 점검할 수 있는 도구이므로 코로나 이전과 같은 방식으로 유지했고, 고민상담소 시간에는 한 명씩만 나와서 설명을 듣도록 했다. 교실 안에서 학생 간 접촉을 최소화하기 위한 조치였다. 저.세.상 활동 역시 개인 활동으로 변경하였다. 스스로 문제 해결 전략을 생각해보는 시간을 충분히 갖되 거리 두며 소통하는 방식으로써 FAC 활동을 고안했다.

1) Just say 상태(저.세.상)

교실에 공유기를 설치하여 학생들이 각자 자리에서 디딤영상을 시청할 수 있는 환경을 만들었다. 원래는 고민상담소를 통해 교사가 직접 학습을 도와줄 수 있었지만, 요즘은 학생들을 모아놓고 설명해주는 것에 부담이 있다 보니 각자 스마트폰을 이용하여 수업 중에도 디딤영상을 볼 수 있도록 했다.

영상을 시청한 후에는 그 내용을 본인에게 설명해보는 시간을 갖는다. 이 과정에서 정확하게 이해하지 못한 부분을 찾아 다시 학

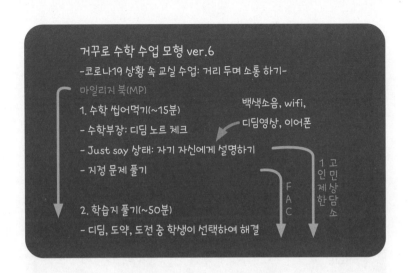

거꾸로 수학 수업 모형 ver.6
-코로나19 상황 속 교실 수업: 거리 두며 소통 하기-
마일리지 북(MP)
1. 수학 씹어먹기(~15분)
- 수학부장: 디딤 노트 체크
- Just say 상태: 자기 자신에게 설명하기
- 지정 문제 풀기

2. 학습지 풀기(~50분)
- 디딤, 도약, 도전 중 학생이 선택하여 해결

백색소음, wifi,
디딤영상, 이어폰

FAC

고민상담소
1인제한

습한다. 이때, 학생들이 혼자서 소리 내어 설명하는 것이 다소 어색할 수 있으므로 유튜브를 활용하여 백색소음을 만들어주었다. 일정한 비트의 음악을 약 10~15분 정도 틀어주는 것이다. 이는 목소리가 음악 소리에 묻히게 해 편하게 얘기하도록 하기 위함이다. 학생들은 스마트폰으로 디딤영상을 다시 돌려보면서 부족한 부분을 점검하거나 교과서를 살펴보면서 핵심적인 부분 특히, 공식의 유도 과정(증명)을 파악한다. 학습한 내용을 말로 설명해보면서 메타인지를 활성화하여 개념을 명확히 이해하기 위해 노력한다.

2) FAC(Find A Clue) 활동

(1) CP: Clue Provider

-문제 해결을 위한 최소한의 단서를 제공하는 학생. 본인이 생각했을 때 해당 문제를 해결하기 위한 핵심적인 단서만 친구들에게 제공함으로써 그 단서를 받는 학생이 나머지 풀이법을 스스로 생각해볼 수 있는 여지를 남겨놓는다.

　-내용을 작성한 후에는 그 위에 포스트잇을 붙여 가려놓고 해당 단서가 필요한 학생들만 열어서 확인할 수 있도록 한다.

-한 문제당 3명의 CP만 등록할 수 있도록 제한함으로써 무분별한 단서 제공을 방지한다.

-'CP 준형'과 같이 해당 단서를 제공한 사람이 누구인지 알 수 있도록 포스트잇에 적게 하고, 참여한 CP에게는 1 MP를 준다.

-또 다른 CP가 화살표로 연결하여 좀 더 세부적인 단서를 제공할 수 있으며 CP는 각 단서당 1 MP를 획득할 수 있다.

(2) CR: Clue Receiver

-문제 해결을 위한 최소한의 단서를 받은 학생. 구조적으로 복잡한 문제의 풀이법을 스스로 고민해보다가 힌트가 필요한 경우 CP가 제공한 단서를 확인한다.

-단서가 도움이 된 경우 해당 포스트잇에 O 표시를 함으로써 CP에게 피드백을 주도록 한다.

-단서를 받은 후 포스트잇에 'CR 은유 O'와 같이 적도록 하고, 이 활동에 참여한 CR에게 1 MP를 준다. 이때, CR로부터 받은 O의 개수만큼 해당 CP는 MP를 획득하게 된다. 이는 FAC 활동을 활성화하기 위함이다. 이러한 보상체계는 CP가 복잡한 문제의 구조를 더 열심히 파악하게 하는 동기가 되고, 정의적 측면에서 수학에 대한 자신감 역시 향상된다.

수업 설계하기

SOLE 구축

SOLE(Self-Organized Learning Environment, 자기 조직 학습 환경)이란 학생들이 스스로 학습해나간다는 것을 뜻하는 용어로써 1999년 수가타 미트라 교수가 'Hole in the Wall' 실험을 통해 아이들이 스스로 컴퓨터와 인터넷을 탐색하는 법을 배울 수 있다는 것을 증명해 주목받았다. 이를 우리의 교실 수업에 적용하면 교사는 학생들이 스스로 학습할 능력이 있다는 믿음을 가지고, 학생들끼리 스스로 답을 찾아나갈 수 있도록 수업을 설계하며 학습의 조력자 역할을 맡는 것이라고 할 수 있다. 학생들이 공부를 온전하게 이어나갈 수 있도록 수업을 설계하고 진행하는 것이 필요하다. 아래의 요소들을 고려하여 나만의 수업 브랜드를 만들어보도록 하자.

온·오프라인 수업 설계 시 고려해야 할 요소

1) 수업의 흐름

SOLE 구축을 목표로 교과 진도를 나가는 수업을 진행할 때, 어떠한 흐름으로 수업을 운영할 것인가에 대한 구체적인 설계가 필요하다. 학생들이 자신의 학습 속도에 맞게 수업의 속도를 조절하고, 해당 차시의 개념을 정확히 이해할 수 있는 충분한 시간이 필요하

교실생존비법

다. 또한, 수업 내·외적으로 학습 동기를 유발해주는 요소를 마련할 필요가 있다. 수업의 속도를 따라가지 못해 뒤처지는 학생들을 어떻게 도와줄 것인지, 과제를 빨리 해결하여 시간이 남는 학생들에게 어떤 과제를 제시할 것인지 등 배움의 개별화를 위한 설계가 필요하다. 무엇보다도 학생들이 스스로 답을 찾아나갈 수 있게 하되 수업의 진행 방식이 복잡해서 그걸 파악하려다가 수업이 끝나는 등 주객전도되지 않도록 수업의 과정을 단순화해야 한다.

2) 소통 방법
온·오프라인 수업을 막론하고 학생 간, 학생-교사 간 소통의 과정은 필수적이다. 이전과 같은 형태의 수업을, 줌 등의 쌍방향 온라인 플랫폼에서 진행하면 큰 문제가 없겠으나 오프라인 수업에서 거리두기를 하며 어떻게 소통을 할 수 있을 것인가가 관건이다. 4차 산업혁명 시대이자 뉴노멀 시대에 필요한, 협업하고 소통할 수 있는 인재를 기르기 위한 환경을 마련해야 한다.

3) 소통 도구
학생들이 모둠 학습지나 전지 등에 협업한 결과물을 만들었는데, 온라인 수업으로 전환되면서 이러한 활동이 어려워지자 교사들은 처음에 큰 불편을 겪었다. 여러 시행착오를 거치면서 현재는 패들렛, 비캔버스, 구글 프레젠테이션 등 온라인상에서 협업할 수 있는 도구들을 수업에서 잘 활용하고 있다. 연수 수강이나 유튜브 검색 등을 통해 자신에게 잘 맞는 온라인 소통 도구를 찾아 이를 수업에 적용해보는 시도가 필요하다. 온라인 수업으로 갑자기 전환되더라도 수업의 큰 흐름과 소통이 중단되어서는 안 되기 때문이다.

L.F(Learning Festival)로 배움 완성하기

학생들은 자신이 탐구하고 학습한 내용을 스케치북에 마인드맵 형태로 정리하고, 자기만의 언어로 재해석하는 과정을 거친 후 학급의 친구들에게 공유하고 설명하면서 배움을 완성한다. 이때, 마인드맵은 '가지치기', '의미', '예', '나만의 깨알 팁', '연결 짓기', '수학의 유용성(최종 목표)'이라는 형식으로 작성하게 한다.

결과물에 대해 자기 평가와 동료 평가, 교사 평가를 진행하며 평가 요소는 개인의 성장 정도와 이해도, 성실성, 적극성, 마인드맵 구성력(표현력)이다. 평가의 주안점은 수업을 통해 자신이 탐구하고 학습한 내용을 자기만의 언어로 재해석한 내면화 과정 즉, 자기 성장 과정에 있다. 동료, 교사 평가보다는 자기 평가의 학기말

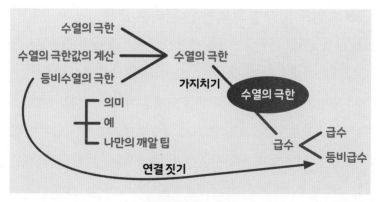

마인드맵 개념도 예시

반영 비율을 높여 평가의 진행 과정에서 발생하는 외적 요소(담합, 평가 절하, 인기 투표로의 변질 등)의 반영을 최대한 방지한다.

> **TIP** 스케치북 활용하기
>
> 스케치북을 쓰는 이유는 자료를 누적할 수 있고, 결과물을 보관하기 쉽기 때문이다. 클라우드 기반의 온라인 도구를 활용할 수도 있겠지만, 조작적으로 탐구 내용을 정리하고 누적하기 위해 아날로그 방식을 택했다. 블렌디드 수업 시 결과물을 사진 찍어서 줌에서 공유할 수도 있다.

> **TIP** 온라인 수행 평가 자료
>
> 수행평가에 반영되는 자기 평가지, 동료 평가지, 교사 평가지와 교육과정-수업-평가-기록의 일체화를 위한 온라인 수행평가 방안(예시: 합성함수의 미분법)은 아래의 QR 코드로 접속해 참고할 수 있다.
>
> 온라인 수행평가 방안   L.F로 배움 완성하기

고3 수업도 일방향 강의는 안 된다는 교훈

고3 학생들과도 거꾸로수업을 했었지만, 수능을 앞두고는 교사가 주도적으로 내용을 정리해주고 고난이도 문제의 풀이 전략을 보여주어야겠다는 생각에 수능 연계 교재를 가지고 강의를 했다. 지금까지 거꾸로수업을 통해 스스로 탐구하고 생각하는 힘을 길렀으니 수능 마무리 단계에서는 강의식으로 해야겠다고 생각했는데, 계획이 수포로 돌아갔다. 그렇게 활발하게 자신의 배움을 주도하던 아이들이 책상에 엎드려 잠들어버렸다. 정말 당황스러웠다. 수업을 바꾼 후 첫 번째 시간에는 학생들이 꽤 잘 버텼지만 두 번째 시간부터는 정신을 차리고 있는 학생이 다섯 명 남짓에 불과했다.

이 현상이 시사하는 바는 크다. 수업이 아무리 과학적으로 조직화되고 설계되었다고 해도 수업 운영 방식이 교사 주도적이라면 그 수업의 주체는 결국 교사이기 때문에 학생들은 능동적으로 참여하지 못한다. 우리가 거꾸로수업과 같은 형태의 수업을 진행해야 하는 이유가 여기가 있다. 아무리 체계적으로 조직화된 수업일지라도 학생들이 잠들어 있다면 무슨 의미가 있겠는가? 교사의 자존감 또한 떨어질 수밖에 없다.

그래서 수능 직전까지 학생이 배움의 주체가 될 수 있는 고3 수업을 다시 준비 중이다. 제한된 시간 내에 문제 해결 전략을 찾아야 하는 입시 상황을 고려하여 문제의 조건들을 보고 스스로 조직화하여 해결 전략을 찾아보고 또 다른 친구들의 의견도 들어보며 선생님은 어떤 방식으로 접근했는지를 참고하는 방식의 수업이다. 이런 수업이어야 나도 학생들도 모두 웃을 수 있을 것이다.

끝으로, 비대면 졸업식을 진행한 후 한 학생이 학교로 찾아와 편지를 건네주고 갔는데 작년 한 해를 보상받은 기분이었다. 정말 그 어떤 보상보다 강력했다. 지칠 때도 있지만 이 일을 계속해서 할 수 있는 이유가 여기에 있다.

수학 선생님들은 항상 판서 수업을 하셨기 때문에 부족한 부분을 채우기 힘들었는데 선생님 수업은 정말 제가 학교에서 수학을 배운다는 생각이 처음으로 들었던 소중한 시간이었어요.

학생에게 받은 편지에서

소통과 공감이 있는
블렌디드
영어 수업

김혜원

새로운 것에 호기심이 많아 도전하기를 즐긴다. 2017년, 거꾸로교실을 접한 후 지금까지 미래교실네트워크 주번으로 활동 중이다. 광주광역시의 한 중학교에서 영어 교사로 근무하다가 2020년, 베트남 하노이한국국제학교에 초빙되어 학생들과 다양한 수업을 전개하고 있다. 교육부 주관 원격수업 교원 역량 강화 연수(2020), KOICA 아제르바이잔 원격수업 교원 역량 강화 연수(2021)에서 연수 강사로 활동했으며, 구글공인트레이너(GCT)로서 전 세계의 선생님들과 함께 활동하고 있다. 코로나 상황에서도 재미있고 효과적으로 수업할 방법을 고민하고 있으며, 다양한 온라인 도구들을 활용하여 학생들과 소통하는 방법을 연구하는 중이다.

영어 교사이지만 효과적인 영어 공부법에 대해 나만의 시각을 갖게 된 건 시행착오를 숱하게 겪고 나서였다. 시험을 치르는 교과로만 존재하던 영어가 소통의 매개체이자 나를 표현하는 도구로 사용될 수 있다고 처음 느낀 것은 대학생 때 캐나다로 1년간 교환학생을 갔을 때였다. 다양한 문화권에서 온 친구들과 완벽하지 않은 영어로도 의사소통이 가능한 것을 체험한 후 고정관념이 조금씩 흔들리기 시작했다. 초등 고학년 시절부터 대학에 이르기까지 내가 경험했던 영어 교육은 단순히 정해진 기준에 맞느냐에 대한 문제였다. '몇 번'이라고 정답을 제시하면 평가가 끝나는 것에 익숙했었기에 "제시된 주제를 당신의 문화와 연관 지어 두 가지 이상의 근거를 들어 설명하시오."라는 형식의 과제가 처음에 무척 어려웠다. 일차적으로는 언어가 다르기 때문이기도 했지만, 과제를 해결하려면 영어를 활용하여 외부와 소통하는 과정을 반드시 거쳐야 했기 때문이다. 친구들과 식사를 하면서 이야기를 나누고, 도서관에서 책도 찾아보고, 지역 문화 행사에 참여하는 과정을 통해 실생활과 연계된 학습 과정이 점차 익숙해졌고, 영어에 대한 심리적 장벽도 조금씩 낮아지는 것을 느낄 수 있었다.

교사가 된 이후에 거꾸로수업 방법을 접하면서 미래교실네트워크를 통해 전국의 여러 선생님들과 교류하게 되었다. 이를 통해 영어 과목을 바라보는 시각이 더 자유롭게 열렸고, 동시에 다양한 교실 활동을 통해 학생들과 소통하는 방법을 체득할 수 있었다. 특히 작년에는 근무하던 광주광역시를 떠나 하노이에 초빙교사로 오게 되면서 교직 인생의 큰 전환점을 맞게 되었다. 이곳의 영어 과목 시수가 한국에 비해 높은데다 학생들의 대다수가 어렸을 때부터 영어에 노출이 많이 되어 있는 상황이라 수업 디자인부터 수업과정, 평가에 이르기까지 새로 체계를 갖추어야 했기 때문이다. 또한, 전 세계적으로 심각한 코로나 팬데믹 상황을 겪으며 학생들과 온라인상에서 만나 효과적으로 소통하는 방법을 찾는 등 다양한 교육적인 시도를 할 수밖에 없었다. 쌍방향 온라인 수업 방법을 찾으면서 중점을 두었던 것은 접근성과 연계성이다. 청소년의 눈높이에 맞으면서도 학생들이 해당 프로그램이나 앱에 쉽게 접근할 수 있어야 한다는 것이 첫 번째 조건이었고, 여러 가지 학습 과정이나 배움의 내용이 온라인에서 연계되어 시각적으로 구현되면 좋겠다는 것이 두 번째 조건이었다. 두 가지 조건을 충족하면서도 중등 인문교과 또는 예술교과 수업에 적용했을 때 신선한 체계성을 보여준 플립그리드(Flipgrid)라는 앱을 소개함으로써 온라인 수업에 어려움을 느끼는 선생님들의 고민을 조금이나마 덜어드리고자 한다.

온라인 의사소통 시작하기

오프라인 수업에서 온라인 수업으로 프레임을 전환하는 것은 쉬운 일이 아니다. 각종 디지털 기기를 다룰 수 있는지의 비교적 단순한 문제를 넘어 다양한 도구들을 내용에 맞게 적용하고, 학습자의 반응을 실시간으로 살펴야 하기 때문이다. 더 나아가서는 어떤 내용을 어디서부터 방향을 잡아 수업해야 하며, 피드백을 어떻게 제시해야 할지가 온전히 교사 개인의 몫으로 남는다. 처음 온라인 수업을 진행하던 때를 돌아보면 하루하루 힘들게 단편적인 수업을 진행했었다. 그러다가 흩어지는 내용을 잡기 위해서는 수업의 기준점이 필요하다는 결론에 이르렀다.

기존의 익숙한 교실 수업의 형식을 온라인으로 동기화하기 위해 참고했던 기준점은 2015 개정 교육과정이다. 중학교 영어과의 경우 자신감을 가지고 의사소통하며, 간단한 문화를 소개할 수 있는 것이 목표라면, 고등학교 영어 수업의 목표는 학생들이 학습 동기를 가지고, 영어로 의사소통하며, 진로에 맞게 영어를 사용할 수 있도록 돕는 것이다. 이를 바탕으로 교과서를 재구성하여 온라인에서 수업을 진행했다. 교과서의 내용은 읽기의 소재가 되며 해당 단원의 학습 목표인 문법 요소가 담겨 있다. 디딤영상을 통해 이에 대한 자세한 설명을 제공한다. 카훗이나 퀴즈앤 등의 온라인 도구를 활용하여 단순히 내용의 이해를 확인하는 질문뿐만 아니라, 내

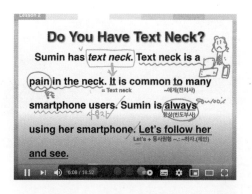

교과서의 내용에 대한 자세한 설명을 담은 디딤영상

용을 추론해보고 확장적인 사고를 할 수 있는 다양한 온라인 활동을 쌍방향으로 진행함으로써 학생들의 내용 이해도를 높일 수 있다.

한편, 플립그리드에서는 링크를 첨부할 수 있으므로 지난 2차시에 진행했던 디딤영상이나 활동과제, 교과서 본문 학습과 연계한 문법이나 단어 참고자료들의 링크를 올린다. 지난 차시 내용에 대한 이해가 부족한 학생의 경우 링크를 클릭하여 추가 보충학습을 한 후 과제를 수행하도록 한다. 이렇게 학습을 보완할 수 있는 여유가 충분히 있으므로, 학생들 간의 학습 수준 차이가 어느 정도 좁혀질 수 있다. 학생이 내용을 충분히 이해한 후 설명할 준비가 되었다면, 과제 페이지에 제시된 내용을 읽고 영상을 녹음해 그 자리에서 바로 업로드하게 하였다.

플립그리드 과제 페이지 예시

플립그리드 살펴보기

플립그리드는 짧은 동영상을 업로드할 수 있는 교육용 소셜 비디오 플랫폼이다. 널리 알려진 온라인 도구가 아니어서 처음에는 다소 생소했지만, 표현 중심의 수업을 진행하면서 학생 상호평가와 교사 평가를 함께 진행하기에 적합하다고 판단하였다. 어떤 교과이든 자유로운 주제로 수업을 엮어갈 수 있고, 교사만 계정을 만들어서 과제를 디자인한 후 과제마다 자동으로 생성되는 고유 코드를 학생들과 공유하면 되기 때문에 편리하다. 또한, 무료라는 점이 좋다. 교사가 계정을 생성하고 과제를 제시하기가 아주 쉬운데, 다음의 과정을 거치면 학생들에게 과제를 제시할 수 있는 환경 설정을 10분 안에 할 수 있다.

플립그리드 환경 설정 순서

① 계정 가입

구글 개인 계정 또는 마이크로소프트 개인 계정으로 가입할 수 있으며, 교사만 가입하면 된다. 학생의 경우 교사가 제시한 과제 코드를 받아서 플립그리드 창에 입력한다.

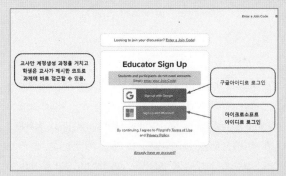

플립그리드는 PC와 모바일에서 사용할 수 있지만, 처음 계정을 만들 때는 PC 사용을 권장한다. 화면 상단의 Educator Sign up을 눌러 가입 과정을 거친다.

② 과제 생성

구글 또는 MS 아이디로 로그인을 하고 난 후 이름, 국가, 가르치는 학년, 생년월일 등을 입력하면 다음과 같은 환영 메시지를 볼 수 있다. "Create a Topic" 버튼을 누르면 바로 과제를 생성하는 창이 뜬다. 따라서 수업의 방향이나 흐름을 미리 생각하여 과제를 낼 준비를 마친 후 접속하면 편하다.

＊Topic을 과제라고 칭하며, 다음과 같은 위계관계가 성립된다.

Flipgrid-Discussion-Topic-하위 Topic

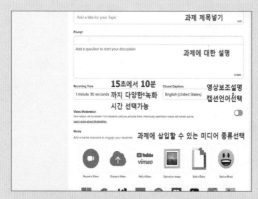

과제의 제목을 쓰고, 해당 과제가 어떤 학습 내용에 관련된 것인지 학생들에게 설명하는 내용을 작성한다. 학생들이 코드를 입력해 접속한 후 가장 처음에 보게 되는 화면이자, 교사가 과제 수행의 단서를 다양하게 제시하는 부분이다. 자세하고 체계적으로 과제를 제시하면 학생들의 결과물도 더욱 풍성해질 수 있다.

학생들이 찍고 업로드하는 영상의 시간을 15초에서 10분까지 설정할 수 있다. 과제의 본문에 각종 미디어(유튜브 영상, 각종 온라인 도구들, 그리고 문서 형태의 활동지 등)의 링크를 삽입할 수도 있다.

교실생존비법

"More Options" 버튼을 누르면 과제를 좀 더 세부적으로 설정할 수 있다. 해당 과제의 목적에 따라 각 과제의 세부 기능을 끄거나 켤 수 있다. 이것 역시 과제를 디자인할 때 미리 생각해봐야 하는 부분이다.

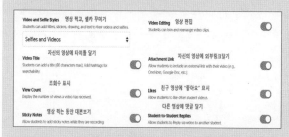

예를 들면, 학생이 영상을 찍으며 화면에 간단한 대본을 띄워놓을 수 있도록 하거나 다른 영상에 댓글을 달거나 '좋아요'를 누를 수 있게 미리 설정할 수 있다.

③ 과제 공유

생성된 과제는 다양한 방법으로 공유할 수 있으며 그 방법을 선택할 수 있다. 구글 클래스룸은 플립그리드와 연동할 수 있는 플랫폼 중 하나이다. 구글 클래스룸 버튼을 누르면 온라인 클래스룸의 과제방에서 실시간으로 플립그리드 과제를 제시할 수 있다.

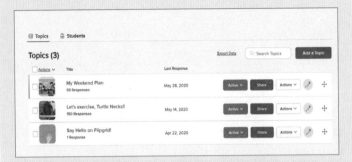

교사가 하나의 과제를 제시할 때마다 과제만의 고유한 코드가 생성되며, 과제마다 방이 하나씩 생긴다. 하나의 과제 방 안에 여러 개의 과제를 제시해도 되고, 과제마다 별도의 방을 만들어도 되는데 그것은 교사의 재량이다.

플립그리드 상단의 Discovery를 누르면 수업을 위한 여러 가지 배경지식 또는 아이디어들이 무궁무진한 온라인 자료실을 참고할 수 있다. 비슷한 주제의 수업을 진행하고 있는 전 세계 선생님들의 자료를 둘러보며 수업 흐름이나 평가 방향을 세울 수 있다.

수업의 진행 절차			
읽기/디딤 영상 읽기 수업 디딤영상을 통한 이해도 높이기	**협업수업** 줌 소회의실 구글도구 및 각종 온라인 도구 활용 협업수업	**과제 수행** 편지 쓰기 또는 책 소개 등 차시 수업 관련 과제 수행	**Flipgrid 수행** Flipgrid 앱을 활용하여 과제 수행 영상 - 상호평가/ 피드백

수업과정의 A to Z, 흐름이 있는 수업하기

온·오프라인 수업을 섞어서 전체 12차시 정도의 수업을 진행한다고 가정할 때 각 차시의 세부 내용을 살펴보자. 수업은 '지식 습득과 활동을 위한 준비로 이어지는 디딤영상', '소그룹 활동과 함께하는 쌍방향 협업 수업', '지식의 확장을 위한 과제 수행', 그리고 '플립그리드 수행과 과정평가'의 네 부분으로 이루어진다.

읽기 수업의 디딤영상

학생들의 배경지식과 학습 내용이 함께 어우러지는 읽기 수업에서는 디딤영상의 역할이 크다. 온라인 수업의 경우 학생들의 이해도를 바로 파악하기 어렵다는 단점이 있지만, 학생들이 디딤영상

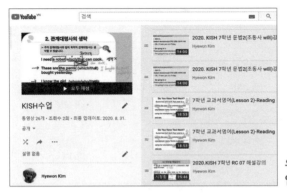

유튜브 채널에
업로드한 디딤영상

을 시청하면서 영상의 재생 속도를 조절하고, 반복해서 시청하며, 관련되는 온라인 자료를 검색함으로써 개별학습을 진행할 수 있다는 장점이 있다. 디딤영상에서 배운 내용, 궁금한 부분에 대한 질문, 다른 학습과 연계할 수 있는 내용을 정기적으로 기록하는 영상시청록을 쓰도록 하여 이해도를 확인하고 학습 과정을 관리할 수도 있다. 보통 읽기 수업의 초반 1, 2차시 정도는 디딤영상을 제공하고, 그에 관련한 활동을 쌍방향 온라인 수업으로 진행하여 학생들의 배경지식을 확장하고 학습 동기를 부여한다.

디딤영상은 현재 학습 중인 내용을 학생들이 단계별로 이해할 수 있도록 교사가 직접 영상을 찍고 업로드하는 것이 효과적이다. 영상 제작과 업로드 방식을 자유롭게 선택할 수 있는데, 예를 들어 미래교실네트워크에서 제공하는 거꾸로교실 앱을 활용하거나, 개인 구글 계정으로 유튜브 채널을 운영하거나, 마이크로소프트사의 팀즈 플랫폼을 활용하여 영상을 업로드하고 관리하는 등의 방법이 있다.

디딤영상으로 학습한 후, 추가 학습을 원하는 학생들을 위해서는 온라인에서 제공되는 다양한 자료나 웹사이트를 소개하여 원하는 만큼 심화 학습을 할 수 있도록 안내한다. 학생들의 학습 의지를 북돋고, 관련 지식에 대해 폭넓게 이해할 수 있도록 다음과 같은 온라인 학습 웹사이트에서 자료를 제공했다.

1) BBC Learning English●

영어학습을 위한 다양한 영상이 있어 주제별, 언어기능별로 관련 영상을 찾아보며 학습할 수 있는 유튜브 채널이다.

2) The Children's Book Review●●

주제별, 연령별로 영어 추천 도서가 정리되어 있으며, 도서들에 대한 간단한 내용 요약이나 리뷰가 있어 학생들이 흥미 있는 책을

● https://www.youtube.com/user/bbclearn ingenglish/videos
●● https://www.thechildrensbookreview.com

고르는 데 도움이 된다.

3) Khan Academy●●●

칸아카데미는 수학 및 컴퓨팅 교육 콘텐츠를 무료로 제공하는 교육사이트로 여러 기업 및 재단의 후원을 받아 양질의 서비스를 제공한다. 기본 언어는 영어이지만 2016년부터 한국어 버전도 제공되고 있으므로 학습자 수준에 맞게 언어를 선택하여 학습하면 된다.

쌍방향 협업 수업

학교에서 메인으로 활용하는 플랫폼의 성격에 따라 학습자료나 영상만 날짜별로 제공되고 학습 여부를 체크하는 것으로 출결 확인이 이루어지는 경우가 있다. 이런 일방향적 지식 학습도 중요하지만, 실제적인 학습을 위해서는 온라인에서도 교사와 학생 간 쌍방향 활동이 이루어져야 한다. 이를 위한 가장 일반적인 도구 중하나가 줌인데, 온라인에서 미리 설정한 후 학생들에게 링크를 공유하여 출결과 수업, 개인 상담을 진행하였다.

　쌍방향 협업 수업을 위해 줌의 소모둠 나누기 기능을 적극적으

●●● https://ko.khanacademy.org

로 활용하였으며 구글 슬라이드 활동자료를 준비하여 자료를 화면 공유하였다. 소모둠을 랜덤으로 구성할 수도 있지만, 학년 초에는 온라인상에서의 혼란을 방지하고 효율적인 수업 진행을 위해 수업 전에 모둠을 미리 나누어놓았다. 실제로 진행했던 수업 내용을 세부적으로 살펴보면, 교과서 디딤영상에서 '친구 간의 우정과 올바른 교우관계의 형성'을 소재로 하여 '조언하기' 기능을 연습하였다.

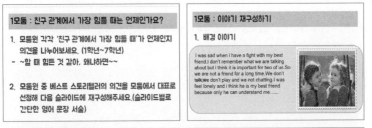

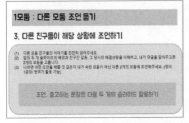

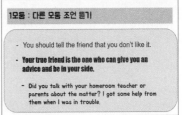

구글 슬라이드 활동 자료

온라인 쌍방향 수업의 흐름은 아래와 같으며, 해당 차시에 대한 학생들의 이해 정도나 학습 태도에 따라 교사의 수업 방식은 조금씩 달라질 수 있다. 2차시로 구성된 활동이지만 교사-학생의 온라인 상황이나 학습 수준에 따라 더 많은 차시로 진행할 수도 있다.

'친구 간의 우정과 올바른 교우관계의 형성'을 소재로 한 수업은 도덕/진로 과목과 연계하여 교과 간 통합수업으로 진행할 수도 있다. 이 수업을 통해 학생들의 상호공감을 이끌어낼 수 있었고, 각자의 생각을 더욱 깊이 있게 표현해보도록 할 수 있었다. 시간이 허락되어 도서관을 방문하거나 온라인 도서관을 통해 관련된 도

온라인 쌍방향 협업 수업 진행 순서

① 모둠 공지 : 교사가 미리 배정한 4~6명의 모둠 구성 공지하기

② 활동 파일 공유 : 구글 슬라이드 활동 파일의 링크를 모둠별로 채팅창에 알리기 (활동 파일 링크는 반드시 별도의 크롬 창을 열어 주소창에 파일 링크를 [복사]-[붙이기]하도록 안내)

③ 활동1 : 친구 관계에서 가장 힘들었던 때를 회상하며 모둠 내에서 이야기 나누기 (영어/한국어 선택)

④ 활동2 : 모둠원의 이야기 중 가장 좋다고 생각되는 것을 하나 골라 모둠원과 협업하여 영어로 재구성하고, 그 내용을 모둠 슬라이드에 쓰기 (영어)

⑤ 활동3 : 소모둠 간 '둘 가고 둘 남기'를 통해 서로의 이야기를 듣고, 각 모둠에서 재구성된 이야기를 읽는다. 각 모둠에 방문한 학생은 이야기 속 상황에 대해 조언하는 말을 간단히 적는다. (영어/한국어 선택)

교실생존비법

서를 읽고 서평을 작성해보도록 하면 마지막 시간에 할 플립그리드 과제 수행 활동이 좀 더 의미 있을 것이다.

영어로 편지 쓰기 과제

온라인 소모둠 활동을 한 이후에는 개인적으로 과제를 수행하며 친구들과 했던 활동을 정리하는 시간을 갖는다. 과제는 영어로 편지 쓰기이다. 나를 힘들게 했던 친구에게 당시의 상황과 기분을 묘사하면서 하고 싶은 말을 영어로 쓰는 시간을 갖는다. 가상의 친구에게 편지를 쓸 수도 있으니 학생들이 너무 부담을 갖지 않도록 한다. 편지를 쓰면서 지난 시간에 모둠별로 이야기했던 내용과 조언을 떠올려보고, 필요하다면 온라인 과제 파일을 참고하도록 안내한다. 오프라인 수업으로 교실에서 직접 진행할 수도 있고, 온라인 수업의 경우 일정 시간을 주고 편지를 쓰게 한 다음, 친구들에게 자신이 쓴 글의 일부를 읽어주고 소개하도록 할 수 있다.

플립그리드 영상 과제

이 단계에서는 이제까지의 배움을 총정리하면서 학생 간 상호평가와 교사의 평가가 함께 이루어지므로 이전 차시까지의 과정이 잘 완료된 것을 전제로 한다. 지난 차시의 내용을 간단히 설명하

플립그리드 영상 과제 설명 페이지

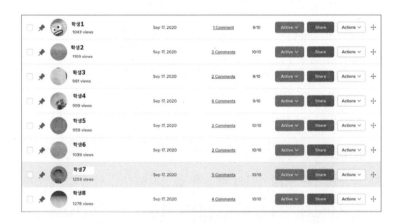

학생들이 제출한 영상 목록

거나, 필요하다면 자료 링크나 동영상을 과제 설명에 덧붙일 수 있다. 영상의 길이와 형식, 꼭 들어가야 할 내용, 해당 과제의 마감일과 평가 기준을 분명하게 제시하는 것이 중요하다. 코드를 받은 학생은 모두 해당 과제에 들어올 수 있으므로 학급별로 과제를 내주고 싶으면 같은 과제를 학급 수만큼 생성한다. 이 경우에는 과제의 코드가 학급별로 다르게 설정된다. 과제가 학생들에게 온라인 코드로 배포되면 교사는 학생들의 제출 영상을 리스트로 확인할 수 있다. 과제 제출이 늦는 학생들은 독려하며, 우수 사례 몇 편을 공유하여 참고할 수 있게 하거나 다음 수업에 이어서 진행하도록 한다. 같은 코드를 공유하는 학생들의 과제 방에서는 다른 친구들의 영상을 자유롭게 보고 코멘트를 남길 수 있다.

교사가 수업 전에 과제를 미리 만들고, 자동으로 생성된 코드를 알려주기만 하면 학생들이 PC 또는 휴대폰에서 코드를 입력해 접속할 수 있다. 이때, 구글이나 MS 아이디로 로그인하라는 안내문이 뜨므로 둘 중 하나로 로그인할 준비를 할 수 있도록 공지한다.

-PC: 플립그리드 웹사이트(www.flipgrid.com)에 들어가서 메인화면에서 코드를 입력한다. 구글이나 MS 아이디 중 하나를 입력하여 로그인하면 바로 과제 페이지로 들어간다.
-휴대폰: 플립그리드 앱을 설치한 후 구글이나 MS 아이디 중 하나를 입력하여 로그인할 수 있다. 교사가 제시한 코드를 입력하면 과제 페이지로 접속된다.

학생의 입장에서 플립그리드 영상과제를 수행하는 과정은 다음과 같다.

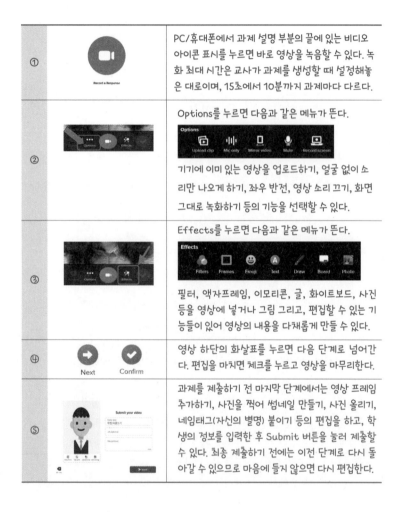

①		PC/휴대폰에서 과제 설명 부분의 끝에 있는 비디오 아이콘 표시를 누르면 바로 영상을 녹음할 수 있다. 녹화 최대 시간은 교사가 과제를 생성할 때 설정해놓은 대로이며, 15초에서 10분까지 과제마다 다르다.
②		Options를 누르면 다음과 같은 메뉴가 뜬다. 기기에 이미 있는 영상을 업로드하기, 얼굴 없이 소리만 나오게 하기, 좌우 반전, 영상 소리 끄기, 화면 그대로 녹화하기 등의 기능을 선택할 수 있다.
③		Effects를 누르면 다음과 같은 메뉴가 뜬다. 필터, 액자프레임, 이모티콘, 글, 화이트보드, 사진 등을 영상에 넣거나 그림 그리고, 편집할 수 있는 기능들이 있어 영상의 내용을 다채롭게 만들 수 있다.
④		영상 하단의 화살표를 누르면 다음 단계로 넘어간다. 편집을 마치면 체크를 누르고 영상을 마무리한다.
⑤		과제를 제출하기 전 마지막 단계에서는 영상 프레임 추가하기, 사진을 찍어 썸네일 만들기, 사진 올리기, 네임태그(자신의 별명) 붙이기 등의 편집을 하고, 학생의 정보를 입력한 후 Submit 버튼을 눌러 제출할 수 있다. 최종 제출하기 전에는 이전 단계로 다시 돌아갈 수 있으므로 마음에 들지 않으면 다시 편집한다.

교실생존비법

플립그리드로 의미 있는 협업하기

상호평가 및 댓글 달기

청소년기에는 친구들에게 자신의 과제를 보여주기가 다소 꺼려질 수 있다. 플립그리드에서는 이모티콘으로 얼굴을 가리거나, 목소리만 나오게 하거나, 화면에서 다른 대상을 보여주고 그것을 설명하는 영상을 찍을 수 있으므로 수업 디자인에 따라 학습 과정을 잘 보여줄 수 있다. 학생 상호평가도 마찬가지인데, 코드를 공유하고 있는 친구들끼리 같은 과제 방에서 서로의 영상을 감상하고, 의견을 달거나, 영상으로 답장을 쓸 수 있다. SNS상의 의사소통에 익숙한 학생들이 자연스럽게 상호평가를 진행할 수 있는 것이다.

이모티콘을 활용해 영상 촬영하기

교사의 피드백

학생의 영상에 대한 교사의 피드백은 점수나 서술, 영상 등으로 형태가 다양하므로 어떤 형식으로 피드백할 것인지 선택하면 된다.

영상에 대한 피드백 작성하기

교실생존비법

소통과 공감을 통해 성장하다

처음에는 해외에서 근무하게 되었으니 한국에 있는 동료 선생님들과 잠시 멀어지지 않을까 생각했었다. 하지만 작년 한 해 온라인 쌍방향 수업을 진행하면서 한국에 있을 때보다 더 많은 선생님들을 만났고, 온라인상에서 다양한 협업을 할 수 있었다. 다른 지역의 선생님들과 교류할 기회가 거의 없었던 예전과는 달리 지금은 컴퓨터만 켜면 한국의 선생님뿐만 아니라 전 세계의 선생님들과 어렵지 않게 만날 수 있고, 이야기를 나눌 수 있는 것이다.

다양한 온라인 수업 도구를 활용하면서 물리적인 제약이 사라진 대신 수업의 도우미 혹은 관리자로서 교사에게 새로운 역할이 부여되고 있음을 느끼고 있다. 다양한 온라인 수업 도구 중에서 학습 목적에 맞는 것을 선택하고 학생들에게 어떤 도움을 줄 수 있을지 고민하는 것이 교사의 일인 것이다. 이를 위해 학생들과의 소통과 공감을 목표로 온라인 수업을 꾸준히 연구하고, 교사들과 정보 교류를 해나간다면 온라인 교육 전문가로 성장할 수 있을 것이라 믿는다.

블렌디드
과학 실험
수업

조은호

학생이 주인이 되는 수업을 위해 2015년부터 거꾸로수업을 해오고 있다. 2016년부터 미래교실네트워크 과학 주번으로 활동하면서 과학 수업의 내실화와 교육과정-수업-평가-기록의 일체화를 위해 전국의 선생님들과 함께 노력하고 있다. 교내 전문적 학습 공동체와 지역 과학 교사들과의 전문적 학습 공동체를 운영하고 있다. 지금까지의 노력을 인정받아 2020년에는 과학기술정보통신부장관 표창을 받았다. 2020년 한국과학창의재단 연수를 비롯하여 실시간 쌍방향 연수를 40여 회 진행했고, KOICA 아제르바이잔 교원 역량 강화 연수(2021) 강사로도 활동했다.

2015년에 방영된 KBS 다큐멘터리 〈거꾸로교실의 마법 1,000개의 교실〉을 통해 거꾸로교실에 대해 처음 알게 되었다. 그때부터 거꾸로교실을 시작했는데, 학생들이 살아나서 활동하고 서로 이야기하는 모습을 보면서 너무 행복했고, 시작하길 잘했다는 생각이 들었다. 그러던 중 기회가 돼서 2016년부터 미래교실네트워크 정회원으로 활동하게 되었고, 전국의 많은 선생님들과 함께 수업을 연구·공유하였다. 2020년, 코로나19로 인해 원격수업이라는 전대미문의 상황을 맞닥뜨렸을 때, 미래교실네트워크 선생님들은 어떻게 하면 이 상황에서도 학생들과 즐겁고 의미 있는 수업을 할 수 있을까를 고민했다. 선생님들이 공유해주신 온라인 도구와 수업 방법들을 적용해보며 더 나은 수업을 만들기 위해 노력했다.

좌충우돌 블렌디드 수업 도전기

거꾸로수업을 하면서 지식적인 부분은 디딤영상에 담고, 수업을 온전히 활동과 실험으로 채웠다. 교과서에 있는 실험은 거의 다 했고, 교과서에 없지만 관련된 내용으로 학생들이 재미있어할 만한 실험들을 진행했다. 또한, 내용 정리 활동, 동영상 만들기, 포스터 만들기, 노래 가사 고쳐 부르기, 부루마블 게임, 오징어 다리 떼기● 등의 다양한 활동을 하였다.

그러다가 코로나19로 인해 정상적인 수업 활동을 할 수 없는 상황이 발생했다. 처음엔 이 상황이 오래갈 것으로 생각하지 않고 학생들이 학교로 돌아오면 실험과 활동을 하기 위해서 미리 디딤영상을 찍어 올렸고, 노트 필기를 해오도록 했다. 그런데 점점 개학이 연기되면서 이대로는 안 될 것 같다는 생각이 들었다.

학생들이 온라인에서도 즐겁게 배우고 활동들을 할 수 있게 하려고 다양한 온라인 도구들을 배우기 시작했다. 패들렛, 비캔버스, 마인드마이스터, 구글 도구들, 마이크로소프트 오피스의 사용

● 오징어 몸통 그림이 인쇄된 종이를 나눠주고, 긴 종이나 포스트잇으로 다리를 만든다. 몸통 부분에는 학습 내용을 정리해서 적고, 다리 부분에는 관련 문제를 출제한다. 모둠에서 둘 가고 둘 남기를 해서 일정 시간 동안 이동해간 팀이 다른 모둠의 문제를 풀고 다리를 떼오고, 남아있는 팀은 답변에 대한 추가 질문으로 시간을 보내면서 다리를 지켜내는 활동이다.

교실생존비법

법을 공부했고, 학습 관리를 위해서 구글 클래스룸, 마이크로소프트 팀즈, 애플 스쿨 매니저, 애플의 교실 앱도 익혔다. 이때, 가장 큰 도움을 받았던 곳은 역시나 미래교실네트워크였다. 선생님들이 본인이 알고 있거나 검색하면서 알게 된 내용을 공유해주셔서 온라인에서 활용할 수 있는 다양한 협업 도구들을 알게 되고, 쉽게 배울 수 있었다. 실제 수업에서 사용하는 것은 몇 개 되지 않지만, 다양한 선택지들을 알고 있으니 블렌디드 수업 아이디어를 구현해 낼 수 있는 적합한 도구를 쉽게 생각해낼 수 있었다.

5월에 교육청에서 지스윗 계정을 받은 후, 학습 관리를 위해서 구글 클래스룸을 사용하고, 과제는 구글 도구들(구글 프레젠테이션, 구글 문서, 구글 설문지)을 중심으로 구성했으며 패들렛을 추가적으로 활용했다. 컴퓨터를 사용하는 학생들이 많지 않고, 등교수업에서는 학생들이 가지고 있는 휴대폰을 사용하는 것이 편하므로 이런 방식을 택했다.

디딤영상의 이해를 높이는 시크릿 메시지

가장 처음 시도했던 것 중 하나는 오프라인에서 했던 활동 중에서 온라인으로 할 수 있는 것을 시도해보는 것이었다. 그중에서도 '시크릿 메시지 찾기'라는 활동을 알려드리려고 한다. 학업성취도가 낮고, 과학이라는 과목에 흥미를 느끼지 못했던 친구들도 재미있게 했었던 활동이다. 해당 단원의 학습 목표와 핵심 질문을 키워드들과 섞어놓으면, 학생들이 키워드를 찾고 복잡한 문자들 사이에 숨어 있는 정답을 찾아내는 활동이다.

등교수업을 할 때는 학생들이 디딤영상을 보고 오면, 이 활동을 통해 영상의 내용을 확인하고 실험이나 모둠 활동을 했었다.

시크릿 메시지 찾기

아래 표에서 이번 수업의 키워드를 찾아보세요. 남은 글자를 배열하면 하나의 문장이 나옵니다.

에	지	지	구	온	에	난	온	화
너	를	늦	구	너	추	기	실	위
지	해	우	지	복	리	가	효	실
전	생	손	활	화	사	에	과	온
환	실	서	석	지	실	에	실	천
할	수	연	인	있	구	가	너	복
는	료	구	류	체	스	온	사	지
적	인	발	멸	방	법	평	난	을
찾	전	아	종	봅	형	시	다	화

시크릿 메시지

지구온난화를 늦추기 위해 우리가 실생활에서 실천할 수 있는
구체적인 방법을 찾아봅시다.

키워드 정리

번호	키워드	뜻
	에너지 전환	
	인류 멸종	
	복사평형	
	온실효과	
	지구온난화	
	화석연료	

시크릿 메시지 쉽게 만드는 방법

① 우선, 해당 단원의 학습 목표나 핵심 질문을 시크릿 메시지로 정하고, 그 단원의
   키워드들을 정리해본다.

② 시크릿 메시지와 키워드들의 글자 수를 센 후, 가로세로의 곱을 활용해서 표를
   작성한다.

③ 키워드들 중에서 가장 긴 것을 먼저 배치하고, 짧은 키워드는 나중에 배치한다.

④ 남은 빈칸에 시크릿 메시지를 채워 넣는다.

온라인 상황에서도 역시 학생들이 몰입해서 답을 찾는 모습을 볼 수 있었다. 학습지는 구글 문서로 만드는데, 구글 문서에 표를 만드니 학생들이 오프라인 수업 때보다 키워드를 찾아 색칠하기가 조금 어렵기는 했지만, 학생들은 즐겁게 참여했다. 어떤 선생님은 시크릿 메시지를 구글 프레젠테이션에 넣은 후 줌에서 화면 공유를 해서 주석 작성 기능을 이용해 모둠 활동으로 진행했다고 한다.

온라인 속 과학 실험 공간, 가상 실험실

이로써 학생들이 수업의 도입 부분에 할 만한 재미있는 활동을 온라인으로 구현하는 것까지는 했다. 그런데 과학이라는 교과에서 실험하지 않고 수업을 진행하게 되니 진도도 너무 빨리 나가고, 아이들에게 즐거움을 줄 수 있는 요소가 하나 빠진 것 같아 제대로 된 수업이 아닌 것처럼 느껴졌다. 그래서 실제로 실험하지는 못하더라도 내용을 확인해보는 정도의 활동을 할 수 있는 방법이 없을까 고민하고 찾아보던 중 PhET Interactive Simulations라는 가상 실험실 사이트•를 찾을 수 있었다. PhET는 Physics Education Technology(물리학 교육 기술)의 약자로 노벨상 수상자 칼 와이먼

이 2002년에 개설한 개방형 교육 자원 프로젝트이다.

처음에는 영어로 된 사이트가 검색되어서 이 링크를 그대로 학습지에 넣어서 학생들이 실험하고 내용을 정리하도록 했었는데, 전북대학교 이화국 명예 교수님이 관리하시는 한국어 사이트가 있다는 것을 알게 되었다. 학생들에게 그 링크를 제공해 실험을 진행하고 실험 결과를 정리하도록 했다. 실제 실험과 큰 차이가 있기는 하지만, 학생들이 직접 조작해보고 지식을 확인해볼 수있어서 나름대로 의미 있는 수업을 진행할 수 있었다. 물론 우리나라의 교육과정을 기반으로 해서 만들어진 가상 실험실은 아니어서 실제 수업에 활용할 만한 가상 실험이 많지는 않았다. 그래서 예전부터 알고 있었던 이동준 선생님의 자바 실험실^{••}과 병행하여 활용했다.

● https://phet.colorado.edu/ko/
●● http://javalab.org/

가상 실험실 활용 사례

1) 중2 [과학] 2단원 정전기와 정전기 유도

스웨터와 풍선을 마찰시키면 스웨터의 전자가 풍선으로 이동하여 마찰 전기가 생성되는 과정을 관찰할 수 있다. 마찰 결과, 스웨터는 + 전하로, 풍선은 − 전하로 대전된다. 두 물체 사이에 작용하는 힘을 가지고 전기력을 확인해볼 수 있다. 풍선을 두 개로 설정하면 − 전하와 − 전하 사이에 작용하는 전기력도 확인할 수 있다. − 전하로 대전된 풍선을 벽에 가까이 가져가면, 벽의 전자가 밀려 풍선에 가까운 쪽은 + 전하를 띠고, 먼 쪽은 − 전하를 띠게

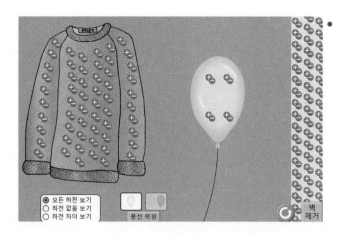

- https://phet.colorado.edu/sims/html/balloons-and-static-electricity/latest/
balloons-and-static-electricity_ko.html

교실생존비법

되는 정전기 유도 현상도 관찰할 수 있다. 학습지에 과정을 제시하고, 관찰한 사실을 쓸 수 있도록 구성하였으며 가상 실험을 통해 내용을 정리할 수 있도록 하였다.

2) 중2 [과학] 2단원 옴의 법칙, 저항의 직렬연결, 병렬연결

전선, 전지, 전구, 저항기, 스위치를 이용하여 자유롭게 회로를 구성할 수 있다. 전압계와 전류계를 이용하여 저항에 걸리는 전압을 측정할 수 있고, 회로에 흐르는 전류도 확인할 수 있다. 회로도로 볼 수도 있다. 전지의 전압과 전구, 저항의 저항값을 조정할 수 있어서 학생들이 회로를 구성하고 조작하면서 다양하게 실험할 수

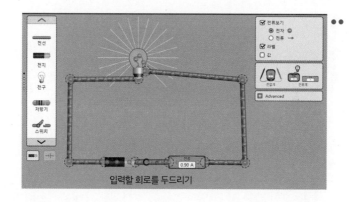

●● https://phet.colorado.edu/sims/html/circuit-construction-kit-dc/latest/circuit-construction-kit-dc_ko.html

있도록 할 수 있다. 제시한 회로를 구성하는 수업과 옴의 법칙을 확인하는 수업, 저항의 직렬연결과 병렬연결을 주제로 하는 수업을 이 가상실험으로 진행하였다.

3) 중3 [과학] 3단원 위치에너지와 운동에너지, 6단원 역학적 에너지 전환과 보존

2020년에는 에너지 스케이트 공원에서 정성적 관찰만 가능해서 위치에너지와 운동에너지 단원에서는 활용하기 어려웠는데, 2021년에는 업그레이드되어서 수업에서 다양하게 활용할 수 있다. 'Measure'에서는 포인트별 높이와 속도, 위치에너지와 운동에

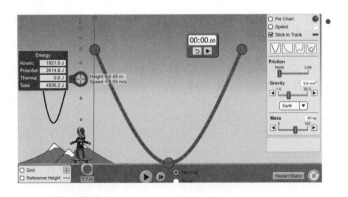

- https://phet.colorado.edu/sims/html/energy-skate-park/latest/energy-skate-park_en.html

너지가 측정된다. 'Graphs'에서는 위치나 시간에 따른 위치에너지
와 운동에너지의 변화를 그래프로 확인할 수 있다. 'Playground'에
서는 학생들이 자유롭게 트랙을 만들어 실험해볼 수 있다. 학습지
의 구성을 좀 더 다양하게 바꾸는 것 역시 가능하다.

4) 중3 [과학] 6단원 에너지 전환

우리 주변에서 볼 수 있는 에너지 전환 사례들과 함께, 가상 실험
실에 있는 몇 가지 사례들을 실생활과 연결하여 학습지에 정리할
수 있도록 구성하였다.

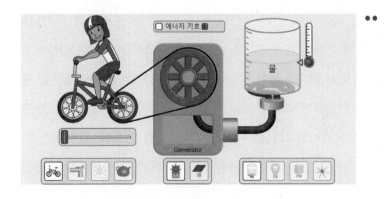

●● https://phet.colorado.edu/sims/html/energy-forms-and-changes/latest/energy-
forms-and-changes_ko.html

온라인 모둠 활동

학생들의 의사소통 능력과 협업 능력을 기르기 위해서는 모둠 활동이 필수적이다. 등교수업을 할 때도 거리두기로 인해서 모둠별로 모이기가 어려워 어떻게 해야 할지 고민했다. 구글 클래스룸을 활용하고 있었기 때문에 구글 프레젠테이션을 통해서 모둠 활동을 진행할 수 있었다. 스마트폰으로도 프레젠테이션 작업을 할 수 있어서 모둠원들이 각자 자기 자리에 앉아서 공동 작업을 할 수 있었고, 발표 모둠의 프레젠테이션을 보면서 발표를 들었다. 직소모형을 응용해서 각 모둠에서 한 명씩 모여서 자기 모둠이 준비한 내용을 발표했다. 이 활동에서는 오히려 온라인 도구를 활용한 것이 더 좋았다. 예전에는 학생들이 함께 종이에 포스터를 그리거나 모둠에 할당된 스마트 패드에 영상을 저장해놓는 방식으로 진행하다 보니 발표를 하지 않는 학생이 꼭 있었다. 온라인 도구를 활용하니 모든 학생들이 같은 자료에 접근을 할 수 있어서 모두가 다 한 번씩은 발표를 할 수 있도록 디자인할 수 있었다.

온라인 프로젝트 수업

중학교 2학년 7단원 '수권과 해수의 순환'의 수자원 파트와 중학교 3학년 3단원 '기권과 날씨'의 지구 온난화 파트에서 환경 관련 프로젝트 수업을 진행하고 싶었다. 지구를 지키기 위해서 우리가 노력해야 한다는 것을 알게 해주고 싶어서 수업에 활용할 자료를 찾았다. 2019년에 중학교 1학년 생물 다양성 수업을 하면서 미래 교실네트워크 소속 선생님을 통해 알게 되었던 내셔널지오그래픽 사이트●가 생각나서 거기서 수자원과 기후변화에 관한 내용을 찾아봤다. 당시만 해도 구글 번역기가 그렇게 잘 되어 있지 않아 영어로 된 자료를 활용하려면 중간에 사전을 찾아가며 해석해야 해서 시간이 오래 걸렸다. 그런데 1년 사이에 번역기가 많이 개선되어 이제는 사이트 전체를 번역해도 크게 어색함을 못 느낄 정도여서 번역기를 활용해 학습지를 만들었다. 아직 발문에는 자신이 없어서 학습지의 질문을 만드는 데 어려움이 있었다. 고민하며 사례를 찾아보던 중에 내셔널지오그래픽 협회 자료에서 연결된 High-Adventure Science라는 사이트●●를 알게 되었고 여기에 필요한 내용이 있어서 자료를 활용할 수 있었다. 이 사이트는 상호작용이 가능한 온라인 학습지 사이트인데 한글 지원이 안 돼서 번역된 발

- https://www.nationalgeographic.org/
- ● http://has.concord.org/

문을 학습지에 넣어서 활용했다. 그때 진행했던 프로젝트 수업 디자인은 다음과 같다.

지구 온난화 프로젝트 수업 디자인

① 지구 온난화의 심각성을 느끼게 하는 짧은 클립 시청하기
② 학습지에 내용 정리하기
③ has의 학습지에 있는 온실효과 실험하기
④ 학습지 정리하기
⑤ 지구 평균기온의 변화 그래프를 보고, 기후 예측해보기
⑥ 지구 온난화를 늦출 수 있는 실제적이고 구체적인 방법 찾기
⑦ 카드뉴스와 포스터 만들기

has 가상 실험

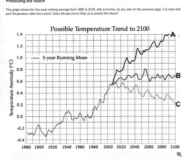

기온 변화 예측

학생들이 만든 카드뉴스

2020년을 돌아보며

어찌어찌 일 년을 원격수업과 등교수업을 병행하며 버텨왔다. 힘든 순간들도 있었지만, 수업을 효율적으로 진행하는 방법을 찾아가고 있는 것 같다. 일 년간 블렌디드 수업을 운영하면서 중요하다고 생각했던 부분들이 몇 가지 있다.

먼저, 교사는 어떤 수업을 하고 싶은지, 수업을 통해서 아이들이 어떤 모습으로 성장하기를 바라는지에 대해 다시 한번 되새기고, 본인만의 교육철학을 끝까지 가지고 있어야 한다. 힘든 순간에는 나도 좀 더 편하게 수업하고 싶다는 생각도 들었다. 하지만 나에게 배운 아이들이 스스로 무엇인가를 해낼 수 있으면서 어떠한 상황에서도 해결책을 찾기를 바랐고, 이 세상을 좀 더 나은 곳으로 만들어갈 수 있으면 했다. 힘들어서 놓아버리고 싶었던 순간에도 어떻게든 수업을 이끌어가기 위해 노력했다.

학생과 학부모와의 래포 형성이 더욱 중요해진 것 같다. 학부모와 래포 형성이 잘되어 있으면, 학부모들이 교사를 믿고 교육방식을 지지해준다. 학생과 래포 형성이 잘되어 있으면, 수업 중에 참여도도 높아지고 잘 따라와준다. 결과적으로 학생들의 삶의 태도가 바뀌고, 성적도 향상되는 것이다. 블렌디드 수업에서는 래포 형성의 정도에 따라 학생들의 수업 참여도와 과제 해결 정도의 격차가 더 심해졌다. 앞으로는 학기 초에 오리엔테이션 시간을 충분히 확보해서 학생들과의 래포 형성을 위한 시간을 많이 보내려고 한다.

한편, 수업 디자인은 더 구체적으로 하는 편이 좋다. 학생들은 온라인 수업에서 집중도가 더 낮았다. 수업을 좀 더 짧은 단위로 나누어 구성하고, 중간중간에 퀴즈나 게임 등 재미있는 콘텐츠를 넣는 것이 도움이 되었다.

마지막으로 절대 혼자 고민하지 말아야겠다는 생각이 들었다.

　　　　　　　　　　　　　　교실생존비법

지금까지 전문적 학습 공동체를 비롯한 다양한 모임을 운영했었지만, 올해만큼 교사 모임을 통해 힘을 얻고 수업의 방향성을 잡아가는 데 많은 도움을 받았던 적은 없는 것 같다. 많은 선생님이 함께해주시지 않았다면 이러한 수업은 할 수 없었을 것이다.

기술 교과로
미래역량
기르기

이주연

2016년, 거꾸로교실을 처음 해본 날, 수업에 뒤처지는 친구가 활동에 참여하면서 다른 친구에게 다시 한번 해보라고 권하는 모습을 보고, 거꾸로교실을 본격적으로 시작하게 되었다. 아이들의 변화와 성장을 목격한 후, 전국의 더 많은 선생님을 만나고 싶어서 2018년에는 미래교실네트워크 주번이 되었다. 이는 선생님들과 수업 고민을 함께 나누며, 직무연수나 각종 교육 모임을 운영하는 계기가 되었다. 수업을 개선하고, 아이들에게 의미 있는 기회를 만들어주기 위해 다른 과목 선생님들과 수업 이야기를 하는 것을 좋아한다. 현재 귀한 과목 과목장을 맡고 있다. 귀한 과목이라고 불리는 이유는 담당 교과인 기술가정이 흔치 않은 과목이기 때문이었는데, 어느덧 동료 교사가 점차 늘고 있다고 한다.

"그래도 다시 한번 해봐."

거꾸로교실을 처음 해본 날, 민지가 했던 말이다. 새벽 늦게 잠을 자는 민지는 지각을 밥 먹듯이 하고, 수업 시간에도 졸기 일쑤였다. 그런 민지가 초롱초롱한 눈빛으로 한 번 더 생각해보라고 이야기했는데, 그 친구는 전교 1등을 할 만큼 성적이 우수한 학생이었다. 늘 도움을 받던 민지가 다른 친구들을 격려하고 도움을 주며 참여하는 모습을 보인 것이다.

거꾸로교실이 처음부터 쉬웠던 건 아니다. 활동이 의도한 대로 잘되지 않은 날이 있었는가 하면, 학생들이 활동에 몰입하긴 했는데 학습 내용에 충분히 집중했는지가 걱정되기도 했다. 고민이 될 때는 미래교실네트워크에서 선생님들과 의견을 나누면서 더 나은 수업을 위한 피드백을 바로바로 주고받을 수 있었다. 과목은 달라도 고민이 비슷했고, 얘기를 나누면서 수업에 대한 열정이 커졌다. 전국 각지의 열정 넘치는 선생님들을 네트워크로 만나는 것은 가슴 벅찬 일이었다. 서로 부족한 점을 보완하여 아이들에게 더 최적화된 수업이 되도록 구조화했다. 학생들은 더 주도적으로 참여하고, 자신의 잠재성과 역량을 발휘했다. 수업만으로도 학생들이 경험할 수 있는 것의 범위가 생각보다 넓다는 사실을 알게 되었다. 이 경험은 내가 다른 도전을 하게 되는 원동력이 되기도 했다.

코로나19로 많은 것이 변했다. 원격수업과 등교수업이 상황에 따라 교차하여 진행되거나 동시에 진행되었다. 거꾸로수업을 통해 디딤영상을 만들어 제공하고, 구글 클래스룸으로 수업을 해본 경험이 있다고 해서 두려움이 없는 것은 아니었다. 영상의 질을 높이기 위해 컷 편집 등 화려한 편집 기술에 시간을 투자하기보다는 과감하게 쌍방향 실시간 수업을 시작했다. '쌍방향' 수업은 생각보다 교실 수업과 비슷한 느낌이 났다. 다만, 온라인에서도 예전처럼 참여와 소통을 할 수 있을까 고민이 되었다. 나는 혼자이지 않았고, 여러 선생님과 함께 머리를 맞대었다. 무료인 여러 도구를 최대한 활용하여 아이들과의 모둠 활동을 온라인에서도 똑같이 구현하는 방법을 하나씩 찾기 시작했다.

교실생존비법

온라인 수업 준비

전면 원격수업이 시작된 후 한 번도 등교하지 않은 1학년 아이들과 새 학기 수업에서 다룰 첫 번째 단원은 '기술과 안전'이었다. 기존의 계획에서는 안전 관련 문제를 찾고, 협력하여 문제를 함께 해결하는 프로젝트 수업이 핵심이었다. 온라인에서 진행한다면 어떻게 계획을 수정해야 할까 고민하며 2015 교육과정에서 제시한 단원의 성취기준과 학습 요소, 성취기준 해설을 한 번 더 짚어보았다.

> **[9기가05-02]** 가정과 사회의 변화에 따른 안전 사항에 대하여 조사하고, 예방 및 대처 방안에 대하여 이해한다.
>
> • 학습요소-안전사고 유형 및 대처 방안
> • 성취기준 해설-가정과 사회, 직장에서 발생할 수 있는 안전사고를 유형별로 분류하고, 다양한 안전사고의 예를 조사하여 안전에 대한 의식을 갖도록 한다. 특히 장소에 따른 안전사고 발생 유형을 조사하고, 사전에 방지할 수 있는 방안을 강조한다.

교육과정에서는 안전사고의 실제 사례로 직접 문제를 찾아 분류하고 해결방안을 찾는 것을 강조하고 있었다. 사례 중심으로 강의식 수업을 진행할 수도 있겠지만, 그렇게 하면 아이들이 문제를 직접 찾는 기회를 놓치게 될 것이다. 사례에서 아이들이 직접 문제를 찾아 이를 예방하는 픽토그램을 디자인하고, 이 픽토그램과 학교 안전 지도를 VR로 제작하는 것을 주요 활동으로 잡았다. 이를 위해 모둠 활동을 온라인에서도 똑같이 구현하고, 구글 문서, 프레젠테이션, 스프레드시트를 적절히 활용하여 의견을 나눌 수 있도록 계획하였다. '안전 픽토그램 디자인'과 'VR을 활용한 학교 안전 지도 제작'에 대하여 구체적인 평가 계획과 채점 기준을 마련하고자 노력하였다.

오프라인에서는 코로나 방역 수칙상 모둠 활동이 어렵고, 아이들이 등교하면 한정된 시간 안에 수행평가를 진행해야 했다. 따라서 평가 전후로 온라인에서 모둠 활동을 진행하면서 수행평가와 모둠 활동이 잘 연결되도록 계획하였다. 일상생활에서 발생하기 쉬운 안전사고의 유형을 분류하고, 학교에서 필요한 안전 픽토그램과 문구를 제작한 후, 이를 활용한 학교 안전 지도의 VR을 구글 투어 크리에이터(Google Tour Creator)로 직접 제작해보는 수업을 디자인했으며, 이를 위한 모둠 활동은 줌 소회의실에서 진행되었다.

VR과 관련된 도구들은 많이 있지만, 쉽게 제작하고 공유할 수 있는 프로그램은 역시 구글이었다. 우리 학교는 교과 교실제로 운영되어서 아이들이 본관, 기술가정관, 과학관 등 건물을 오가며 수업을 듣는다. 이러한 학교의 구조를 온라인상에서도 둘러볼 수 있도록 학교 내부와 외부의 360 사진을 제공하였다. 구글 어스나 구

교실생존비법

글 투어 크리에이터를 활용하면 검색만 해도 주변 경관을 입체적으로 관찰할 수 있다. 다만, 건물 내부는 제공되지 않는 경우가 있는데, 이러한 경우는 360 카메라로 직접 찍은 사진을 업로드하도록 했다. 360 카메라와 사진은 같은 학교 동 교과 선생님의 도움을 많이 받았다. 새로운 것을 시도할 때는 동료 교사가 가장 큰 협력자가 되는 것 같다.

구글 투어 크리에이터 이외에도 VR 관련 프로그램이 제법 많이 있다. 그중 메터포트(Matterport)●는 건물 전체를 스캔하여 층별 평면도와 단면도까지 구현할 수 있어서 무척 직관적이고 인상적이었다. 건물 전체를 인형의 집처럼 한눈에 보기에 가장 최적화된 프로그램이라고 생각된다(국내에서 이를 활용한 건축 업체가 한 군데 있어서 SNS를 통해 전화번호를 알아내어 자문한 기억이 있다). 하지만 전용 360 카메라가 고가여서, 학교 예산으로는 엄두가 나질 않았다. 성능 좋은 360 카메라가 조금 더 보편화된다면 이를 활용한 수업도 할 수 있게 되길 기대해본다.

● https://go.matterport.com/

차시별 수업 흐름	활동 내용 & 활용 도구
1차시 위험했던 순간 에피소드 공유하기	**Zoom 소회의실 – 이미지 카드를 화면 공유하여 이야기 나누기** - '내가 위험했던 순간'을 떠올려봅니다. - 그 순간을 대표할 수 있는 이미지를 저작권이 무료인 이미지 사이트에서 찾습니다. - 소회의실에서 화면 공유하면서 나의 이야기를 합니다. (이때, 팀장을 맡을 학생과 발표 순서를 정해주는 것이 좋습니다.) - 친구의 이야기를 듣고 정리하여 과제로 제출합니다.
2차시 위험 요소 분류하기	**Google Presentation을 활용한 협업 활동** - 내가 들은 친구의 이야기를 모둠별로 공유합니다. - 에피소드 속 위험 요소를 분석합니다. - 프레젠테이션 표에서 일상 속 위험 요소를 분류해봅니다. **TIP** 구글 프레젠테이션은 [공유]-[링크]에서 '링크가 있는 모든 사용자에게' 편집 권한을 부여하면 학생들과의 협업이 가능합니다.

교실생존비법

3차시 안전 픽토그램 예시 자료 탐색하기	Google Sites를 활용하여 자료 공유하기 - 위험 요소와 관련된 안전 픽토그램을 검색해봅니다. - 자신이 찾은 이미지 및 자료를 사이트에 업로드하여 공유합니다. **TIP** 구글 사이트는 블로그 및 홈페이지처럼 누구나 접속하여 볼 수 있으며, 협업이 가능한 도구입니다.
4차시 나만의 픽토그램 디자인하기	학교 안전을 위한 나만의 픽토그램 디자인하기 - 학교에서 자주 발생할 수 있는 안전사고를 생각해봅니다. - 관련 장소를 구체적으로 이야기해봅니다. - 나만의 안전 픽토그램을 디자인하고 스케치합니다.
5차시 Youtube와 Expeditions으로 VR 체험하기	Youtube와 Google Expeditons으로 VR 체험하기 - 유튜브에서 내가 가보고 싶은 장소나 나라의 이름에 VR을 붙여 검색해봅니다. - [설정]에서 해상도를 최대한 높이고, 마우스로 조작하여 체험합 니다. - 구글 익스페디션을 휴대폰에 설치하고 둘러봅니다. 
6차시 Tour Creator로 제작하기	Tour Creator로 장면 제작하기 - 투어 크리에이터에서 새로운 투어를 직접 제작해봅니다. - 그림을 업로드하고 구글 스트리트 뷰를 활용하는 방법을 익힙니다. 

기술 교과로 미래역량 기르기

VR이란

백과사전에서 정의하는 가상현실(假想現實, virtual reality, VR)은 컴퓨터 등을 사용한 인공적인 기술로 만들어낸, '실제와 유사하지만, 실제가 아닌' 어떤 특정한 환경이나 상황 혹은 그 기술 자체를 의미한다. 이때, 만들어진 가상의(상상의) 환경이나 상황 등은 사용자의 오감을 자극하며 실제와 유사한 공간적, 시간적 체험을 하게 함으로써 현실과 상상의 경계를 자유롭게 드나들게 한다. VR과 관련된 용어로 증강현실(Augmented Reality, AR)과 혼합현실(Mixed Reality, MR)이 있다. 증강현실은 가상현실(VR)의 한 분야로 실제로 존재하는 환경에 가상의 사물이나 정보를 합성하여 마치 원래의 환경에 존재하는 사물처럼 보이도록 하는 컴퓨터 그래픽 기법이다. 얼마 전에 유행한 포켓몬고는 이러한 증강현실을 활용한 게임이다. 혼합현실은 가상 세계와 현실 세계를 합쳐서 새로운 환경을 만들어내거나 시각화하는 것이다. 미국의 AR 관련 기업인 매직리프(Magic Leap)가 테이블, 손, 바닥, 천장 등의 물체를 인식하고, 이에 맞는 CG 효과를 실시간으로 넣을 수 있는 기술을 개발하고 있어서 화제가 되기도 했다. 기술을 보여주는 영상이 있는데, 강당에서 엄청 큰 범고래가 물을 크게 튀기며 뛰어오르는 장면은 짧은 순간임에도 압도적이다.•

교실생존비법

VR 간편하게 체험하기

Youtube에서 VR 체험하기

유튜브에도 VR 영상이 있다. 360도로 즐길 수 있는 VR 서비스는 2016년부터 시작되었다. 보통 지명과 VR을 함께 검색하면 현장의 360도 풍경과 소리까지도 생생하게 경험할 수 있다. 화면을 왼

Cardboard로 VR180 및 360도 동영상 보기

Cardboard와 YouTube 모바일 앱을 사용하면 VR180 및 360도 동영상에서 몰입도 높은 가상현실을 경험할 수 있습니다.

① Google Cardboard를 조립합니다.

② YouTube 앱을 엽니다.

③ VR 동영상을 검색하거나 '가상현실'을 검색하여 YouTube Virtual Reality 하우스 채널로 이동합니다.

아이콘 [◉◉] 을 찾아 올바른 채널을 찾습니다.

④ VR 동영상을 선택합니다.

⑤ 재생을 시작하려면 재생 버튼을 탭합니다.

⑥ Cardboard 아이콘을 탭합니다. 화면이 작은 화면 2개로 분할됩니다.

⑦ Cardboard에 휴대전화를 삽입합니다.

⑧ 빙 둘러보며 VR180 또는 360도로 동영상을 감상합니다.

[출처] YOUTUBE 고객센터

● 〈Magic Leap gives a hope to cease Zoos and Aquaria〉
  https://www.youtube.com/watch?v=REoI1QC7Uy0

쪽 마우스로 클릭한 상태에서 상하좌우로 움직이면 하늘과 땅과 주변을 자유롭게 움직이며 볼 수 있다. 하단 설정 메뉴인 톱니바퀴를 클릭하면 해상도를 조정하는 것도 가능하다. VR 기기가 없어도 일반 스마트폰으로도 이용할 수 있는 것이 장점이며, 유튜브 VR 앱을 사용하면 360도 동영상과 가상현실 콘텐츠를 손쉽게 찾아볼 수 있고, 헤드셋과 기기를 사용해 실감 나게 시청할 수 있다.

Google Expeditions에서 AR과 VR 체험하기

구글 익스페디션에서는 AR과 VR을 동시에 체험할 수 있다. 주제는 역사적인 장소, 우주, 바닷속 유물, 악기 등으로 다양하며

투어 찾기 및 다운로드하기

① Google Expeditions 어플을 설치해주세요.
② 안드로이드 플레이스토어(Play Store)나 애플 앱스토어(App Store)에서 어플을 검색하여 설치합니다.
③ 다음과 같은 몇 가지 방법으로 투어를 선택할 수 있습니다.
　- 둘러보기 탭: Expeditions에서 투어를 검색하고 다운로드합니다.
　- 라이브러리 탭: 라이브러리 탭의 다음 두 섹션 중 하나에서 투어를 선택합니다.
　- 다운로드: 이전에 다운로드한 투어를 선택합니다.
　- 내 투어: Tour Creator에서 만들었거나 Poly에서 투어를 선택합니다.
　- 학급 탭: 가이드 세션을 시작한 다음 다운로드한 투어를 선택합니다.
[출처] Expeditions 고객센터

교실생존비법

1,000개 이상의 가상현실(VR)과 100개 이상의 증강현실(AR)이 있다. 휴대폰이나 태블릿에 앱을 설치하여 활용할 수 있다. 우주나 인체 속으로 여행하거나, 역사 속 한 장면으로 가볼 수 있다. 시공간을 뛰어넘어 다양한 장면을 현실감 있게 체험할 수 있다.

Google Earth로 여행 루트 만들기

구글 어스에서도 스트리트 뷰를 살펴볼 수 있다. 지면의 눈높이에서 장소를 볼 수 있어서 건물, 명소, 다리 등의 장소를 실제로 그곳에 가있는 것처럼 체험할 수 있다. 프로젝트 만들기를 하면 특정 장소를 선으로 연결하거나 도형을 추가할 수 있으며, 장소 간의 거리를 측정할 수도 있다.

Tour Creator로 VR 직접 제작하기

구글에서 제공하는 투어 크리에이터를 활용하면, 교사와 학생 모두 VR을 직접 제작할 수 있다. 360 카메라를 가지고 있지 않더라도 구글에서 제공하는 스트리트 뷰로 장면을 첨가하거나 추가 설명과 사진을 첨부하는 것이 가능하다.

투어 제작하기●

① Get started 버튼을 누릅니다.
② NEW TOUR + 를 누릅니다.
③ 표지 만들기
  - 관련 사진 첨부하기
  - 제목 넣기
  - 내용 설명 넣기
  - CREATE 버튼 누르기

④ Scene 추가
  새 창 - 구글 맵 - 지역(Street
  View)을 검색 - 장면 1개 완성
⑤ 공유하기
  PUBLISH 버튼 누르면 링크를 공유
  할 수 있습니다.

- https://arvr.google.com/tourcreator/

VR을 활용한 수업

보물찾기

구글 투어 크리에이터에서는, 그림을 삽입할 수 있는 기능을 활용하여 주요 장소에 그림이나 핵심 단어를 숨겨둘 수 있다. 학생들은 숨겨진 여러 이미지를 찾아 학습지 활동을 하거나 이야기를 만들 수 있고, 시대 순서대로 나열하는 등 일정한 기준을 가지고 분류하는 작업을 할 수도 있을 것이다. 학생들은 이미지를 생각보다 금방 찾는다. 이후에 협업 활동으로 이어지도록 안내하면 더욱 좋다.

개념 키워드 마인드맵

투어 크리에이터를 활용하여 단어와 이미지를 숨겨놓은 VR을 제작한 후, 개념 키워드 마인드맵 활동●을 해보았다. 학생들이 대단원 전체를 훑어본 후, 배우게 될 또는 배운 개념을 찾아 나열해보고, 관련 있는 단어를 연결해보거나 대표 키워드를 뽑아 내용을 스스로 구조화하는 활동이다. 생소한 단어가 많아 기억할 게 많다고 느끼는 아이들이 단원의 내용을 더 넓은 안목으로 살펴보게 할 수

● 이 활동은 창덕여자중학교에 근무 중이신 과학과 김청해 선생님의 나눔을 통해 처음 알게 되었다.

있는 것이 장점이다. 무엇보다도 간편하고 직관적이어서 누구라도 쉽게 할 수 있고, 생각을 나누며 협업할 수 있다는 점에서 단원의 도입 부분이나 정리 활동으로 하기에 좋다. 코로나 이전에는 전지와 네임펜을 썼지만, 원격수업 환경에서는 줌의 화이트보드와 주석 기능, 혹은 공동협업이 가능한 비캔버스나 구글 잼보드와 같은 프로그램을 활용해 충분히 구현해낼 수 있다.

> 개념 키워드 마인드맵 활동
>
> ① 발견한 키워드를 보이는 대로 적어본다(중복 단어도 허용).
> ② 같은 단어를 적었다면 동그라미와 선으로 연결한다.
> ③ 비슷한 단어나 포괄하는 키워드가 있다면 화살표로 표시한다.
> ④ 모든 것을 포괄하는 대표 키워드 세 개를 의논해서 뽑아본다.

온라인에서 모둠별로 같은 화면에 적고 그리게 하려면 줌이 유용하다. 화면공유 기능으로 화이트보드를 실행하고 옵션의 주석 기능으로 글자, 선, 동그라미 등을 표시할 수 있다. 단, 휴대폰으로 줌에 접속한 학생은 텍스트를 직접 입력할 수 없고, 터치 기능을 활용하여 화면에 직접 그리듯이 적어야 한다.

VR 활용 수업 준비 과정

VR을 활용한 수업 자료를 제공하고, 학생들과 직접 VR을 제작하기 위해 구글 투어 크리에이터를 활용했다. 무료인데다가 별도의 설치 없이 웹 기반으로 가볍게 사용 가능하고, 인터페이스도 직관적이어서 학생들도 곧잘 따라 했다. 특히, 구글 투어 크리에이터는 360 카메라로 직접 촬영하지 않아도 구글에서 제공하는 스트리트 뷰를 활용하여 VR 제작이 가능하며, 원하는 지점에 사진과 설명을 첨부할 수 있어서 학생들이 직접 디자인한 픽토그램을 첨부하여 안전 지도를 만드는 데에 최적인 프로그램이었다. 구글 클래스룸을 사용하면 공유도 수월하다. 2020년 1학기에 진행한 프로젝트 수업의 결과물을 학생들이 볼 수 있도록 공유하였다.

구글 투어 크리에이터는 휴대폰에서는 사용할 수 없어서 원격 수업에서 유튜브와 구글 익스페디션으로 먼저 VR을 체험하고, 제작 과정을 사전에 충분히 숙지하게 한 후, 학교 멀티미디어실에서 수업을 하였다.

그런데 이 프로그램은 2021년 6월 30일을 기점으로 서비스가 종료되었다. 빠르게 변화하는 시대에 영원한 프로그램이나 고정된 기능은 없다. 프로그램은 늘 개선되고 업그레이드되지만, 사람들이 찾지 않으면 없어지기도 한다. 투어 크리에이터의 일부 기능은 구글의 아트 앤 컬쳐(Google Arts & Culture)에서 미술관이나 박물관을 탐방하는 기능 등으로 활용되고, 구글의 스트리트 뷰는 구글 어스에서 더 업그레이드되어 동선을 입체적으로 파악할 수 있게 되었다. 구글 어스는 미국 계정으로는 휴대폰에서도 사용할 수 있지만, 한국에서는 PC에서만 사용할 수 있으며, 크롬 브라우저에서 원활하게 작동한다.•

대체 프로그램

구글 투어 크리에이터를 대체할 VR 편집 프로그램으로 매커(MAKAR)••가 있다. 이 프로그램은 한 달 동안 테스트 버전을 사용할 수 있는데, 자신만의 VR뿐만 아니라 AR을 쉽게 만들 수 있다는 장점이 있다. 그러다 보니, 기존의 VR 배경에 캐릭터나 퀴즈를 추가할 수 있으며, AR을 활용하여 자신만의 스토리북을 만드는 것도 가능하다. 대표 캐릭터만 3D 모델링을 하고 나머지는 매커에서 제공하는 템플릿을 활용하면, 증강현실(AR) 콘텐츠를 쉽

• 구글 어스는 미국 계정이 있는 경우에 휴대폰에서도 사용할 수 있다.
•• https://www.makerar.com

교실생존비법

VR 편집 프로그램 매커(MAKAR)

게 제작할 수 있다. 제작한 VR이나 AR은 매커 앱을 통해 3D로 볼수 있다. 별도의 코딩 과정 없이 쉽게 AR 콘텐츠를 확보할 수 있다는 점은 교육 자료를 직접 만드는 교사에게 큰 이점이 될 것이다.

삼인행 필유아사언(三人行 必有我師焉)

"세 사람이 길을 가더라도 그중에 반드시 내 스승이 될 만한 사람이 있다."라는 말처럼 내가 아는 것을 누군가와 나누는 과정에서 더 많이 배우고 깨닫는다. 온라인 연수에서 구글 어스 기능을 소개하고, 아이들과 어떻게 수업했는지에 대한 나의 이야기를 풀어놓자, 선생님들이 과목별로, 단원별로 수업에 어떻게 적용해볼 수 있을지 다양한 아이디어를 공유해주셨다. 예를 들면, 수송기술 단원에서는 발전소를 위치별로 탐색해볼 수 있고, 가정 식생활 단원에서는 원산지를 확인하여 푸드 마일리지를 계산해볼 수 있으며, 주생활 및 건설기술 단원에서 친환경 주거의 대표적인 사례와 건물을 지명과 주소까지 구체적으로 조사해볼 수 있고, 진로와 관련하여 진학을 희망하는 학교를 직접 탐색하고, 앞으로의 계획이나 여정을 표시하도록 할 수도 있겠다는 의견이었다. 혼자서 도구의 기능을 익히기만 하는 것보다 알게 된 것을 주변 선생님들과 나눌수록 수업에 대한 다양한 생각과 아이디어를 더 많이 얻을 수 있다. 고민을 함께 나눌 수 있는 동료 교사가 옆에 있다는 것은 무엇보다도 큰 보물이자 힘이다. 그런 사람을 너무 멀리서 찾지 말고, 같은 학교 바로 옆자리 선생님과 함께할 수 있길 바란다. 의견을 나누고 사례를 공유하는 것만으로 도구나 프로그램의 활용 범위를

넓힐 수 있으며 혼자서 끙끙 앓으며 고민하던 부분도 어느 순간 쉽게 해결할 수 있을 것이다.

소통하며 관계를
만들어가는
블렌디드 학급운영

전지향

소통하고 협업하며 꿈꾸는 세상을 만들어가기를 지향하는 국어 교사. 경기중등독서토론연구회를 통해 함께 책을 읽고 삶을 나누는 재미에 눈뜨게 되었다. 미래교실네트워크에서 거꾸로교실을 접한 후 아이들이 배움의 주체가 되는 수업을 실천하기 시작했다. 지식과 사랑은 나눌수록 커진다는 믿음으로 여기서 배운 배움의 가치와 방법을 공유하기 위해 다양한 활동을 하고 있다. 아이들이 현재에도 행복하고 성장할 수 있도록 늘 궁리 중이다.

우리는 왜 학교에 오는가? 당연하게 생각해서 특별히 해본 적 없었던 이 질문을 마주하게 된 건, 학교에 오는 것 자체를 힘들어하는 아이들이 대다수인 학교에 근무하게 되면서였다. 일방적인 강의 중심의 교실에서 아이들은 견디지 못했고, 그런 마음을 적극적으로 표현했다. 처음엔 당혹스러웠고 이내 괴로워졌으나 그렇게 주저앉을 수는 없었다. 교실을 바꾸고 싶었지만 어찌해야 할 바를 잘 몰랐다. 내가 보고 듣고 체험한 것이 거기까지였기 때문이다. 그때 기적처럼 미래교실네트워크의 1박 2일 거꾸로교실 연수를 듣게 되면서 교실을 바꿀 용기와 확신을 얻었고, 실습을 통해 구체적인 방법을 체득할 수 있었다.

블렌디드 수업이 그리 어렵지 않았던 것은 용어만 새로웠을 뿐이지 이전부터 이미 거꾸로교실의 형태로 수업을 하고 있었기 때문이다. 학생들이 강의는 집에서 미리 보고 오고, 학교에 모여서는 그것을 바탕으로 토론하고 적용하며 새로운 것으로 확장해나갔다. 수업은 익숙했던 터라 큰 어려움은 없으나 문제는 원격수업이라는 화두 때문에 밀려난 학급운영 부분이었다. 딱히 정해져 있다거나 드러나지 않는, 그러나 아이들에게 적잖은 영향을 미치는 이 학급운영이라는 난제를, 온·오프라인을 넘나드는 상황에서 어찌해야 하나 싶었다. 온라인 개학으로 처음 만났던 순간부터 서로를 알아가고, 감정을 다독이며, 추억을 쌓아가는 과정을 담은 이야기를 풀어보고자 한다.

첫 만남

개학이 잇달아 연기되더니 급기야 4월 중순에 온라인 개학을 하게 되었다. 휴직했다가 학교를 새로 옮기고 만나는 첫 아이들인데 이게 뭐람, 싶었다. 하지만 원망하고 있을 겨를이 없었다. 아이들을 처음 만나는 소중한 순간을 어떻게 꾸려야 할지 고민이 시작되었다.

당시만 해도 실시간 화상 기능은 잘 활용되고 있지 않았던 터라 더 난감했다. 그때 첫 만남의 본질은 무엇이며 내가 전달하고 싶은 메시지는 무엇인지 한번 생각해보았다.

오랜만에 만나는 학생들, 게다가 1학년 신입생인 아이들을 한 명 한 명 따뜻하게 환대해주고 싶었다. 그리고 첫 만남이 소중하다는 것을 말해주고 싶었다. 이 마음을 어떻게 온라인으로 구현할 수 있을까? 얼굴을 볼 수 없는데 '내'가 '너'를, '우리'가 '너'를 환대한다는 느낌을 어떻게 전달할 수 있을까? 그때, 오프라인이었다면 어떻게 했을까를 떠올리니 의외로 쉽게 방법을 찾을 수 있었다. 한 사람 한 사람 얼굴을 마주하며 찬찬히 이름을 불러줬을 것이다. 그래서 얼굴도 모르고 받아 든 반 아이들의 명렬표를 색지에 카드 형태로 인쇄하여 하나씩 잘랐다. 이 이름 석 자가 우리를 이어주는 상징적인 끈이므로 소중히 다뤘다.

그리고는 집에서 가장 캄캄한 곳에 들어가 작은 조명들을 켜고, 최대한의 애정을 담아 한 명씩 이름을 찬찬히 부르며 종이를 손수건 위에 내려놓는 영상을 찍었다. 편집하면서 적절한 효과를 더하니 오프라인과는 또 다르게 환대의 마음을 전달할 수 있었다. 끝 번호까지 다 부르고 나서는, 김춘수의 '꽃'을 낭송해주었다. '내가 너의 이름을 불러주었을 때, 너는 나에게로 와서 꽃이 되었다.'라는 구절처럼, 이름을 불러준 이 순간부터 여러분은 나에게로 와서 소중한 존재가 될 것이며, 나 또한 여러분에게 그런 존재가 되길 소망한다고 진솔하게 말했다. 그리고 숙제로, 영상에 나온 친구들 세 명과 선생님의 이름을 소리 내서 불러보고 간단한 인사말을 덧붙인 음성파일을 내도록 했다. 그 파일은 다 같이 들어볼 수 있도록 공유 드라이브에 올렸다. 파일을 열어보는 순간에 들리는 아이들의 떨리는 목소리가 너무 반갑고 신기했다. 온라인이지만 첫 만남의 떨림과 설렘이 오롯이 전해졌다. 얼굴을 못 보는데 목소리만 들으니 오히려 약간의 신비로움과 함께 설렘이 증폭되는 효과도 있었다.

서로를 알아가기

이제 서로에 대해 하나씩 알아갈 차례였다. 오프라인 상황이었다면 전체적으로 혹은 모둠으로 자기소개를 했을 텐데, 온라인에서는 어떻게 할 수 있을지 고민했다. 이왕 온라인으로 하게 된 이상, 이 방식만의 장점을 살려보기로 했다. 온라인으로는 여러 명이 동시에 접속해서 글을 쓰고 함께 보는 것이 가능하며 이럴 때 구글 문서만 한 도구가 없다. 그냥 자기를 소개해보라고 하면 학생들이 막막해할 수 있으므로 일정한 틀을 갖춰서 PPT 슬라이드 형

교실생존비법

태*로 제공해주는 것이 좋다. 한 명 한 명 존중하는 의미를 담으면서도 온라인 도구에 아직 익숙하지 않을 아이들이 쉽게 활용할 수 있도록 하기 위해, 각 슬라이드마다 아이들의 이름을 미리 써놓았다. 여기에 자기를 잘 표현할 수 있는 사진과 세 가지 단어를 골라 설명도 함께 작성해보고, 올 한 해의 기대사항을 적어보도록 했다. 아이들이 각자 슬라이드에서 신나게 입력하는 모습을 실시간으로 관찰할 수 있었다. 중간에 어려움이 있는 학생들은 댓글이나 공유 문서 내 채팅으로 질문하도록 했다. 구글 문서로는 자신이 좋아하는 음악이나 영상 등 다양한 자료들을 덧붙일 수 있어서 이런 면에서는 오프라인에서보다 자신을 더 잘 표현할 수 있었다. 그런데 공유 문서이다 보니 간혹 다른 친구의 슬라이드를 실수로 지우는 경우가 있었다. 이 점을 주의하도록 안내하고, 만약의 경우를 대비해 빈 양식의 슬라이드를 여분으로 아래에 덧붙여두었다. 자기 슬라이드를 다 작성했으면, 친구들의 슬라이드를 찬찬히 구경하면서 세 개의 슬라이드에 댓글을 달도록 하였다. 활동이 끝난 후에는 이 슬라이드 전체를 출력해 교실 뒷면에 붙여서 공간을 예쁘게 꾸밀 수 있었다.

● 와우디랩 최송일 선생님 연수에서 배운 자료를 활용하였다.

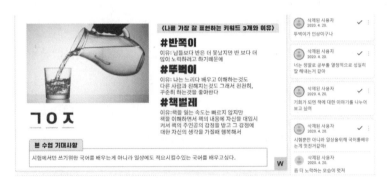

자기소개 슬라이드

자기소개 슬라이드를 출력해 교실 뒤편 꾸미기

얼마 뒤 상황이 좀 나아져서 드디어 등교수업을 하게 되었다. 그런데 마스크를 써야 하고, 일정한 간격도 유지해야 했다. 온라인에서는 적어도 자유롭게 이야기라도 할 수 있었는데, 이번에는 또 어떻게 해야 하나 싶었다. 아무도 예측하지 못한 난감한 상황에서 평소라면 어떻게 했을까 또다시 생각해보았다. 아마 학급 놀이를

교실생존비법

했을 것이다. 서로를 알아가고 관계를 맺는 데 있어 놀이만큼 빠르고 재미있는 방법은 없다고 생각한다. 여러 가지 놀이 중에서 비교적 거리두기가 가능하며 말을 많이 하지 않아도 되는 것들을 추려보았다. 처음 대면하는 상황이니만큼 서로의 이름을 익히며 어색함을 풀고 친근해지는 것에 초점을 두었다. '한 줄 서기', '범피리 범범', '이름 치기', '○○한 적 있나요', '인간 보물찾기' 정도가 적합해보였다.

한 줄 서기

'한 줄 서기'는 조건을 제시하여 그에 따라 한 줄로 서게 하는 놀이이다. 예를 들면 이름순으로 서게 하는 것이다. 처음에는 학생들을 임의로 서게 한 뒤, 선 순서대로 이름을 불러보게 했다가 나중에 다시 바꿔 서도록 한다. 줄을 서는 조건으로는 다양한 것을 제시할 수 있다. 태어난 달이나 집에서 학교까지 오는 데 걸리는 시간, 좋아하는 연예인이나 사람 등으로 말이다. 이 과정에서 아이들은 조금씩 눈빛과 손짓을 주고받으며 이야기를 나누었다. 너무 길어지면 지루해질 수 있으니 두 번 정도만 하는 게 좋은 것 같다. 아이들이 생각보다 체격이 커 좁은 교실에서 거리두기가 잘 안 될까 봐 조마조마하긴 했지만, 간단하면서도 시작으로 하기 좋은 놀이였다.

범피리 범범

'범비리 범범'은 이름을 외우는 놀이이다. 학급 인원을 반으로 나누어 A조 먼저 서로 얼굴이 보이게 동그랗게 원으로 선다. B조는 바로 이어서 할 거니까 잘 봐두도록 한다. 사실 아이들은 구경하는 걸 더 좋아한다. 중앙에서 술래가 "범피리 범범"을 외치며 어느 한 사람을 지목하면, 지목당한 사람은 자기 왼쪽 친구의 이름을 바로 말해야 하는 놀이이다. 늦게 말하거나 틀렸을 경우, 그 사람이 술래가 된다. 익숙해지면 자기 오른쪽 사람의 이름 말하기, 왼쪽에서 두 번째 사람의 이름 말하기 등으로 응용할 수 있다. 한 사람의 이름만 기억하면 되어서 큰 부담 없이 시작할 수 있는 놀이이다. 놀이는 서로의 심리적 거리감을 은연중에 허물어버리는 속성이 있어 아이들은 어느 틈에 깔깔거리거나 목소리 톤이 높아지게 된다.

이름 치기

'이름 치기' 역시 이름을 외우는 놀이인데, 이번엔 의자를 놓고 원으로 앉아 친구들의 이름을 모두 기억해야 한다. 누군가가 이름을 말하면 술래가 그 사람의 무릎을 재빨리 치는 놀이이다. 이름이 불려진 사람은 술래가 치기 전에 다른 사람의 이름을 얼른 말해야 한다. '벌피리 벌벌'에 비해 난이도가 높고 스릴감이 있어 아이들이 열광한다. 무엇보다 이 광경을 함께 보는 '우리'의 모습이 너무 재미있고 웃기다.

○○한 적이 있나요

'○○한 적이 있나요'는 많이들 들어보신 놀이일 것이다. 술래가 중앙에서 "○○한 적이 있는 사람?"이라고 물으면 그 질문에 해당하는 사람들끼리만 자리를 바꾸어 앉는다. 술래도 얼른 빈 자리에 앉는데 미처 앉지 못한 사람이 술래가 된다.

인간 보물찾기

'인간 보물찾기'는 '○○한 적이 있나요'를 출력물을 활용해서 진행하는 놀이라고 할 수 있다. '생일이 나랑 같은 달인 사람', '책을 읽거나 영화를 보면서 눈물을 흘려본 적 있는 사람' 등의 제시문이 적힌 출력물을 들고 다니면서 친구들에게 질문하고, 내용에 해당하는 친구의 사인을 받는 놀이이다. 한 명에게 여러 번 받을 수는 없도록 해야 친구들을 골고루 만나 볼 수 있다.

아이들은 의도했던 것보다 더 다양한 의미로 배움을 얻고 있었다. "좀 무서웠던 애들이 다 착해진 것 같고, 처음에는 다가가기 어려웠지만, 많이 가까워지고 그때만큼은 다 재밌게 놀았던 것 같다"라는 소감이 있었고, "자꾸 실수하고 서툴러서 친구가 도와주었는데, 역시 친구가 필요하다는 것을 깨달았다"라는 아이, "이름을 그렇게 잘 외우다니 놀랍고 그 친구가 새롭게 보였다"라는 아이, "평소에 소심한데 놀이에 참여하면서 일단 막 하다 보니까 어쩌다 보니 자신감이 생긴 것 같다"라는 아이도 있었다.

성격상 놀이 진행 같은 것은 못 하고, 해본 적도 없고 모르겠다 하시는 선생님들이 있을 것이다. 나도 처음엔 그랬는데 모험놀이 상담 연수를 듣고 나서부터 그 재미와 가치를 알게 되었다. 교실에서 적용해보니 아이들이 너무 행복하고 즐거워하며 빨리 친해지는 모습을 보고 어설프게나마 계속 시도해오고 있다. 선생님들도 놀이의 힘을 믿고 한번 직접 체험해보길 권한다.

감정 다독이기

학창 시절을 떠올렸을 때 어떤 선생님이 가장 기억에 남는지 생각해보면, 잘 가르치는 선생님보다 내 마음을 잘 알아주었던 선생님이 아닐까 한다. 교사는 지식이나 권력을 통해서가 아니라 감정을 다독임으로써 아이들을 변화시킬 수 있다고 생각한다. 정서적 안정이야말로 아이들이 학교생활을 잘해나가는 데 중요한 요소라고 생각한다. 학급운영에 있어 가장 중요하게 생각하는 것을 꼽자면, 바로 아이들의 감정을 다독이는 일이다. 중요하지만 어렵게 생각되는 일인데, 카드들을 활용하니 시작하기 한층 수월했다.

이미지 카드 고르기

추상적인 그림들이 그려진 '딕싯' 카드와 상징적인 사진들로 이루어진 '이미지 프리즘' 카드를 애용한다. 온라인에서도 이 방법을 그대로 사용할 수 있었다. 카드를 스캔해서 올린 후 아이들에게 고

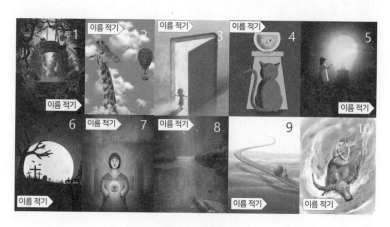

이미지 카드 고르기 활동

르게 하고, 왜 골랐는지 물어봄으로써 자연스럽게 감정 이야기를 풀어가는 것이다. 구글 프레젠테이션에 사진들을 올리고, 이름을 써놓을 수 있는 칸들을 만들었다. 질문에 대한 자신의 감정을 잘 표현하는 카드로 이름을 이동하게 했다. 보통은 "오늘 기분이 어떤가요?", "내가 바라는 모습은 어떤 것인가요?" 등을 물어보는데, 상황에 따라 질문은 다르게 할 수 있다. 모둠을 나누고 소회의실에서 대여섯 명이 이야기를 나누게 하면 아이들끼리 서로의 감정을 공유하는데, 그 자체만으로도 공감과 위안의 힘이 발휘되기도한다.

감정·욕구 단어 카드 고르기

그림이나 사진 카드로 물꼬를 텄다면, 다음번에는 이를 구체적인 언어로 표현해보도록 한다. 비폭력대화센터의 감정·욕구 단어 카드를 주로 사용하는데, 비슷한 종류의 다른 카드들에 비해 어휘가 더 구체적으로 나누어져 있어 좋다. 이것도 구글 슬라이드로 만들어 현재의 감정 단어 3개, 욕구 단어 3개를 고르게 하고, 그 이유에 대해 이야기를 나눈다. 이때, 욕구란 현재 자신이 원하고 바라는 것을 말한다. 이 욕구가 어떻게 다뤄지는지에 따라 감정이 생기므로 현재 자신의 욕구가 무엇인지를 알아차리는 것이 정말 중요하다.

교실생존비법

기쁘다	슬프다	불안하다	짜증난다	화난다	피곤하다	능력	자신감	도전	평등	사랑
행복하다	두렵다	걱정된다	답답하다	억울하다	졸리다	공기·음식·주거		여유		소속감
따뜻하다	서운하다	긴장하다	귀찮다	편안하다	자유·자율성		축하	자기표현	회복	협력
용기 난다	좌절스럽다	불편하다	지루하다	지친다	성취	공감(마음 알아주기)		공동체		재미
재미있다	우울하다	무섭다	심심하다	아쉽다	혼자만의 시간과 공간		조화(어울리기)		기여	
기대된다	속상하다	겁난다	막막하다	선택	꿈	솔직함	존재감	배움	운동	관심
기운이 난다	실망하다	놀라다	궁금하다	휴식	연결·친밀함	수용(받아주기)		놀이		편안함
고맙다	외롭다	민망하다	안타깝다	이해	건강	배려	일관성	존중	애도(슬퍼하기)	
뿌듯하다	그립다	신경 쓰인다	신뢰(믿기)	보호	희망	보살핌	창조성	도움·지지		
반갑다	괴롭다	당황스럽다	잠	진실	소통	우정	예측가능성	안전	나눔	감사	보람
홀가분하다	쓸쓸하다	여유롭다	평온하다	신난다	감동 받다	안심된다	가슴 뭉클하다			

현재의 감정과 욕구

사실 이 연습은 교사 자신을 위해서도 필요하다. 자신의 감정이 어떤 상태인지 모르는 사람은 다른 사람의 감정도 잘 알 수 없기 때문이다. 아이들이 선택한 그림과 단어들의 목록은 모두 자동으로 저장되므로 언제든지 다시 찾아볼 수 있다. 그림이나 단어의 목록이 범상치 않은 아이들부터 먼저 살핀다. 온라인 수업을 하는 중이면 전화를 한다거나, 등교했을 때 상담을 하기도 했다.

아이들이 등교했을 때 아침 조회 시간에 가장 먼저 하는 일은 아이들의 표정을 스캔하는 것이다. 표정이 안 좋거나 기운이 없어 보이는 등 평소와 좀 다른 것 같은 아이들을 기억해두었다가 먼저 말을 건네고, 따로 불러 이야기를 나눈다. 이때, 가장 중요한 것은 역시나 잘 들어주는 일이다. 교사이다 보니 가르치고 조언하려는 모습이 자꾸 불쑥 튀어나오려고 하는데, 그러지 않도록 늘 주의를 기울이고 있다. 간혹 감당하기 어려운 낯선 행동을 보일 때는, 그 아이가 나를 미워해서 그러는 것이 아니라는 것을 기억하자. 자기 나름대로 살아내려고 하는 몸부림인 것이다. 아이가 보이는 행동 자체보다는 그렇게밖에 표현할 수 없는 아이의 마음을 헤아리며 보이지 않는 욕구에 초점을 둔다면 좀 더 평화로운 관계를 맺을 수 있을 것이다.

그러려면 사실, 교사가 본인의 감정과 욕구를 잘 알아차리고 스스로 마음을 다독일 수 있어야 한다. 그래야 다른 사람의 이야기에 귀 기울이고 마음을 알아줄 수 있기 때문이다. 말이 쉽지 사실 어려운 일이지만, 수련하는 자세로 계속 연습해나가려고 한다. 이렇게 또 아이들이 나를 성장시킨다.

공동체 세우기

학급은 하나의 유기체와 같다. 각각의 아이들이 모여 또 하나의 새로운 에너지가 생긴다. 그 어디고 똑같을 수 없는 단 하나의 공동체이므로 학급은 신기하고도 매력적인 조직이 아닐 수 없다. 그런

교실생존비법

우리가 함께 추구하고 싶은 가치 모으기

멘티미터를 통해 생각 모으기

데 좋은 공동체는 저절로 만들어지지 않는다. 소위 '급훈'이라 불리는 공동체의 가치를 정립하는 일부터가 중요하다. 어떤 가치를 함께 추구하고 그것을 위해 어떻게 행동할 것인가를 약속하는 것이다. 마침 등교 기간이었기에 포스트잇을 활용하여 우리가 추구하고 싶은 가치들을 1인당 서너 개씩 적어보도록 했다. 그것들을 모두 칠판에 붙이고 분류화하여 공동의 가치를 정했다. 그렇게 탄생한 올해 우리 반의 급훈은 '꿈 재배'였는데, 서로 배려하며 재미있게 잘 지내고, 꿈을 키워가는 학급이 되자는 의미였다. 그 목표를 실현하기 위한 행동들을 써보고 추려낸 후 공동의 약속을 정해 학급 규칙을 만들었다. 원래 이 약속을 주기적으로 점검하고 수정하기도 하는데, 이번에는 띄엄띄엄 등교하느라 아쉽게도 그 과정이 잘 이루어지지는 않았다. 하지만 함께 소통하고 협력하며 무엇인가를 만들어간다는 작은 경험들이 아이들을 성장하게 만든다고 믿기에 더디고 불편하더라도 이런 과정이 즐거웠다.

온라인에서도 '워드 클라우드'나 '멘티미터●'를 통해 의견을 받아 추리는 작업이 가능하다. 멘티미터는 가입 없이 누구나 접근할 수 있는 사이트로 단어 창에 여러 단어를 동시에 입력하면 많이 친 단어가 크게 표시되어 하나의 모양을 만들어내는 기능이 있다. 투표의 결과를 이미지로 바꿔준다는 장점이 있고, 출력하여 붙였을 때도 꽤 예쁘다. 이로써 이제 온라인에서든 오프라인에서든 같은 의미의 활동을 이어갈 수 있게 되었다.

● https://www.mentimeter.com

교실생존비법

추억 만들기

학급운영에서 두 번째로 중요하게 생각하는 것은 추억을 만드는 것이다. 학교는 미래를 준비하기 위한 곳이기도 하지만 학생들이 현재에도 행복해야 하는 공간이다. 소소한 활동들을 통해 지금 여기에서 행복을 느끼면 그것이 추억이 되어 아이들이 앞으로 살아갈 날에 힘과 위안이 되어 줄 것이다. 거리두기가 가능하면서도 아이들이 좋아할 만한 활동이 뭐가 있을까 고민하다가 생각해낸 것이, '보물찾기'와 '비밀업무 수행하기'였다.

보물찾기

신입생인 아이들은 오랜만에 등교한 학교가 낯선 모양이었다. "선생님, 음악실 어디에요?", "선생님, 멀티실 어디에요?"라며 계속해서 묻곤 했다. 그래서 학교 주요 건물 곳곳에 보물찾기 쪽지를 숨겨두고 찾아보게 했다. 학교 건물 지도도 참고하라고 주면서 모든 건물을 고루 돌아보게 했다. 함께 찾으러 다닐 친구가 당일 아침에 제비뽑기로 정해지면 한 팀이 되어 함께 찾아와야 한다. 그러다 보면 자연스럽게 그 친구와 얘기하면서 동행할 수밖에 없다. 학교 생활에 적응하기엔 아이들에게 주어진 시간이 너무 짧았다. 그럴 때 이런 활동 같은 필연적인 장치들을 만들어줘서 서로 친해지고 추억을 쌓을 수 있도록 하는 것이 좋다. 쪽지를 찾아온 팀에게는 조그만 선물이나 간식을 주었다.

비밀업무 수행하기

비밀업무가 적힌 제비를 1인당 2개씩 뽑아, 일주일간 실천하는 것이다. 그 내용은 다양하게 생각해볼 수 있는데, 아이들과 상의해서 함께 만들어도 좋다. '한 번도 말 안 해본 친구 3명을 골라 하루에 한 번 이상 인사하거나 말 걸기', '도움이 필요해 보이는 친구 하루에 한 번씩 돕기', '친구 2명에게 들으면 기분 좋은 말 해주기' 등을 예시로 들 수 있다. 누가 어떤 업무를 뽑았는지 서로 모르기 때문에 묘한 긴장감 속에 반 분위기가 화기애애해지는 것을 느낄 수 있었다. 일주일이 지난 뒤에는 누가 무슨 비밀업무를 맡았을지 맞혀보게 하면서 하나씩 공개한다. 몇몇 장난꾸러기 녀석들은 자기가 뽑은 비밀업무가 아닌데도, 비밀업무를 가장하여 자기가 해보고 싶던 일들에 도전하기도 했다. 역시나 아이들은 나보다 창의적이다.

코롤림픽

그 밖에도 아이들이 좋아하는 사진으로 사진전을 열고, 서로의 마

코롤림픽 행사

음을 위로해주는 '마음처방전' 쓰기 활동도 했다. 하지만 아이들은
무엇보다 '코롤림픽'에 열광했다. 매년 교내 월드컵이 있을 정도
로 운동을 좋아하는 아이들의 열망은 코로나도 꺾지 못했으며 반
아이들이 주축이 되어 '코로나 올림픽'을 열었다. 신체접촉을 최
소화하고 적당한 거리를 두며 진행할 수 있는 안전한 미니 경기들

을 발굴하여 한판 놀이의 장을 펼치기로 한 것이다. 주 경기는 신발 던지기, 농구 3점 슛, 다트 던지기, 제기차기, 꼬리잡기, 판 뒤집기였고 번외 경기로 참참참과 대형 주사위 던지기를 넣었다. 아이들이 각 놀이 부스 진행을 직접 맡았고, 돌아가며 경기를 즐겼다. 골고루 참여한 아이들에게는 손등에 스티커를 붙여주어 일정 개수마다 소소한 상품을 안겨주었다. 비록 마스크도 써야 했고 서로 부대끼며 진하게 놀진 못했지만, 탁 트인 운동장에서 해맑게 깔깔거리며 즐거웠던 그 순간들은 메말랐던 학교생활에 활기를 되찾아주었다.

나는 오늘도 점을 찍는다

지난 1년간 좌충우돌을 겪으면서 우리는 알게 되었을 것이다. 아마 이미 알고 있었을지도 모른다. 온라인이든 오프라인이든 결국은 마음의 문제라는 것을 말이다. 위기의 상황일수록 내가 무엇을 지향하는지를 다시금 정립하고 그 가치와 철학을 중심으로 교사자신과 아이들에게 맞는 방법을 찾아간다면, 실수할 수는 있어도 실패란 없을 것이다.

어떤 획기적인 방법도 아이들을 한순간에 드라마틱하게 변화시킬 수는 없다. 아이들은 담임교사만이 아니라 다양한 사람과 상황에 영향을 받으며 성장한다. 다만 우리는 매일 점을 찍어갈 뿐이다. 아이들의 인생이라는 선에 한 점 한 점을 매일 성실하게 찍어주는 것이다. 그 점이 다른 점들과 만나 조금씩 더 선명하고 굵은 선으로 이어질 것이라 믿는다. 그런데 이 믿음이 아무리 견고하더라도 혼자서는 막막하고 쉽게 지칠 수 있다. 그럴 때는 너무 상심하거나 좌절하지 말고, 학교 안이든 밖이든 함께 할 수 있는 선생님들의 모임을 찾아가길 바란다. 그렇게 하면 명확한 해답은 아니어도, 교사 스스로 마음을 다독이고 툭툭 털고 일어서 상황을 또렷이 바라보고 헤쳐나갈 수 있는 지혜를 얻을 수 있을 것이다.

15시간 1학점 원격연수

내 수업에 바로 적용할 수 있는
블렌디드 수업 실전 노하우

교실생존비법: 블렌디드 수업 노하우 대방출(초등)

본 연수는 코로나 상황에서도 오히려 교육혁신 성과를 만들어내고 있는 교사들의 생생한 실전 경험을 담았습니다. 연수에서 소개되는 교수 학습 방법은 단지 온라인 도구 활용법에 그치는 것이 아니라, 온라인상의 ICT 도구를 최적의 방식으로 활용해 학생 참여와 협력 학습을 이끌어내고 오프라인 교실 수업과 연계되어 수업 효과를 극대화시키는 방향으로 이어집니다. 위기를 미래교육 전환의 기회로 활용하는 것을 목표로 합니다.

1 왜 블렌디드 수업인가?

2 블렌디드 수업 준비하기

3 블렌디드 수업으로 전환하기

4 내 수업의 골든써클 찾기

5 블렌디드 수업 디자인하기

6 온라인 수업 준비하기 1: 소통 및 협업 툴 알아보기

7 온라인 수업 준비하기 2: 디딤영상 제작하기

8 온라인 수업 준비하기 3: 구글 클래스룸 활용하기

9 온라인에서 하나 된 우리 반 만들기

10 재미와 배움, 관계를 만들어주는 온라인 교실놀이

11 블렌디드 수업 사례 1: 블렌디드 수업으로 학생 참여 수업 강화하기

12 블렌디드 수업 사례 2: 소통하고 협업을 촉진하는 수업하기

13 블렌디드 수업 사례 3: 상호작용을 촉진하는 블렌디드 그림책 수업하기

14 블렌디드 수업 사례 4: 삶과 연결된 블렌디드 프로젝트 수업하기

15 블렌디드 수업 사례 5: 성취기준 중심 블렌디드 수업하기

교실생존비법(초등)
연수 바로가기

강의 **정찬필 외 11명(초등)**

함께한 선생님 | 정찬필(미래교실네트워크) 김준형(강일여자고등학교) 박성광(천안청당초등학교)
최우석(미양초등학교) 최명길(거꾸로캠퍼스) 최규영(강동대학교) 김호선(대원대학교) 정명근(인천서홍초등학교)
임선아(반곡초등학교) 박미정(인천화전초등학교) 정혜선(인천봉화초등학교) 이혜천(천안아름초등학교)

함께한 모임 | 미래교실네트워크 http://futureclassnet.org

15시간 1학점 원격연수

내 수업에 바로 적용할 수 있는
블렌디드 수업 실전 노하우

교실생존비법: 블렌디드 수업
노하우 대방출(중등)

본 연수는 코로나 상황에서도 오히려 교육혁신 성과를 만들어내고 있는 교사들의 생생한 실전 경험을 담았습니다.
연수에서 소개되는 교수 학습 방법은 단지 온라인 도구 활용법에 그치는 것이 아니라, 온라인상의 ICT 도구를
최적의 방식으로 활용해 학생 참여와 협력 학습을 이끌어내고 오프라인 교실 수업과 연계되어 수업 효과를
극대화시키는 방향으로 이어집니다. 위기를 미래교육 전환의 기회로 활용하는 것을 목표로 합니다.

1 왜 블렌디드 수업인가?

2 블렌디드 수업 시작하기

3 내 수업의 골든써클 찾기

4 블렌디드 수업 디자인하기

5 온라인 수업 준비하기 1: 소통 및 협업 툴 알아보기

6 온라인 수업 준비하기 2: 디딤영상 제작하기

7 온라인 수업 준비하기 3: 구글 클래스룸 활용하기

8 블렌디드 수업 사례 1: 내 수업을 온 · 오프라인에서 똑같이 구현하기

9 블렌디드 수업 사례 2: 수학시간 면역력을 키워주는 블렌디드 수업

10 블렌디드 수업 사례 3: 학생 입장에서 디자인하는 블렌디드 영어 수업

11 블렌디드 수업 사례 4: 집밥 같은 블렌디드 수학 수업하기

12 블렌디드 수업 사례 5: 소통, 공감이 있는 블렌디드 영어 수업

13 블렌디드 수업 사례 6: 블렌디드 과학 실험 수업하기

14 블렌디드 수업 사례 7: 기술 교과로 미래역량 키우기

15 소통하며 관계를 만들어가는 블렌디드 학급운영

교실생존비법(중등)
연수 바로가기

강의 **정찬필 외 13명**(중등)

함께한 선생님 | 정찬필(미래교실네트워크) 김준형(강일여자고등학교) 최우석(미양초등학교)
최명길(거꾸로캠퍼스) 최규영(강동대학교) 김호선(대원대학교) 정명근(인천서흥초등학교)
문용우(화성동화중학교) 김희자(석전중학교) 최희식(효성중학교) 김혜원(하노이한국국제학교)
조은호(첨단중학교) 이주연(서울사대부설여자중학교) 전지향(의정부고등학교)

함께한 모임 | 미래교실네트워크 http://futureclassnet.org

미래교실네트워크는 지금 바로 교실에서
미래교육 실현의 길을 열어갑니다

교실생존비법 in 온라인

#코로나속_온오프연계 #전국교원과_함께

〈교실생존비법 in 온라인〉은 코로나로 인해 멈춰버린 학교 교육에 블렌디드 러닝으로 새로운 돌파구를 만들어낸
연수 프로그램입니다. 실제 학생들과의 온라인 수업을 통해 축적한 노하우를 통해
학생 중심 쌍방향 수업의 세계를 경험해보세요. 온·오프라인의 모든 도구를 활용해 학생들의 학습 수준을 높이고
역량을 성장시키는 수업이 가능해집니다. 코로나가 사라지더라도 미래교육은 계속될 것입니다.

입문반

– 가성비 끝판왕! 하나를 배워 열을 쓰는 온라인 수업

– 온라인으로 서클(회복적생활교육) 배우기

– 쉽고 간편한 수업도구 맛동산!

– 온라인 수업, 그거 쉬운 것! 나도 한다.

– 프로젝트 수업도 애자일하게 'Agile PBL'

– 패들렛, 어디까지 써봤니?

기본반

– 문법! 하마터면 암기할 뻔~~

– 생각을 눈으로 보는 상호작용 수업 만들기

– 바로 배워 바로 써먹는 5가지 수업 Tip

– 온라인으로 수업부터 자료관리까지 끝내기

– 온라인 신문 만들기 (ft.블렌디드 수업 종합 세트)

발전반

– 현실체험판 영미문학읽기 슬로리딩 수업

미래교실네크워크 채널 바로가기

거꾸로교실 캠프

#학생주도 #활동중심수업

미래교실네트워크 수업 혁신의 원천, 거꾸로교실을 익힐 수
있는 최고의 기회. 완전한 동료학습 중심의 활동형 수업을
직접 체험하고, 나만의 수업 디자인을 쌓아가다 보면 새로
태어나는 듯한 경험을 하게 될 거예요.

사최수프

#미래역량 #협력적_문제해결능력

미래역량 성장 교육의 정수. 문제 해결 경험을 집약적으로
해봄으로써 무엇이 미래역량인지, 어떻게 무기력한 학생들을
깨우고 강력한 성취동기를 만들 수 있는지 직접 느낄 수
있습니다. 배움이 진짜 세상의 문제의 해결로 연결되는 교육,
사상최대수업프로젝트 캠프입니다.